JN218148

国語の授業の作り方

はじめての授業マニュアル

広島大学附属福山中・高等学校

古田尚行

Koda Naoyuki

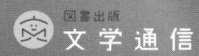
図書出版
文学通信

恩師の恩師は伝説上の人物であった。その人は、こんなことばを残した。

「複雑なものを複雑なままで受け取る能力、それをその実態のままで人に伝えようとする努力」

（第一学習社『高校教育通信国語』7 号、1978 年）

その人の名は稲賀敬二という。

はじめに

■教育実習生と指導教員のために

　本書は、初めて中学校・高等学校の国語科の授業をすることになる教育実習生が主な読者の対象です。

　私はこれまで将来国語科の教員になる教育実習生を担当し、指導をしてきました。今の勤務校では4〜5時間の授業を担当してもらいます。教育実習生は与えられた教材の授業案を添削されて実際の授業に臨み、その後授業の批評会（反省会）をします。初めての授業で緊張して失敗し自己嫌悪に陥る実習生もいますが、最後にはいくつかの課題を乗り越えて大学に戻っていき、残された課題は大学に戻って、あるいは実際に教員となって時間をかけながら乗り越えていきます。教育実習の時期や授業の回数の違いこそあれ、これが多くの教育実習生が経験することであり、現在働いている国語科の教員が最初に歩んできた道だと思います。

　しかし、最近では学生が教育実習に来る前に知っておくべきことがいくつか抜け落ちていたり、また教員養成以外の学部、たとえば文学部の学生などは国語科の授業を作るための講義や演習を十分に受けていなかったりすることもあり、教育実習中にいろいろと説明することが多くなってきました。学生の質の変容だと言ってしまえばそれまでですが、大学改革に関わる様々な環境の変化もその原因の1つであり、教育実習生にも確実に影を落としています。

　また、大学では国語科教育学の理論的・原理的なことを扱う講義が中心であり、実際に授業を具体的に組み立てていくノウハウを知る機会はそれほどないのだろうと考えられます。仮に演習型の講義の中で授業を組み立てたり模擬授業をしたとしてもそこにリアリティを感じることができず、身につか

ないことも事情にあるかもしれません。これが教育実習生がいざ授業をしよ
うとして途方に暮れ、さらには衝撃を受けてしまう原因にもつながっている
のだと思います。これらは構造上の問題でもありますが、教育実習生には不
運なことであり、できる限り改善されなければなりません。大学での講義内
容と教育実習での授業との、その間を少しでも埋めることが必要だと感じて
います。

　これらの問題のすべてに答えることはできませんが、教育実習生として実
習校に行く前に授業作りの具体を少しでも知ることができれば、教育実習生
ならびに指導する教員の負担はある程度抑えられるのではないかと思い、本
書を世に出すことにしました。

■既に現場に出ている国語科教員のためにも

　本書の特徴は、授業作りの時には何に注意をし、授業中にはどのような出
来事が起きるのか、そしてそこではどのような有効な方法があるのかを私の
経験に基づいて具体的に説明している点にあります。授業者として振る舞う
時に、何に気をつけているのか。このことは従来は現場に出てから考え、磨
かれていくことが普通だったように思います。しかし、教育現場をめぐる状
況は必ずしも授業力を育成していく時間やゆとりが確保されているとは言い
がたいものです。特に、近年では新学習指導要領に関わって「主体的・対話
的で深い学び」が提唱され、それに対応する授業者の力も同時に伸ばしてい
くことが求められています。新任の教員でいきなりこうした新しい教育支援
の方法や視点を学んで実践していくことはハードルが高く、いわゆる普通の、
平均的な授業をする際に混乱を生じることにもなっていると思います。本書
は、昨今の教育の課題には深く言及はしていませんが、どのような学校に勤
めようが、課題のある学習者集団がいようが、どのような授業になったとし
てもそれらに適応する普遍的な国語の授業方法や視点があると思っていて、
無難な授業の作り方を中心に述べています。この意味では普段の授業を見つ
め直してみるという点からも、本書は現場に出て既に授業を行っている国語

科の教員に向けたものにもなっています。

■**教育現場と研究の場との溝を埋めるために**

　また、大学等の研究の場と学校現場との乖離の問題は依然として残っています。これは国語科教育学という研究の場だけではなく、文学研究や言語研究の場と学校現場との間にも深い溝があるように感じています。私自身も研究者が提示するものに対して「その教材の扱い方はちょっと……」だとか「いや、それは学習者には無理がありますよ」と思うことはあります。しかし、このように現場が「研究者は何もわかっていない」だとか、逆に文学・言語研究者が「現場ではこんな扱われ方しかしていない」という、お互いを批判しあう、あるいは接点を見出そうとしない絶望的な状況については、是非とも互いが歩み寄り、生徒の学びという点において建設的なものに変わってほしいという願いがあります。このような事態が起きてしまう原因にはいくつかありますが、1つには中学校や高校の授業でことばやテキストがどのように扱われているのかを研究者が具体的に知ることができないことにあるのかもしれません。また、そもそも「研究（理論）」と「現場（実践）」という言葉を対立的に使用していること、そしてそれに慣れてしまっていること自体にも問題があるのかもしれません。いずれにせよ、本書によって授業作りの具体を明らかにすることで何らかの解決に向かうとすれば、これ以上の喜びはありません。

■**常に学び続け、問い続けるために**

　本書には、「かもしれません」、「でしょう」という断定を避ける表現が多く見られます。これは私の経験や認識が不足しているため、誤った理解の浸透を避けようといういわば姑息な述べ方なのですが、一方で完成された教育がないことにもよります。書店に行くと次々に新しい教育方法や視点や理論を冠した書籍が多く平積みされています。このことは常に教育が更新されていることを意味します。仮に完成された教育方法等があったとしても時代と

ともに生徒とともに変わっていきますし、変わらなければなりません。このため、あくまでも本書で述べられていることは今の時点における私の1つの見解であって、異論があることは認めています。唯一の方法はありませんから、あくまでも私が向き合ってきた授業において比較的有効であった方法や視点を暫定的に述べているに過ぎません。

私自身も数年でそれまでのやり方を変えます。他の教員の優れた授業を観察して自分の授業にとってよいと思うものは思い切って吸収してしまい、古いものを捨て去ってきました。捨てる勇気も必要なことです。学びとは生徒だけのことではなく、授業者のことでもあり、常に学び続け、問い続ける存在であるのです。

本書の構成は以下の通りです。

第1～3章は主に教育実習生に向けたものであり、教育実習での授業が始まる前、授業中、授業後について、実習生が具体的に何をして、そしてそこでは何が起きる／起きているのかを私の経験を踏まえて述べたものです。

第4章は他の章と重なるところはありながらもあまり触れることのなかった、しかし授業作りのヒントとなることをいくつか述べています。

第5章はそもそも国語の授業を行うことはどのようなことなのかについて考え、「子ども」「作品／テキスト」「国語」「古典」等を取りあげ、「○○とは何か」という原理的なことを述べています。

第6章は具体的な教材を取りあげながら授業作りのイメージを抱いてもらうための章です。第5章までで触れた教材やその他の有名な教材を取りあげました。すべて過去に私が行った授業記録の一部です。最後には私が実際に行った授業（中学校1年生の芥川龍之介「蜘蛛の糸」の授業）の文字おこしをしたものを載せています。

第7章は、教材研究や分析をしていく時に参考となる文献やウェブサイトの情報をまとめた章です。文献については比較的入手しやすく新しいものを選びました。

最後に、教材の本文引用は以下の現行の教科書を基本とし、それ以外につ

いては逐一注記しています。また、古文の現代語訳についてはジャパンナレッジからの引用、漢文・漢詩については『漢詩・漢文解釈講座』からの引用です。

平成 29 年度用教科書別作品本文引用一覧（ページ数は教科書の頁、本書の頁の順に示しています）

教育出版『伝え合う言葉　中学国語 1』
- 芥川龍之介「蜘蛛の糸」124-133 頁 ☞ **231 頁**

学校図書『中学校国語 1』
- 「猟師、仏を射る事」（『宇治拾遺物語』）184-188 頁 ☞ **311 頁**
- ヘルマン＝ヘッセ「少年の日の思い出」222-233 頁 ☞ **114 頁**

学校図書『中学校国語 2』
- 太宰治「走れメロス」130-131 頁 ☞ **39 頁**
- 「猫また」（『徒然草』）193-195 頁 ☞ **310 頁**
- 「高名の木登り」（『徒然草』）192-193 頁 ☞ **311 頁**

東京書籍『新編　新しい国語 2』
- 「九月ばかり、夜一夜降り明かしつる雨の」（『枕草子』）123 頁　☞ **185 頁**
- 「仁和寺にある法師」（『徒然草』）125 頁　☞ **310 頁**

学校図書『中学校国語 3』
- 「香炉峰の雪」（『枕草子』）169-170 頁 ☞ **42、179 頁**
- 「防人に」（『万葉集』）161 頁 ☞ **59 頁**
- 魯迅「故郷」232-233 頁 ☞ **210 頁**

筑摩書房『精選国語総合　古典編』
- 「花は盛りに」（『徒然草』）65-67 頁 ☞ **307 頁**

三省堂『現代文 B』
- 中島敦「山月記」32 頁 ☞ **137 頁**
- 夏目漱石「こころ」185-187 頁 ☞ **114、205 頁**

第一学習社『高等学校　古典 B　古文編』
- 「村上の先帝の御時に」（『枕草子』）58 頁 ☞ **192 頁**
- 「初冠」（『伊勢物語』）35 頁 ☞ **34 頁**
- 「ある者、子を法師になして」（『徒然草』）20-21 頁 ☞ **196 頁**
- 「名を聞くより」19 頁（『徒然草』）　☞ **310 頁**
- 「忠度の都落ち」（『平家物語』）98-101 頁 ☞ **218 頁**
- 「若宮誕生」（『紫式部日記』）208 頁 ☞ **130 頁**
- 「かぐや姫の昇天」（『竹取物語』）31 頁 ☞ **174 頁**

第一学習社『高等学校　古典 B　漢文編』
- 「推敲」（『唐詩紀事』）7 頁 ☞ **54 頁**
- 李白「独坐敬亭山」20 頁 ☞ **211 頁**
- 「鴻門之会」（『史記』）38-41 頁 ☞ **201 頁**

1章　授業の前に

2章　授業中のこと

3章　授業の後に

4章　ヒント集

5章　根本問題

6章　事例編

7章　文献ガイド

—————————————— 第1章 ——————————————

授業の前に

　この章では、教育実習の始まり、すなわち教材を受け取ってから実習先に行くまでの間に教育実習生は何をするかという流れを中心に説明しています。

①学年・教材が決定したら

　あなたはこれから中学校か高等学校か、はたまた両方の国語科の教員の免許状を取得するために、教育実習をすることになります。実習先の学校へ行き、自分の指導教員と打ち合わせをし、自分が担当する学年やクラス、そして教材が決定します。数週間後には教育実習生としての生活がいよいよ始まります。

　あなたは自分が授業で扱う教材を読みます。そして、いくつかの感想を抱くことになるでしょう。問題はここからどのようにして授業を構想して組み立てていくかです。

　有名な教材であれば、もしかするとあなたは過去に受けた中学校や高校の授業のノートを開くかもしれません。初めて読む教材であればウェブ検索で教材名を打ち込み、具体的な授業案を載せているサイトを見つけるかもしれません。大学図書館等で授業実践の書籍を借りて読むかもしれません。既に実習を行った先輩に、あるいはゼミに所属していたら指導教員に相談をするかもしれません。この意味では、あなたはすべてを０から作り出すことはな

15

く、ある程度既に用意されたものがあります。

　しかし、授業作りは授業者の個性や考え方とも密接に関わります。人付き合いが得意か不得意か、人見知りが激しいかどうかという性格の問題もあったり、地声が大きいのか小さいのか、身長が高いのか低いのか、女性か男性かという問題もあったりして、自分とは異なる誰かが構想した授業案をそのまま自分ができるわけではありません。この意味では、授業者は交換不可能な存在であるので、やはり自分で考えることから始めないといけません。あなたが授業者であることを忘れないでください。授業者もまた授業を構成する重要な、しかも不可欠な要素であり存在です。

②生徒ではなく授業者の立場から考える

　ところで、授業を行う人の一般的なイメージは、教材の内容をわかりやすく説明したり、ある知識や技能を生徒に教授・伝達したりする存在だというものでしょう（これは否定できませんが、近年では学びの中心は生徒であるのだから授業者は一方的な教授者から支援者へと位置づけるべきだと考えられることが多くなってきました）。実はこのことは実習生が思い描く授業のイメージとも関わってくる問題です。多くの実習生の授業のイメージには自分が受けてきた授業の記憶がそのまま反映されることがよくあるのです。

　高校の古典の授業を例に挙げましょう。あなたが受けた古典の授業では教科書の本文を写し、品詞分解をしたり書き下し文を作ったり、辞書や単語帳を開いて古文単語や漢文の句法を調べて、現代語訳を作ることが予習としてあり、その予習の答え合わせとしての授業のイメージがあるかもしれません。もっといえば、現代語訳を作って内容を理解することが古典の授業のイメージであり、最終目標でさえあるかもしれません。

　この時の生徒の動きは、授業者の言った訳を聞き漏らさずにノートに書き写すというものであることが多いでしょう。そして、この授業における授業

1章　授業の前に

2章　授業中のこと

3章　授業の後に

4章　ヒント集

5章　根本問題

6章　事例編

7章　文献ガイド

者の仕事は、生徒を指名して、現代語訳を言わせて確認・補足していくだけだということになるかもしれません。このことは定期試験とも関わっていて、授業で習ったことがそのまま試験にも出題され、授業を過不足なく聞き、記録・記憶することが高得点にもつながることもあるので、いっそうこうした授業は固定化されうるでしょう。

　もちろん、あなたが実際に受けた授業の教員は、それだけが狙いではなかった可能性も大いにあります。

　しかし、実習生は自分が生徒の時の記憶が強いために、いざ自身が古典の授業を作る時には現代語訳の確認が授業の中心だと考えることがよくあるのです。結果として、自分が授業をする時には知識の教授や教材本文の説明に終始してしまうということが起きてしまいます。

　以上は古典の授業の例ですが、評論文や小説の授業でも同じようなことがあり、自分が生徒の時の授業の記憶が1つの授業作りの基礎となることがあるのです。

　しかし、あなたは生徒ではなく授業者として授業に参加します。難しいことですが、自分が受けた授業のイメージは思い切って一旦脇に置いてみましょう。少なくとも近年の動向を踏まえると、ティーチングからラーニングの視点を持っておくことが確実に必要となります。

③教材分析・教材研究にとりかかる

　まず、あなたがしなければならないことは指定された教材の分析です。既にあなたは教材を何度も読んだことでしょう。評論文であればテーマや論理構造・展開、筆者の主張やその伝え方、小説であれば登場人物の性格や心情、比喩表現や象徴、古文や漢文であればジャンルや現代語訳、品詞分解や句法等を把握することになるでしょう。

　もちろん、これで終わりではありません。あなたの解釈や読み方の妥当性

を検証する必要があります。

　この方法としては、古典教材であれば注釈書などが多数あります。これによって本文の異同や解釈の違い、その教材の元の作品の解説を知ることができ、そこでさらに新しい読みの発見にもつながるかもしれません。

　評論文であれば元々の出典を読み、全体のテーマやどのような文脈の中で書かれているかの把握ができるでしょう。また、同じ筆者の別の文章を読むことも参考になるかもしれませんし、同じテーマを扱っている別の筆者の文章を読むということも考えられます。

　小説の場合は難しい事情があります。定番教材であればあるほど、多くの論文や授業実践が積み重ねられており、そのすべてを読むことは時間的にも制約があるでしょう（「走れメロス」や「こころ」など）。その時間があるならもっと教材を読むことの方が有益かもしれません。あまりなじみのない小説教材である場合は、たとえばウェブ検索やレビュー検索で誰かの読み方を知るのも興味深い方法でしょう。その時にはどのような記述や根拠によってその読みが導き出されているのかに注意するとよいでしょう。

　教材を扱う上で注意してほしいのは、多くの教材は少なからずの編集がなされているということです。元々の出典と一致するものはあまりなく、表記が微妙に異なったり、句読点の位置も異なったりすることもあるでしょうし、文章の一部が削除・改変されていることもままあります。

　しかし、授業では編集されたものを生徒は読むわけであり、編集されていないところを読むことはできません。すべてを読んだ授業者にはわかっていることでも、生徒にとってはわからないことであるので、生徒に差し出す言葉や内容には慎重になった方がよいでしょう。目の前にない文章の話をされても、生徒には何のことかわかりません。

　より具体的な教材分析や教材研究については、後の発問計画、板書計画のところで触れていますので、そちらも参考にしてみてください。

④生徒に考えてほしいことと、あなたがしたいこと
──より開かれた問いを立てるために

1章 授業の前に

2章 授業中のこと

3章 授業の後に

4章 ヒント集

5章 根本問題

6章 事例編

7章 文献ガイド

　教材を読み込み、あなたにはその教材が差し出している問題がおぼろげながら見えてきたかもしれません。

　授業は生徒が何かの知識や技術を獲得し、そして同時に何らかの思考を促すことに目的があります。この「何らかの思考」というのが厄介なものなのですが、これを促すために教材と呼ばれるテキストを普通は用います。実際には新聞記事や映像資料などを用いたり、話すことや聞くことの授業をしたりすることもありますが、教育実習生の時には読むことを中心とした授業をすることがまずは求められます。

　本来であれば、生徒に考えてほしいことやできるようになってほしいことがあって、それに見合った教材を探し出してきて授業をしていくことが望ましいのですが、現実の問題としては所与の教材があり、その教材から考えられる問題を取り出してくることになります。1つの教材からはいくつかの問題が取り出せます。その中であなたは自分の興味や関心に沿った問題を選び出して、その問題に結びつくような授業を構想することになるでしょう。

　しかし、仮にそうだとしても、あなたの興味や関心がそのまま生徒の興味・関心につながるとは限りません。生徒の年齢はおそらくあなたとは歳の離れた妹や弟の世代です。当然発達段階やその世代に特有の興味・関心があるでしょう。

　たとえば、「自分とは何か」について考えさせられる教材があったとして、これを中学1年生でやるのと高校2年生でやるのとでは生徒の思考の促され方は大きく異なるでしょう。「自分とは何か」ということを中学1年生よりも高校2年生の方が考えることが多い分、目の前の教材が差し出してくる問題に対しての反応はやはり違うものです。もちろん、中学1年生で扱ってはいけないということではありません。生徒がより興味・関心を抱く問題に合わせていく方が、「なぜこの文章を読まないといけないのか」という生徒の

素朴な疑問に対する 1 つの必然性を生み出すことができるということなのです。

　とはいえ、生徒の興味・関心だけに合わせていくことはできません。普段の生活の中での興味・関心は、何らかの他者と出会わなければそのままであることが多いでしょう。そのため、あなたは「このくらいの年齢であったら、普通は考えないかもしれないけどこんなことを考えてほしいな」ということも考える必要があります。したがって、教材分析をした後に、そこから読み取られるいくつかの問題を取り出し、その中にあなたが生徒に考えてほしいことを見つけたとしたら、生徒の実態に合わせながら、より「公共的な問題」につながるような問題設定をすることが求められるでしょう▶注1。

　「公共的な問題」というのは、学校空間を離れて、社会や世界で問題になっていること、言い換えれば、多くの人が真剣に考えざるをえないような問題だといえます。授業を構想する時にあなたが中心に据えた問題が、生徒にとっても問題であり、しかもそれはどうやら社会の人たちにも問題であるらしい、という問題を扱うことができれば一番よいのですが、なかなかそう上手くはいきません。上手くはいかないことが多いとしても、できる限り開かれた問題について考えてみるように心掛けてみてください。

　それでは、どのようにしてある問題が公共的な問題なのかを知ればいいかというと、比較的容易なのは評論文や小論文で扱われるテーマを見てみることです。

　たとえば、石原千秋は以下に挙げている言葉について「上の言葉に価値をおく評論（保守的な評論）」、「下の言葉に価値をおく評論（進歩的な評論）」として評論文の型を分けています（引用文では左が保守的で右が進歩的です）。

　〈善／悪〉〈中心／周縁〉〈内／外〉〈大人／子供〉〈心／物〉〈心／体〉〈精神／肉体〉〈社会／個人〉〈男／女〉〈都市／自然〉〈都市／田舎〉〈科学・技術・人工／自然〉〈文化（文明）／自然〉〈文明／野蛮〉〈生／死〉〈光／闇〉〈明／暗〉〈現実／夢〉〈この世／あの世〉〈自己／他者〉〈共同体／個人〉〈理性／野生〉〈意識／無意識〉などなど……

　　（石原千秋『教養としての大学受験国語』筑摩書房［ちくま新書］、2000 年、25 頁）

これらは型ですが、テーマとして考えると小説や古文、漢文にも共通しているものですから、時代やジャンルは異なるとはいえ、ある問題について考えるための参考としてみるとよいでしょう。

⑤授業作り1・学習指導案──その形式と授業の展開

それでは、具体的に授業作りに入っていきましょう。

指導案とは、学習指導案のことです。授業者を指導する者から支援する者と規定し直すのであれば、学習支援案と呼ぶ方が適切ではないかと思うのですが、それほど普及しておらずに指導案という言い方で定着しています。個人的には授業案という言葉を使用しています。これを作成するために、多くの時間を費やすことになります。

指導案は各大学や学校、教育センターなどによって異なりますが、共通する点もあります。広島大学が作成している実習録「中高実習Ⅱ」資料編より、学習指導案（様式1）（様式2）を次頁に参考まで掲げておきました。

私の勤務校では、主に次のような項目を立てています。

①授業者氏名
②日時
③学年・組・人数
④単元・教材
⑤単元設定の理由・教材観
⑥指導／学習目標
⑦指導／学習計画
⑧本時の指導／学習目標
⑨本時の指導／学習過程（学習活動・指導上の留意点を一覧表にしたもの）
⑩評価の観点

1章　授業の前に

2章　授業中のこと

3章　授業の後に

4章　ヒント集

5章　根本問題

6章　事例編

7章　文献ガイド

実習録「中高実習Ⅱ」資料編（広島大学）より、学習指導案（様式1）

学習指導案（様式1）

_____科学習指導案　　　　授業者（　　　　　　）

（中・高）　年　組（　名）	平成　年　月　日（　曜）第　時限
単元（題材） **（教科書名）**	
授業の目標 **（ねらい）**	本時の学習を通じて、学習者に育みたい力について、箇条書きにする。 本時の学習だけでなく、単元の目標を踏まえて書く。
評価の **観点・規準**	目標を具現化した状態についてまとめる。（学習指導要領との関連も） 「評価規準」と「評価方法」を、箇条書きする。

＜教材観＞

「学習者に育みたい力」（学習指導要領を踏まえて）や
「教材の内容や特徴」と「教材としての価値」を書く。

＜生徒観＞

「生徒の現状」や「目指すべき理想像」について、単元の
目標や内容と関わる面を中心に書く。

＜指導観＞

目標を達成するために、授業の中でどのような働きかけを
行うのか。また、学習者の学習活動や学習形態はどのよう
なものかについて、まとめる。

時　間	授業者の活動	生徒の活動
導入 展開 終結 時間 配分	個々の活動が、全体としての脈絡を持っているかどうかに留意しながら、構想する。 説明・指示・発問といった働きかけを具体的にまとめる。 本時の課題を確認する活動を、始動案上に強調して示しておくとよい。	生徒が、何について、どのような活動をするのか。具体的に考える。 生徒の反応も予想し、つまずいている生徒に対して、どのような支援・指導をおこなうのかを準備しておく。

板書計画

> 授業で書く板書の完成図を示す。
> 作業手順を書く場合、教材の構造を書く場合、学習者の意見を書く場合など、教科によって、様々な活用の仕方がある。
> どのような手順・順序で板書していくのかについても計画を立てる。

備考

> 準備物や補助資料などを挙げておく。

1章　授業の前に

2章　授業中のこと

3章　授業の後に

4章　ヒント集

5章　根本問題

6章　事例編

7章　文献ガイド

実習録「中高実習Ⅱ」資料編（広島大学）より、学習指導案（様式2）

学習指導案（様式2）

科学習指導案

日時　年　月　日（　曜日）第　時限 対象　年　組（　名）	授業者

題目（主題・教材）	目標
	具体的な目標を明示する。（学習指導要領の内容の一つまたは二つに精選する。）

指導計画（全　　時間）

単元全体における本時の位置づけが分かるように、各時間の学習内容や学習活動を簡潔に示す。（本時の位置づけを明確にする。）

時　間	学習活動	指導・支援上の留意点	評価観点と方法
確認 意欲 づけ （　　）分 展開 （　　）分	個々の活動が、全体としての脈絡を持っているかどうかに留意しながら、構想する。	説明・指示・発問といった働きかけを具体的に示す。	評価規準の具体と、評価の方法を書く。
	本時の課題（学習のねらい）を確認する活動を、指導案上に強調して示しておくとよい。		
		生徒の反応も予想し、つまずいている生徒に対して、どのような支援・指導をおこなうのかを準備しておく。	

1章　授業の前に

2章　授業中のこと

3章　授業の後に

4章　ヒント集

5章　根本問題

6章　事例編

7章　文献ガイド

まとめ 指示 （　　）分			本時のねらいに迫る評価をする場面は、一つか二つに絞り、無理のない計画を立てる。

板書計画

授業で書く板書の完成図を示す。
作業手順を書く場合、教材の構造を書く場合、学習者の意見を書く場合など、教科によって、様々な活用の仕方がある。
どのような手順・順序で板書していくのかについても計画を立てる。

備考	使用教科書
	準備物
	準備物や補助資料などを挙げておく。

その他に、生徒観（どのような生徒像・生徒の実態か）や板書計画や詳しい評価規準などもあります。生徒観は単元設定の理由や教材観とともに明記されることもあります。

「指導／学習」とありますが、「指導」というのは授業者の立場、「学習」は生徒の立場からの言い方です。内容が重複することもあるので、だいたいどちらかに統一されています。「指導目標」や「指導上の留意点」などの主体は授業者ですから、「～させる」、「～指示する」などの言葉になりますし、「学習目標」や「学習活動」などの主体は生徒ですから、「～できるようになる」、「～する」等の言葉が適切です。なお、「生徒」という呼称ではなく「学習者」と呼ぶことも多々あります。

さて、流れとしては、教材分析・教材研究を終えた後に単元や教材の可能性を考え（④⑤）、その単元や教材で何を考えてどのような力を育成することができるかを指導／学習目標にして（⑥）、何ができるようになったらよいのかという評価の観点を定め（⑩）、そのためにはどのような指導／学習計画、指導／学習過程を立て（⑦）、一回一回の授業では何をしていくのか（⑧⑨）、ということになると思います。

もちろん、これは一例です。また、はじめのうちは単元や教材観は後付けになってしまったり、目標もぶれてしまったりすることもあるでしょう。発問計画（32頁）や板書計画（40頁）を先に考えていくということもあります。すべては理想通りにはいかないものです。数回の授業の流れがイメージできればよいのですが、現実は厳しいものがあります。

学習活動について考えてみましょう。実際の1時間の授業は、だいたい「導入→展開→まとめ」という一連の流れになります。

「導入」は、これから授業をしていく大きな方向性を定め、生徒の興味や関心を引き出していくものであるのがよいでしょう。いきなり「今日はこの文章を読んでいきます。教科書を開いてください」というのは考えものです。

できることなら、今から読んでいく文章に生徒が前向きになるような工夫が必要でしょう。椎名誠の「風呂場の散髪」という教材であったら、「みなさんは最近散髪しましたか」だとか「家で散髪したことある人はいますか」のように生徒の体験を聞き出していくことも考えられるでしょうし、導入が教材の主題に関わってくるものであれば、後の展開にも影響を与えていきます。また、計4時間の授業であれば、2〜4時間目の授業のはじめは前の授業でやったことの想起と、これからやる授業について触れることになるでしょう。

「展開」は、その授業で中心になる学習活動ですが、展開①や展開②のように2つ以上のこともあります。授業の山場と捉えるとよいでしょう。こうした山場は1つないしは2つくらい仕掛けておくのがよいでしょう。山場のない授業は単調です。古文の授業で、「音読→指名して現代語訳→授業者の補足解説」という授業を教育実習生はよく行いがちですが、山場がないので面白みがなく、だれてしまいます。山場は生徒の思考が特に促される場です。そのためには発問や言語活動の工夫等が必要となるでしょう。山場とはその時間の学習の中心でもありますが、ワクワク感があるような学習過程と考えてもよいでしょう。

「まとめ」は、その授業や単元によってどこまで到達できたか、ということになるでしょう。そして、そのことの意味を生徒自身に考えてほしいものですが、授業者が1つのまとめを行うこともあるでしょう。「というわけで、みなさんもこんなことを意識していくとよいでしょうね」という言葉等です。まとめからさらに踏み込んで、授業者の見解を示すこともあるでしょう。「個人的には先生は、○○だと思っています」等と言うのがこれに当たります。生徒の中にあるモヤモヤした気持ちがわかりやすくなったり、授業者の見解を知ることがまた次の学びにつながったりすることがあるかもしれませんが、これもやりすぎると授業者の考えがそのまま生徒に移っていきますから、適度のバランスを保つ必要があります。

作成した指導案を指導する教員に見せて、「その教材の読み取りは違うよ」「その展開は少し無理がある」等と言われたら、単元観や教材観自体が崩れて

1章　授業の前に

2章　授業中のこと

3章　授業の後に

4章　ヒント集

5章　根本問題

6章　事例編

7章　文献ガイド

また一からやり直しということも考えられますが、授業を行うのが次の日である場合は最初からやり直すことができません。これを極力防ぐためには十分な教材分析と教材研究ですが、はじめから十分な実習生はほとんどいません。それが教育実習の厳しさだといわれたらその通りなのですが、このあたりは実習先の教員との間で何とかしていくしかありません。

⑥授業作り2・授業の目標——どこに置くか

　生徒に考えてほしいこと、そしてあなたがやりたいことは際限なくありうるはずです。その中のどれを中心に据えて授業を作っていくのか、授業の目標をどこに置くのかというのは頭を悩ませる問題です。

　教育というのは教員の個人的な思いや信条だけではなく、社会における教育の目標をも考えないといけません。今の社会、またこれからの社会において、いったい生徒はどのような力を身につけるべきなのかという問題は常に起きています。先に述べた「公共的な問題」や、今の時代に向き合い、解決していくために必要となる力、これは各方面から提案されています。このような力の育成に向けて各教科がそれぞれに計画し、授業をしていきます。

　しかし、このような力の育成に合わせて授業を構想するというのはかなり抽象的過ぎて正直途方に暮れるということがあります。発想を変えて、抽象的であるからこそ何でもいいのだという、いわば牽強付会の形になってしまうのも考えものです。日々積み重ねられる授業の系統性や関連性が薄くなってしまうからです。

　日常的に研究を行っている学校であれば、様々な研修の機会があってその中で学ぶことがあるでしょうが、多くの場合はそうではありません。それに、教育実習生がそこまで把握しておくべきかというのは現実的に、難しいように思います。

　それではどのようにして授業の目標を作っていけばよいのでしょうか。基

本的には現行の学習指導要領やその解説を読み込み、授業の中でどのような領域のどの知識・技能を用いていくのかなどの確認になるかと思います。

　中学校と高校の学習指導要領の現行の国語科の目標は次の通りです。

中学校学習指導要領（平成 10 年 12 月告示、15 年 12 月一部改正）

> 　国語を適切に表現し正確に理解する能力を育成し、伝え合う力を高めるとともに、思考力や想像力を養い言語感覚を豊かにし、国語に対する認識を深め国語を尊重する態度を育てる。

高等学校学習指導要領（平成 11 年 3 月告示、14 年 5 月、15 年 4 月、15 年 12 月一部改正）

> 　国語を適切に表現し的確に理解する能力を育成し、伝え合う力を高めるとともに、思考力を伸ばし心情を豊かにし、言語感覚を磨き、言語文化に対する関心を深め、国語を尊重してその向上を図る態度を育てる。

　これらに比べると、平成 29 年 3 月に公示された新学習指導要領の中学校の国語科の目標は、「言葉による見方・考え方」「言語活動」「資質・能力」等、より細分化されています。

> 　言葉による見方・考え方を働かせ、言語活動を通して、正確に理解し適切に表現する資質・能力を次のとおり育成することを目指す。
> （1）社会生活に必要な国語について、その特質を理解し適切に使うことができるようにする。
> （2）社会生活における人との関わりの中で伝え合う力を高め、思考力や想像力を養う。
> （3）言葉がもつ価値を認識するとともに、言語感覚を豊かにし、我が国の言語文化に関わり、国語を尊重してその能力の向上を図る態度を養う。

　また、高等学校の新学習指導要領（案）も出されました。

1章　授業の前に

2章　授業中のこと

3章　授業の後に

4章　ヒント集

5章　根本問題

6章　事例編

7章　文献ガイド

> 　言葉による見方・考え方を働かせ、言語活動を通して、国語で的確に理解し効果的に表現する資質・能力を次のとおり育成することを目指す。
> （1）生涯にわたる社会生活に必要な国語について、その特質を理解し適切に使うことができるようにする。
> （2）生涯にわたる社会生活における他者との関わりの中で伝え合う力を高め、思考力や想像力を伸ばす。
> （3）言葉のもつ価値への認識を深めるとともに、言語感覚を磨き、我が国の言語文化の担い手としての自覚をもち、生涯にわたり国語を尊重してその能力の向上を図る態度を養う。

　中学校の場合ですが、新学習指導要領の解説には、これらの点が従来よりもかなり詳しく説明がされています。ウェブ上でも確認ができるので、丁寧に読んでおくことをおすすめします。新学習指導要領を踏まえた教育自体はもう少し後になりますが（ただし既に踏まえた授業は全国で数多くなされています）、現行の指導要領の問題点や課題を踏まえて改良されたものですから、新学習指導要領を軸にして考えていくのが無難でしょう。また、国立教育政策研究所の「評価規準の作成、評価方法等の工夫改善のための参考資料」にも目を通すとよいでしょう。▶注2

　別の観点から目標の立て方に関してわかりやすいと思っているものに、難波博孝の提案があります。

国語教育の「教科の目標・内容」＝態度目標＋価値目標＋技能目標

　上記のように、難波は国語教育における教科の目標を「態度目標」「価値目標」「技能目標」として整理し、次のように述べています。

　　　一つ目は、態度目標です。これは、興味や関心、意欲や態度に関する

目標です。この態度目標形成ができなければ、以後の学習は成立しないでしょう。この態度目標は、当面の授業や単元への態度形成といった短期的な態度目標から、一生涯学びを続けていくという超長期的な態度目標まで考えられます。

二つ目は、価値目標です。価値目標とは、価値観にかかわる目標であり、言い換えれば、ものの見方や考え方という目標です。「知識」「技能」そのものではなく、それらを支えている価値観、メタ認知、信念、そういったことにかかわる目標です。

実は現行の国語科学習指導要領読むことの領域にも、価値目標に関わる指導事項が挙げられています。それは、（オ）です。（オ）は、「経験（低学年）」「感じ方（中学年）」「考え（低学年・高学年）」といった言葉で、表現されていることを、最終的には「広げたり深めたりする（高学年）」ということをねらっています。

三つ目は、技能目標です。これは、国語科におけるさまざまな知識や技能のことであり、学習指導要領の指導事項のほとんどがこれにあたります。▶**注3**

以上のように難波は整理をしており、これは小学校の国語に言及しているものですが、中学校・高校の国語でもわかりやすいものだと思っています。

ただ、正直なことを述べると学習評価の問題というのは現場の教員でも難しいと痛感しています。ここに挙げたのはあくまでも教育実習生の立場で考えやすい、取り組みやすいことです。実際にはもう少し複雑な事情もあります。大学の講義でも教育評価の問題については触れることがあるでしょうから、こちらについては今一度大学で使用したテキスト等を参照されるのもよいかと思います。▶**注4**

また、ウェブ上で様々な形の指導案を見ることができます。▶**注5** 最初はどのような目標が具体的に立てられているのかを参考にしながら、自分が作る指導案の目標を考えていくことも1つの方法です。

1章　授業の前に

2章　授業中のこと

3章　授業の後に

4章　ヒント集

5章　根本問題

6章　事例編

7章　文献ガイド

そして、これは直接目標や評価には関わってこないのですが、「一回でも生徒がへぇーという発見のある場を作る」というのもあってもいいかと思います。

⑦授業作り 3・発問計画──組み合わせて授業の流れを作る

　発問というのは、授業者が生徒に問いかける言葉のことです。定期試験や問題集でいえば、設問に当たります。こうした問いがあることによって、生徒は教材本文に意識が向かうようになります。逆に問いがなければ、ただ漠然と読むだけになります。授業を離れた読書というのは、もしかすると問うことのないものなのかもしれません。これはこれで楽しめると思いますが、通常の読書ではなく教室で教材を読む以上、読む際の視点や知識や技能の獲得が必要です。

　理想をいえば、優れた授業者や生徒の優れた発問が生徒に内在化して積み重ねられ、自立的に問いを抱きながら読むことになってほしいものです。仮に問い続ける生徒はいたとしても、答えがわかった瞬間に問うことを辞めて、次の問いを生み出さなくなります。これは一度の授業でどうにかなる問題ではありませんから、できる限り問い続ける生徒を育成するためにも、発問は練るに越したことはありません。このようなことができる生徒を育成するためには、短期的ではなく長期的な教育が必要です。そのためには一回一回の地道な授業の積み重ねを続けていく必要があります。教育はともすれば短期的な変容を求めがちですが、人間はそう簡単に変わるものではありません。短期的なものも含めて、中長期的な展望、そしてそれを授業者自身が受け入れて続けていくことが大切だと思います。

　さて、発問は大別すると基本的な知識や読み取りを確認する発問と、生徒はすぐには答えられずに思考を働かせないといけない発問の 2 つがありま

す。前者は質問とも言えるでしょう。便宜的に前者を「確認発問」、後者を「思考発問」と名付けることにします。実際にはすべての発問は思考を促すはずですから、あくまでも説明のために分けているだけです。▶注6

　確認発問は、漢字の読みや語句の意味、文法事項、作者の生きている時代の知識や他の作品やモデルなど、読めばすぐにわかったり調べたら答えられたり、既有知識や既習の事項が中心となります。多くは知識面が想定されますが、教材を読解する時にも確認発問はあります。それは指示語（「これ」、「このような」等）の内容であったり、知識といっても複雑な知識を複合的に用いながら作成していく難しい古文の現代語訳もあったりしますから、すべてが簡単に答えられるわけでもありません。知識にも、そして確認発問にもレベルがあります。

　多くの実習生の授業案や実際の授業で、確認発問しかしないことがよくあります。その結果は、生徒の思考が促されず退屈で寝てしまうということになったり、仮に思考が促されたとしても授業の目標に向かった思考ではないということになります（一発ネタのようなものです）。

　そこで思考発問を授業中に取り入れる必要が出てきます。

　生徒の思考を促すといっても、授業の目標に向かっていく場合と、拡散していく場合があります。多くは前者になります。教材中のある記述（筆者の主張）を考えることや、教材全体のテーマに関わる抽象的なものが多くなるでしょう。これは授業の最初に授業の目標として出す場合と、ある程度確認発問で読み解いていった後の最終的な問いとして出す場合に分かれます。いずれの場合も、その発問に答えること自体が1つの学びのきっかけともいえます。新たなものの見方の発見であったり、より高次の思考の抽象化であったり、その分野に興味を抱くようになったりと、様々な効果が期待できます。

　それでは後者の拡散していく場合の思考発問とはどのようなものでしょうか。それは答えが1つに定まらず、教材や教室を越えて、社会でも問題になっていく問いであるといえるでしょう。オープンエンド式の授業には、多くは

1章　授業の前に

2章　授業中のこと

3章　授業の後に

4章　ヒント集

5章　根本問題

6章　事例編

7章　文献ガイド

このような問いが最後にあります。

　議論が抽象的になったので、具体的な教材で考えてみましょう。有名な『伊勢物語』の「初冠」を例に発問を考えてみます。

『伊勢物語』「初冠」
【本文】
　昔、男、①初冠して、平城の京、春日の里に、しるよしして、②狩りにいにけり。その里に、いと③なまめいたる女はらから住みけり。この男、垣間見てけり。思ほえず、ふるさとにいと④はしたなくてありければ、⑤心地惑ひにけり。⑥男の、着たりける狩衣の裾を切りて、歌を書きてやる。⑦その男、しのぶずりの狩衣をなむ着たりける。

　　　春日野の⑧若紫のすり衣しのぶの乱れ限り知られず

となむ、⑨おいつきて言ひやりける。⑩ついでおもしろきことともや⑪思ひけむ。

　　　みちのくのしのぶもぢずりたれゆゑに乱れそめにし我ならなくに

といふ歌の心ばへなり。⑫昔人は、かくいちはやきみやびをなむしける。

【訳】
　昔、ある男が、元服をして、奈良の京の春日の里に、所領の縁があって、鷹狩に行った。その里に、たいそう優美な姉妹が住んでいた。この男は物の隙間から二人の姿を見てしまった。思いがけず、この旧い都に、ひどく不似合いなさまで美女たちがいたものだから、心が動揺してしまっ

1章　授業の前に

2章　授業中のこと

3章　授業の後に

4章　ヒント集

5章　根本問題

6章　事例編

7章　文献ガイド

た。男が、着ていた狩衣の裾を切って、それに歌を書いて贈る。その男は、信夫摺（しのぶずり）の狩衣を着ていたのであった。

　　春日野の……（春日野の若い紫草のように美しいあなた方にお逢いして、私の心

　　は、この紫の信夫摺の模様さながら、かぎりもなく乱れ乱れております）

と、すぐに詠んでやったのだった。こういう折にふれて歌を思いつき、女に贈るなりゆきが、愉快なこととも思ったのであろう。この歌は、

　　みちのくの……（あなたのほかのだれかのせいで、陸奥のしのぶもじずりの模様

　　のように、心が乱れだした私ではありませんのに。私が思い乱れるのは、あなたゆ

　　えなのですよ）

という歌の趣によったのである。昔の人はこんなにも熱情をこめた、風雅な振る舞いをしたのである。

　この例での確認発問としては、たとえば次のようなものになるでしょう。本文に番号を振っているので、確認しながら見て下さい。

　①「『初冠』とは何か」
　②「『狩り』とは何狩りのことか」
　③「『なまめいたる女はらから』の意味／訳は何か」
　④「『はしたなく』の意味／訳は何か」
　⑧「『若紫』とは何の比喩か」
　⑩「『ついで』の意味／訳は何か」

　発問の立て方は、いわゆる 5W1H、いつ（When）、どこで（Where）、誰が（Who）、何を（What）、なぜ（Why）、どのように（How）ですが、これらの組み合わせ

もあります。最初に本文を通読した後に、「誰が出てきて何が起きてどうなった」等の場合です。

　基本的には「何か（どのような意味か）」という問いになることが多く、辞書で調べるとすぐに見つかることがあります。

　しかし、①「『初冠』とは何か」と発問をして、生徒が「元服」と答えたとしても、その「元服」の意味をさらに「では、『元服』とは何ですか」と確認してみると、意外に知らないことがわかります。他にも、④「『はしたなく』の意味／訳は何か」と発問をして、「不釣り合いである」と答えたとしても、さらに「では何と何とが『不釣り合い』なのですか」と踏み込んで問うていくことが増えると、一問一答式のような授業ではなくなります。生徒の答えがどのような知識や本文の根拠から導き出されたのを確認していく発問も、授業中では多く必要になっていきます。

　一見知識を問うようでありながら、④「はしたなく」のように本文の内容がわからないと答えられないものがあります。他にも、⑧「若紫」、⑩「ついで」なども同じことがいえます。

　本文の内容を直接問う発問には次のようなものが考えられます。

⑤「『心地惑ひにけり』とあるが、誰が何によって『心地惑ひにけり』なのか」

　これはそれまでの内容を理解しておかないと、「何によって」というのは答えられません。したがって、この発問に答えられない生徒がいたら、まずはこの一文を訳したり内容を把握します。また、答えられるようにするためには、この発問の前に人物関係の整理（男、女はらから）や④「はしたなく」の意味や、すぐ後の「ありければ」を確認しておくことが必要となります。

⑪「『思ひけむ』の意味／訳は何か」

　これは確認発問です。助動詞「けむ」の意味を知っていたら「思ったのだろう」と答えると思います。

　ここから少し寄り道をして、それでは「『けむ』の活用形は何か」と問うと、

終止形と答える生徒もいるでしょうし、連体形と答える生徒もいます。疑問の係助詞「や」が直前にありますから、係り結びの法則が働いていると考えて連体形になり、疑問の意味を踏まえると「思ったのだろうか」となります。ここでさらに「誰が」と主語を問うことも可能です。また、「『だろうか』と推量しているのは誰ですか」と問うと、この物語を語る「語り手」に注目することにつながっていきます。

⑥「『男の、着たりける狩衣の裾を切りて、歌を書きてやる』とあるが、もしあなたが誰かからこのようなことをされたら、どう思うか」

　この発問は、物語世界の出来事を現代的な視点で考えるというものです。古文や漢文の教材で行われることが多いのですが、もちろん説明文や評論文、小説でも問えるものです。

　この発問では、たいていの生徒は「ちょっと嫌だ、気持ち悪い」等と言うことになるわけですが、そのような反応が出てきた時に「古典の世界ではこの行動は『ちょっと嫌だ、気持ち悪い』ということになるのでしょうか」と問うてみると、どうなるでしょうか。現代と古典世界とのつながりというよりは断絶を意識させていく発問であるのです。

⑦「『その男、しのぶずりの狩衣をなむ着たりける』という一文があるのとないのとでは、どのような違いがあるか」

　直接内容を問うこともありますが、少し別の視点から教材を眺めることも必要なことです。なぜその一文があるのか、これだけだとわかりづらいので、「あるのとないのとでは、どのような違いがあるか」という形で問うていきます。ここでは男の詠む和歌に対する説明的な語りの役割をしています。

⑨「『おいつきて』には2つの解釈があるが、それぞれの解釈だと男の印象はどのように変わるか」

　「おいつきて」には、「すぐに」と「大人ぶって」という2つの解釈があり

ます。教科書ではどちらかを採用して脚注に書いてあるでしょうが、これを利用してみて、人物像の違いを考えることができます。この問いは、いくつかの答えが考えられます。教材研究の段階で2つ以上の解釈があるとわかった場合、どちらかを採用するのも1つの手ですが、このようにあえて持ち込むことで少し角度を変えた切り込み方になるのです。また本文が確定されずに揺れていることは古典テキストではよくあることなので、古典世界の言葉のあり方の問題として考えることもできるでしょう。▶注7

⑫「『昔人は、かくいちはやきみやびをなむしける』とあるが、なぜ語り手は『昔人は』と語ったのだろうか」

今を生きている語り手が「昔人は」と過去のことを語ることの意味を考えること、ひいてはこの物語がなぜ語られたのかを考えることにつながります。物語の内容にも関わりますが、そもそも「人が何かを語ること」の意味を考えることはまた違った次元での発問になります。

なお、この箇所では「かく」の指示内容を問うことも必要なことでしょう。

以上、具体的な発問を見てきましたが、確認発問と思考発問という単純な問題ではなく、補助的な発問（答えられない場合を想定して易しく直された発問）などもあります。実際に授業を作る時には、様々な発問を組み合わせて、読解の流れを作っていかないといけませんが、それは授業の目標に合わせていろいろな流れになります。教材ごとに発問の形は異なりますが、授業を作る上では何が問えるのかを考えてみて、それらを組み合わせることでどういう授業ができそうかということも考えてみてください。

私がこれまで見てきた授業でなされた発問や読んできた本の中の記述から思い浮かんだいくつかの興味深い発問があります。

「走れメロス」でメロスがセリヌンティウスを殴った後の場面です。

「走れメロス」

【本文】

　群衆の中からも、歔欷の声が聞えた。暴君ディオニスは、群衆の背後から二人のさまを、まじまじと見つめていたが、やがて静かに二人に近づき、顔を赤らめて、こう言った。

「お前らの望みは叶ったぞ。お前らは、わしの心に勝ったのだ。信実とは、決して空虚な妄想ではなかった。どうか、わしも仲間に入れてくれまいか。どうか、わしの願いを聞き入れて、お前らの仲間の一人にしてほしい。」

　どっと群衆の間に、歓声が起こった。

①「<u>万歳、王様万歳</u>。」

　一人の少女が、緋のマントをメロスにささげた。メロスは、まごついた。よき友は、気をきかせて教えてやった。

「メロス、君は、真っ裸じゃないか。早くそのマントを着るがいい。このかわいい娘さんは、メロスの裸体を、皆に見られるのが、たまらなく悔しいのだ。」

②<u>勇者は、ひどく赤面した。</u>

　たとえば、①「万歳、王様万歳」のところを踏まえて「なぜ「メロス」ではなく「王様」万歳なのでしょうか?」という発問。▶注8

　また、②「勇者は、ひどく赤面した」のところは「最後の一文があるのとないのとではどのように異なるか（最後の一文にはどのような効果があるか）」という発問。

　他にも、「王がこれまで行ってきたことを踏まえて、この場面での群衆の態度をあなたはどのように評価するか」等もあるでしょう。この問いは、現在の日本の社会状況を踏まえるとかなり危ういものかもしれません。▶注9

　ところで、私自身も自分ではよくわからない問いは数多くあります。どんなに教材研究をしても、どんな風に考えていけばいいのかわからないことがあります。特にそれが学習の中心となる場合は深刻です。

1章　授業の前に

2章　授業中のこと

3章　授業の後に

4章　ヒント集

5章　根本問題

6章　事例編

7章　文献ガイド

しかし、そのような時は思い切って授業で積極的にその問いを生徒に投げかけて一緒に考えるようにしています。

『子どもの思考が見える21のルーチン―アクティブな学びを作る』では「オーセンティックな発問をすること、すなわち決まった答えがなく、教師自身も答えを決められないような問いは、知的な活動に満ちた学級文化をつくるのにとてもよい。そのような問いによって、子どもは教師もいっしょに学んでいるのだと思い、みんなで探究する学級文化ができる」と述べられています。▶注10 普遍的な問い、汎用性の高い問いを常にいくつか用意をしておき、どのような授業でもそれらの問いを用いていくことがルーチン（習慣）となることで、問うことが内在化されていくこともありうるでしょう。

もちろん、こうした問いを投げかけると、着地点が見つからずにオープンエンド式の授業になってしまい、モヤモヤとしたものが残ることもあります。

しかし、問いはその場で、その授業の中だけで答えるだけではなく、その問いを抱えながら生活していくこともあるでしょう。問い続ける主体が育つためには、大切なことのように思います。▶注11

⑧授業作り4・板書計画──言葉の引き出し方と工夫

これまで教員として働きながら、様々な事情から授業の準備に時間が取れず、授業作りが間に合わないことが何度かありました。しかし、それでも最低限作るものとして板書計画があります。

発問計画とともに板書計画というのは授業作りの中心になります。また、発問と板書とは互いに密接に関わっているものです。

板書の機能は、『国語科教育実践・研究必携』（全国大学国語教育学会（編）、藤井知弘「2 発問・指示・板書等の計画と検討」、学芸図書、2009年、201頁）に次のように大きく3つに分けられています。

1　学習内容の提示機能（指導者側の意図するもの、押さえたいコトを明示する。学習者にとっては学ぶべき事柄が記述される）

2　学習者の思考の場（書かれたコトから整理したり、まとめたり、比較したりするなど考える場を提供する）

3　学習材としての機能（書かれたコトが、今までの活動をまとめるものとして、また次の学習 活動や資料として働いたりする）

　また、小山清は『国語科授業研究講座　第十巻　授業技術（発問・板書）の研究』（2010 年、33 頁）の中で、「いい板書」の条件を次のように述べています。

　　「いい板書」が備えるべき条件を、内容に即していえば三つあり、第一は構造性、第二は簡潔性、第三は主題性である。第一の構造性は、その教材の基本的構造とも言うべき、対立（↔）や変化（→）や繰り返し（＝）のことである。この基本構造は、枠組みとして早い段階でとらえられ、以後はその間にできた空白部が、必要に応じて埋められていくかたちで進行し、右から左へ一方的に流れていく板書とは、質を異にしている。
　　第二の簡潔性は、最終的にその板書が脳裏に刻み込まれやすくするために、取り上げるべき語句を十五個ぐらいにとどめ、一個を十字以内に押さえるのが適当である。第三の主題性は、教材に直接しるされていない主題を書き加えることであり、普通、色チョークを用いて際立たせるのである。

　板書については他にも、板書に特化して詳しく説明している日本国語教育学会監修の『板書─子どもの思考を形成するツール』（東洋館出版社、2015 年）も参考になるでしょう。
　以上を押さえた上で、板書についてもう少しだけ考えてみましょう。
　先にも述べましたが、国語の授業は基本的に教材の読解が軸になります。

1章　授業の前に
2章　授業中のこと
3章　授業の後に
4章　ヒント集
5章　根本問題
6章　事例編
7章　文献ガイド

特に教育実習生には読解中心の授業を目指してもらうことが多い。書くことや話すこと、聞くことを軸とする授業構想は実習生にはハードルが高く、また現場に出てから一番多い読解を軸とした授業力育成の方が相対的に重要だと考えるためです。そのためには教材を分析しないといけません。

　教材を分析する時には、文章構造や論理展開、因果関係や変化、重要語句（キーワード）などに注目していきながら、その教材での主張や主題が何かということに迫っていきます。

　抽象的な議論になってわかりづらいので、ここでも具体的な教材で板書について考えてみましょう。教材は『枕草子』の「香炉峰の雪」、あるいは「雪のいと高う降りたるを」等と言われますが、中宮定子と清少納言とのやりとりの中でも比較的有名な章段です。中学校の教科書や、高校の教科書に載っていますが、今回は中学3年生を対象とした授業の板書を作ってみます。なお、中学生の古典教材の場合は全訳、あるいは傍訳の形で現代語訳も載せられているのが普通です。

「香炉峰の雪」（『枕草子』）

【本文】

　雪のいと高う降りたるを、例ならず御格子まゐりて、炭びつに火おこして、物語などして集まりさぶらふに、「少納言よ、香炉峰の雪いかならむ。」と仰せらるれば、御格子上げさせて、御簾を高く上げたれば、笑はせたまふ。

　人々も、「さることは知り、歌などにさへ歌へど、思ひこそよらざりつれ。なほ、この宮の人には、さべきなめり。」と言ふ。

【訳】

　雪がたいへん深く降り積っているのを、いつものようでもなく御格子をお下ろししたままで、炭櫃に火をおこして、わたしたち女房が話など

1章　授業の前に

2章　授業中のこと

3章　授業の後に

4章　ヒント集

5章　根本問題

6章　事例編

7章　文献ガイド

をして集って伺候していると、中宮様が「少納言よ。香炉峰の雪はどんなであろう」と仰せになるので、女官に御格子を上げさせて、御簾を高く巻き上げたところ、お笑いあそばす。

他の人たちも「その詩句は知っており、歌などにまでも詠み込むのだけれど、思いつきもしませんでした。やはり、この宮にお仕えする人としては、そうあるべきなのでしょう」と言う。

教材研究の段階では、意味内容を把握して、現代語訳も作ることができているはずです。それではこの教材をどのように分析して切り込んでいけばよいでしょうか。

1つには文章の構造図を作ることです。高校生の時に使った問題集の解説等にはこうした構造図があるものもあるので参考にしてもよいでしょう。自分の読みの確認としてこうした構造図を作っていくのも1つの手です。

そしてもう1つには、この『枕草子』というテキストがどのような性格を持っているのかを見てみる、たとえば文学研究の成果を参考にしていくことです。

小森潔は次のように『枕草子』の基本構造を述べています。

　　枕草子の基本構造としての「問」と「答」への考察は既に多くなされてきたが、「問」と「答」という図式をコミュニケーション回路のあり方の問題として捉え直すことは、枕草子というテクストに新たな意味を見出す契機となろう。日記的章段においても、「問」と「答」として何が表現されているかのみならず、清少納言と他者とのコミュニケーションがどのように表現されているのかを見ることは、コミュニケーションが行われる〈場〉の問題、登場人物相互の関係性、さらには枕草子の言説の特質等々を考える上でことのほか重要である。

(小森潔『枕草子　逸脱のまなざし』笠間書院、1998年、3頁)

ここから、どうやら『枕草子』には「『問』と『答』」という視点で分析していけそうだとわかります。そこでこの教材を見てみると、問うているのは中宮定子、答えているのは清少納言ですから、何を問うて、どのように答えているのかを図示すると**図①**になります。

図①

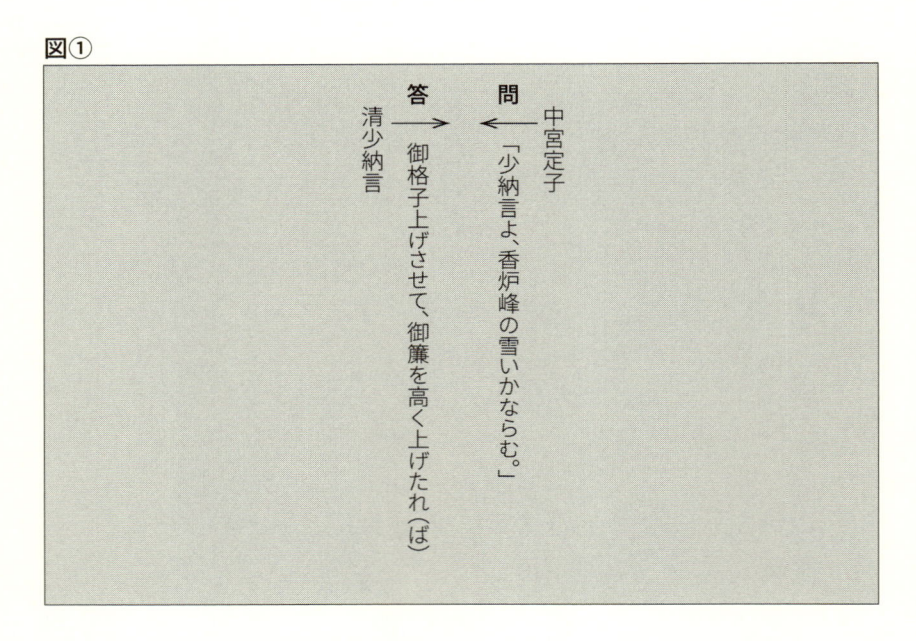

　二人の対話が見られる教材に関しては、「清少納言」→←「中宮定子」のようにするとよいでしょう。一方的に一人（A）が誰か（B）に話している場合は、「A」→「B」か、「B」←「A」という形になるでしょう。

　また、問いかけに対する答えというのは、登場人物の行動とそれに対する周囲の反応ということでもありますから、こうした構図が見られる教材（小説教材や漢文教材）の板書には使えることが多いと思います。

　しかし、これで終わりではありません。この問答の後のことも触れなければいけません。清少納言のこの答えは中宮定子にとって満足のいくものだったのでしょうか。その後の反応は「笑はせたまふ」とありますから、これが

清少納言の答えの評価となります。また、他の人々の評価も概ね好評だということも書いておきます。**図②**はこれらを反映したものです。

図②

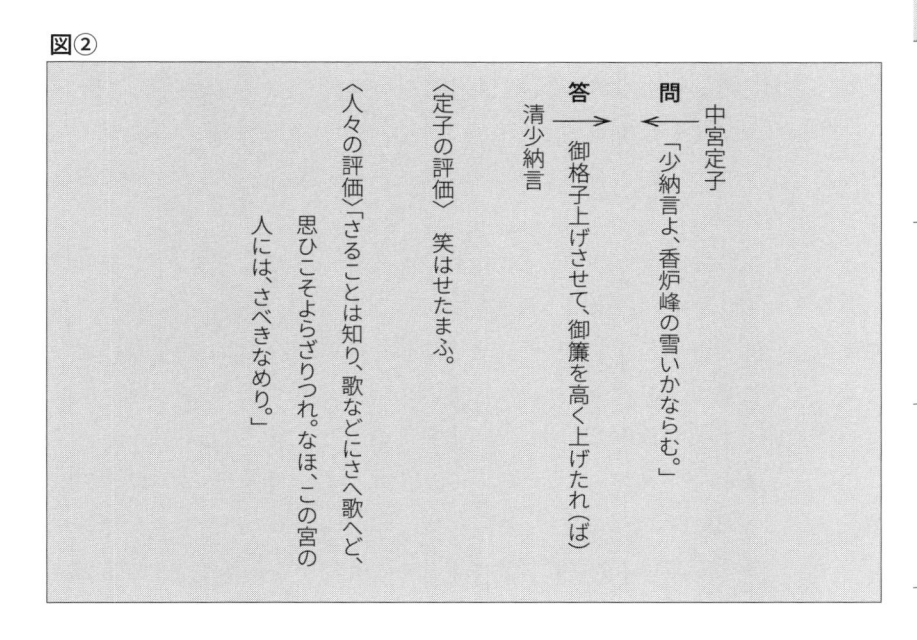

〈人々の評価〉「さることは知り、歌などにさへ歌へど、思ひこそよらざりつれ。なほ、この宮の人には、さべきなめり。」

〈定子の評価〉　笑はせたまふ。

清少納言　**答**→　御格子上げさせて、御簾を高く上げたれ（ば）

中宮定子　**問**←「少納言よ、香炉峰の雪いかならむ。」

1章　授業の前に

2章　授業中のこと

3章　授業の後に

4章　ヒント集

5章　根本問題

6章　事例編

7章　文献ガイド

　これが基本的な板書の作り方ですが、さらにいくつか工夫する点を述べておきます。

　1つは、登場人物には四角で囲むことです。一目見て、人物が把握できるからです。

　また、このままでは実際の黒板に書く時に問題があります。たとえば、一行の長さが長すぎるために、このまま書いたとしたらかなり小さい字にしないといけなくなります。板書が小さい字で書かれた場合には後ろの席の生徒や視力の低い生徒には不親切です。これを防ぐために大きな字を基本とします。また、だいたい1行には10〜15字程度が限界だと思うので、適宜改行が必要となります。改行する時にも、語構成を無視したもの、たとえば「少納言よ、香炉峰の雪い／かならむ」は、あまり良いものとはいえないでしょ

う。実習生の板書にはこうした板書をすることが多いので、注意しましょう。

　また、授業者の身長が低く、さらに教壇も低い場合は黒板の上の部分は届かずに使えないので、さらに1行に書く字数は減ります。これは授業者の身体的な事情によるものなので、しかたがありません。また、黒板の下の部分に書くと読めないこともあるのでこれも注意です。

　どうしても小さい字を書かざるをえない状況には、「教科書の本文と一緒だから、見えなかったらそれを見てください」等の指示があるとよいでしょう。

　また、1行の文字数だけでなく、全体の板書量の問題もあります。1時間の授業の中で板書をする量は、理想的なことをいえば、なるべく黒板消しを使わない、つまり消さないということです。それ以上になると、生徒にとって書くことが増えてしまいます。このことの何が問題かというと、消してしまうと授業の最後で板書を見ながらその時間のまとめができないことと、書くことに必死になって聞くことがいい加減になってしまうということです。特に後者は深刻です。書くことと聞くこととは同時にできなくもないのですが、それでも書いている間に授業者が説明をしてしまうと、どうしても聞き逃すこともあります。生徒が板書を写す時間は、「では写してください」と指示を出したり、書いた後に少し間をとって生徒の手の動きが止まったら説明をしたりする等に気をつけるとよいでしょう。

　ただし、板書量が多くて、しかも消してしまうことが全く悪いことではないので、生徒の状況に合わせて考えていくとよいでしょう。たとえば、受験対策で補習をする場合にはどうしても板書量が多く消してしまうこともあります。あくまでも基本的なルールくらいに留めておいてください。

　さて、具体的な教材の話に戻ります。量が多いのは「人々の評価」のところです。これをすべて書くことも可能ですが、もう少しコンパクトにして、評価の根拠がわかる箇所「思ひこそよらざりつれ」や「この宮の人には、さべきなめり」等にしていくことも可能です。また、評価ということでもっと

視覚的にわかりやすくするために「○」などを書いて、この「○」の記号でもってこの「人々の評価」を示すことも可能です。その際には「定子の評価」のところにも「○」を書いてみるのもよいでしょうし、その評価の根拠「笑は（せたまふ）」に色チョークで傍線を引くと視覚的にわかりやすくなります。

　他には、是非とも読めるようになってほしい漢字などには振り仮名があるとよいでしょう。ここでは「御格子」と「御簾」の読みを書いておいたり、「いかならむ」等の言葉も大事ですから、訳を書いておいたりするとよいでしょう。

　以上を踏まえると、**図③**になります。

図③

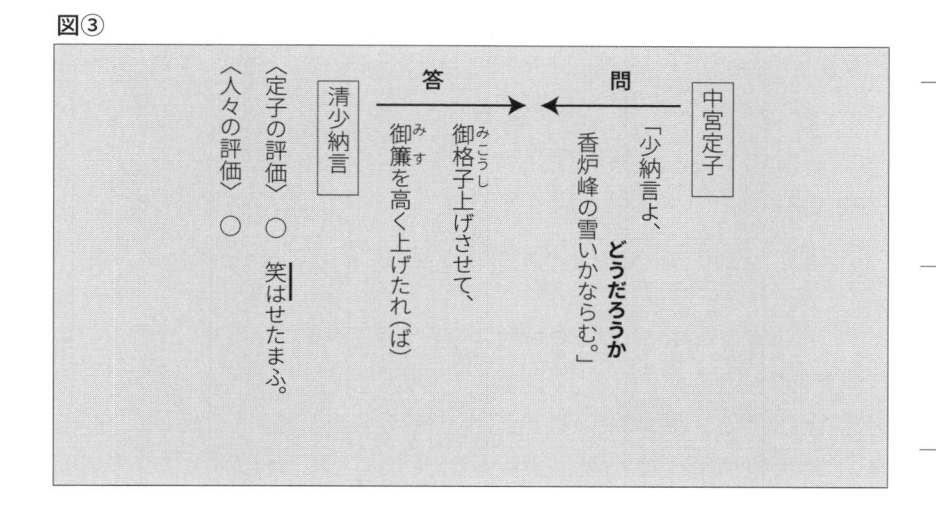

最初に比べると、かなりすっきりしました。

　しかし、これで終わりではありません。定子の問いかけはそもそも日本にいながら中国のことを尋ね、しかもそれに対する清少納言の返答は何も言わずに御簾を上げるだけですから、おかしなやりとりです。このやりとりを支えるものとして、『白氏文集』「香炉峰雪撥簾看（香炉峰の雪は簾を撥げて看る）」があるわけです。漢詩の知識が共有されているからこうしたやりとりが可能

1章　授業の前に
2章　授業中のこと
3章　授業の後に
4章　ヒント集
5章　根本問題
6章　事例編
7章　文献ガイド

になっているのです。このことは教科書の注にも触れられていると思います。

▶注12

　また、漢詩の言葉と実際の言動とを対応させておくとさらにわかりやすくなりますから、色チョークで波線などを引いてみると、**図④**になります。

図④

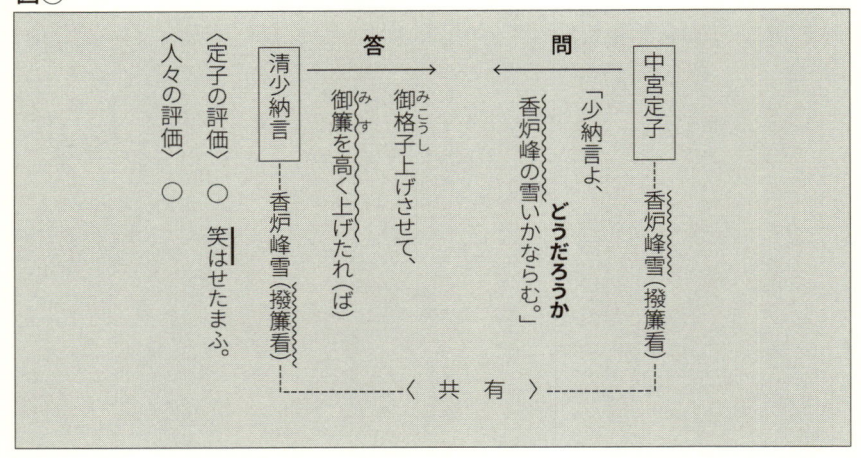

　ここまでが、教材分析や教材研究によって導き出される構造や板書計画となります。

　ここから考えることが2つあります。授業の目標をどうするかということと、この板書に従って授業をしていくためにはどうすればよいかということです。

　授業の目標に関しては、一例として、この教材からはどうやらコミュニケーションに特徴があるかもしれないと考え、「現代のコミュニケーションを考える」ことにして、「古文の中のコミュニケーション」を見ることを通して、現代の生徒のコミュニケーションのあり方を振り返ってみる、ということが挙げられるでしょう。これを授業の目標にして、さらに教材名や作者名などを書くと、次の**図⑤**の板書になります。

図⑤

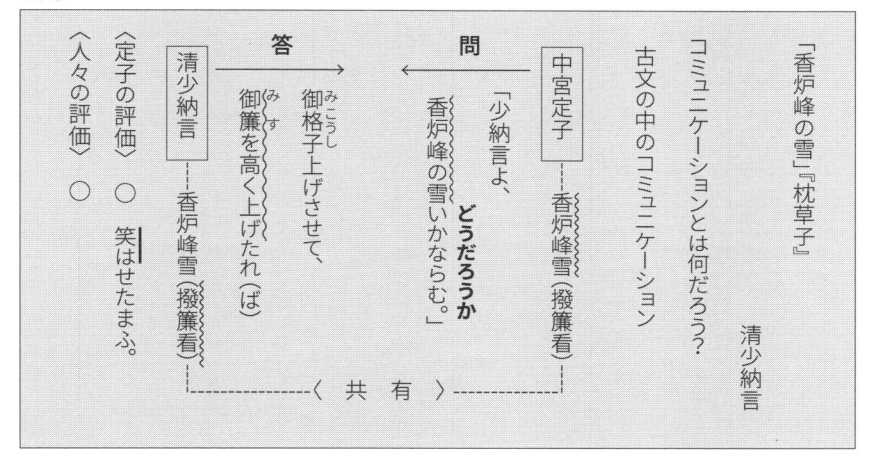

あとはこれを授業中に板書ができるように発問計画を練らないといけません。板書の言葉を引き出すために、どういう問い方をすれば自然と板書に移ることができるかは結構難しい。実習生の場合は、板書も作れて発問も練られたけれど、それらが密接に関わっていないので授業の流れとしてはそこがぶつ切れになっていて、何度か授業が止まる場面がよくあります。

　私は板書計画を作成した場合には、どういう問い方がいいかを実際に何度もつぶやいて、「こういう問いの流れであればたぶん本文のこの言葉に注目していくだろう」と予測して発問を練り上げます。それでも難しい場合は諦めるか、また板書計画自体を変更していくことがあります。

　板書については、ひとまず授業の目標よりも先行されて作られる場合を紹介してみました。本来であれば授業の目標に従って、それに合う形で板書計画を立てることが理想的ですから、「社会が生徒に求める力→国語科の授業の目標→それに適した教材選定＝教材分析→板書計画→発問計画」という流れの方がよいと思います（正確には教材選定の前に教材分析がなければ選定ができま

1章　授業の前に

2章　授業中のこと

3章　授業の後に

4章　ヒント集

5章　根本問題

6章　事例編

7章　文献ガイド

せん）。したがって、今回取りあげた例も授業の狙いによって大きく変わります。また、板書計画の言葉を的確に生徒から出るようにするためには発問の工夫も必要となります。

　ともあれ、現実的な問題としてそこまでの余裕があるか難しいと思われますので、とりあえずは教材を分析していく中で板書を作り上げていくことを目指してみるとよいでしょう。

　さて、これまで長々と板書について述べてきました。

　しかし、果たしてこれからの時代に板書の作り方やその技術を身につけていくことが適切なことかどうかは正直怪しいと考えています。▶注13　板書がすべてではないと思うからです。優先事項としてもっと別のことに労力を費やすべきだともいえます。ただ、現状はまだ通用することもあり、それなりの意義もあると思っているのですが、いつの日にかこうした考えが古いとみなされることもあるようにも感じています。そもそも、板書を前提とした授業自体がこれから先はなくなっていくことでしょう。板書を前提とした授業は、空間を限定されます。黒板（電子黒板含む）やホワイトボードがなければ成立しないものです。

　とりあえず、今の段階では私がこれまで学んできた板書についてはできる限り次の世代の方々に継承をしていければと考えています。

⑨実習にむけて

　授業についてのだいたいの指導案を完成させました。もちろん、これで完成ではなく、生徒の実態をよく知る指導教員の意見によって変わることもあるでしょうし、最初の授業が上手くいかなかった場合にその次の時間の指導案に大幅な修正を加えることもあるでしょう。

　他に確認しておくこととして、生徒は辞書を持っているのか、電子辞書は

1章 授業の前に

2章 授業中のこと

3章 授業の後に

4章 ヒント集

5章 根本問題

6章 事例編

7章 文献ガイド

持ってきてもよいのか、国語便覧や古文や漢文の文法書や副読本はあるのか、これまでにどのような教材を習ってきたのか、授業はノートなのかワークシートなのか等々、いろいろとあります。これも指導教員との打ち合わせの中で確認をしておくとよいでしょう。

ひとまずできるかぎりのことをして、実習をする学校へ行くことになります。あなたは自分が授業をする教室で自己紹介をし、生徒の顔を見ます。興味津々にあなたを見る生徒もいるでしょうし、興味を示さない生徒もいるでしょう。様々な個性が集う教室で授業をしていきます。体力的・精神的に辛い期間になるでしょうが、これから始まる実習生活を乗り越えていかないといけません。▶注14

これまで「生徒」や「学生」であったあなたが、急に「先生」と呼ばれることに気恥ずかしさを覚えるかもしれません。生徒にとって、あなたはお兄さん、お姉さんという近しい年代ですから親しみやすく、いきなり話しかけてくることもあるでしょう。もしかすると、教育実習生に聞く質問でよくありがちな「彼女（彼氏）いるんですか」という洗礼を浴びるかもしれません（「私のことが好きなの？」と返してみるとよいかもしれません）。

数回の授業とはいえ、生徒にとっても貴重な授業です。出会った生徒に恥ずかしくないよう、今一度気を引き締め、しかし楽しむところは楽しみ、いろいろなものを吸収して有意義な実習になることを期待しながら、あなたは教室に向かっていきます。

良い授業ができるためにしっかりと睡眠をとって、授業中には頭をすっきりとさせておきたいものです。

付・板書のレッスン

　比較的短い文章を用いてレッスン1〜4を用意しました。それぞれどのような板書を作れるか、考えてみましょう。コツは細かいところは気にせずに、まずはおおざっぱに2つの対立軸を作って、その関係を整理することです。

1. 重松彌佐『蛇の森のいちご』

　次の文章を読み、「麻里子」と「遠浅」とを対比させて板書を作りなさい。ただし、物語最後の「いちご」を見つけたところまでの流れを踏まえること。

「あたし、帰る」
　麻里子は、そっぽをむいた。
「もうすこしいってみよう」
　遠浅がいうと、
「ふん」
　麻里子は、皮肉っぽく鼻をならした。
　遠浅は、蚊にさされた腕をぼりぼりかいた。麻里子だっていちごジャムを食べたいっていっててたのに。泣きたいのをこらえて森の中をじっとみつめると、やぶの向うが、明るく光っていた。
　背中を向けて歩きだした麻里子に、
「ちょっとまって、あそこ」
　遠浅がさけぶと、麻里子がしぶしぶふりむいた。
　遠浅は、やぶを走った。蔓に足がひっかかってころびそうになったが、いっきに走りぬけた。
　その場所だけ日がさしこんでいた。
「いちご！」
　遠浅は、みつけた。

52

（重松彌佐『蛇の森のいちご』日本児童文学者協会北海道支部、2011 年、26-27 頁）

解説

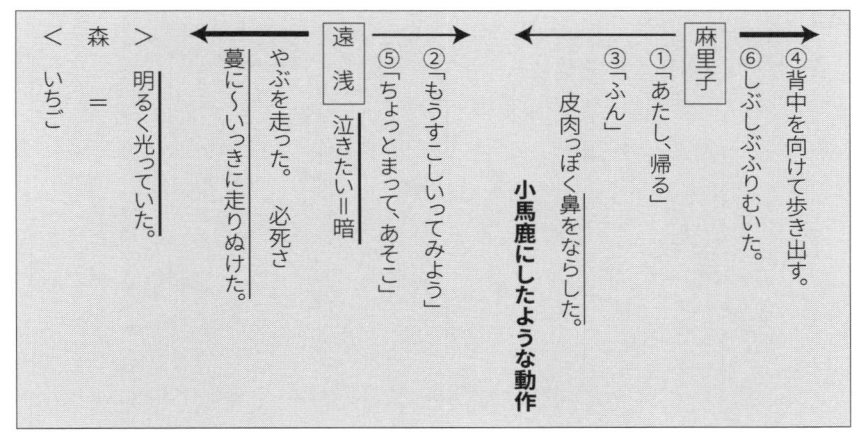

　まずは「麻里子」と「遠浅」をそれぞれ書きます。右に「遠浅」、左に「麻里子」でもかまいませんが、板書は右から左に時間が流れていくことが一般的ですので、このようにしています。言動の順番を示すとわかりやすくなるので①〜⑥等のように書いておくと丁寧です。⑥「しぶしぶふりむいた」については、矢印を←にしてみるのも1つの手です。二人の視線が同じ方向に向いている効果を出せるからです。また、対応しているやりとりであれば「①②③」「①'②'③'」のようにダッシュを使うのもよいでしょう。

　他にも「鼻をならす（鼻をならした）」「蔓に〜走りぬけた」の言動や描写の意味を問うことも効果的でしょう。「鼻をならす」を辞書で調べると「甘え声を出すこと」しか説明がないかもしれませんが、文脈から考えていくのも新たな語彙を獲得する時に有効的です（たとえばすぐ上の「皮肉っぽく」の意味を問う）。「蔓に〜走り抜けた」については「こういう風に走るってどういう気持ちがあるからか」「どのような気持ちの時にこのように走るのか」等のように問うのがよいでしょう。

　物語文や小説では人物の心情の変化も1つのポイントですから、「遠浅」

1章　授業の前に

2章　授業中のこと

3章　授業の後に

4章　ヒント集

5章　根本問題

6章　事例編

7章　文献ガイド

の「泣きたい」ことを書いておくとよいでしょう。全体の描写から、「いちご」が「明るい」「光」などの言葉で表現されているので、「遠浅」の心情と対比されていると読み、「泣きたい」に「暗」などの言葉を添えると、物語の構造がより明らかになると思います。

　なお、本文の横にいろいろと傍線の太さ、他には波線等で分けていきますが、これは特に決まったものではありません。対応させたいところには太線、語句の意味は普通の傍線等、自分の中で基準を作り、それが一貫していればよいと思います。チョークの色も同じです。

　なお、左に「遠浅」、右に「麻里子」、真ん中に「いちご」を配置するとどういう板書や流れになるか、これについても考えてみると別の観点から授業の作り方ができるでしょう。考えてみてください。

2.「推敲」（『唐詩紀事』）

　　次の文章を読み、「賈島」と「韓愈」とを対比させて板書を作りなさい。

【本文】

　賈島赴挙至京。騎驢賦詩、得「僧推月下門」之句。欲改推作敲、引手作推敲之勢、未決。不覚衝大尹韓愈。乃具言、愈曰、「敲字佳矣。」遂並轡論詩。

（『唐詩紀事』）

【読み下し文】

　賈島挙に赴きて京に至る。驢に騎り詩を賦して、「僧は推す月下の門」の句を得たり。推すを改めて敲くと作さんと欲し、手を引きて推敲の勢を作すも、未だ決せず。覚えず大尹韓愈に衝たる。乃ち具さに言ふに、愈曰はく、「敲くの字佳し」と。遂に轡を並べて詩を論ず。

54

1章 授業の前に

2章 授業中のこと

3章 授業の後に

4章 ヒント集

5章 根本問題

6章 事例編

7章 文献ガイド

【訳】

　賈島が官吏登用試験を受けに都にやってきて、驢馬に乗って行きながら、詩を作っているうちに、「僧は推す月下の門」という句が浮かんだ。（この句の中の）「推」の字を「敲」の字に改めようとした。（そこで）手をのばして、推す・敲くのしぐさをしてみたが、（いずれがよいか）決めかねていた。ふと気がついてみると、都の長官の韓愈（の行列）につき当たっていた。そこで、（事の次第を）詳しく申し上げた。（すると）韓愈は、「敲の字がよいだろう」と言った。（二人は）そのまま、たづなを並べて（行きながら）詩を論じあった。

解説

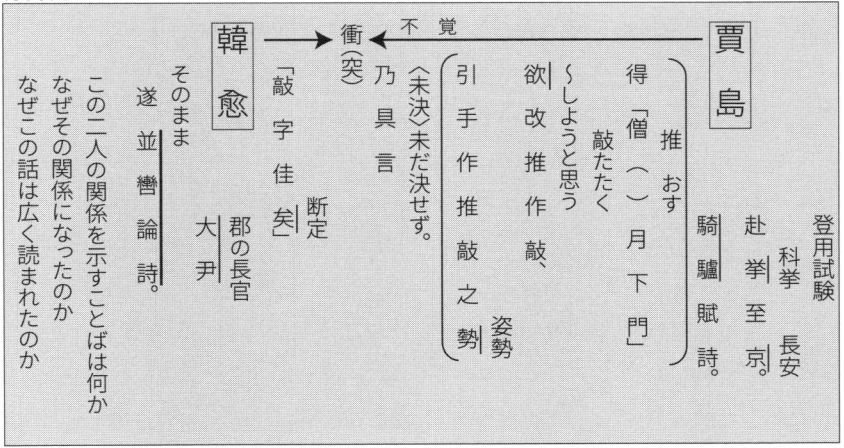

　二人の人物が出てきており、これも人物を対比させることが可能です。ただし、対話場面よりも前に「賈島」の描写が冒頭から続くので、二人の対話を →← のように図示するのは「未決」の後からになるでしょう。二人は衝突しているので、→← の間に「衝」を加えるといっそう視覚的になります。

　他にもそれぞれ重要だと思われる語句（「挙・京・勢・矣」等）には適宜説明を加え、二人の立場の違いがわかる「騎驢」「大尹」などに注目させるのもよいでしょう。

　また、板書例の左にはいくつかの発問を考えて用意しました。こちらもど

のような展開の中で使えるかを考えてみてください。

　これは漢文ですが、古文も含めて板書する時に原文や白文で書くか、現代語訳や書き下し文で書くかというのが問題になることがあります。古文にせよ漢文にせよ、原文や白文の方が文字数が少ないため、板書としてはかなりすっきりします。もちろん、横に意味や訓点などを書くこともありますから、意味が取れないこともありません（ただし、古典教材の場合は現代語訳ができても意味が取れているかは怪しい時が多い）。

　逆に、現代語訳や書き下し文だと意味は取りやすいのですが、元々の言葉との対応関係が希薄に感じることはあります。結局は、適度に原文や白文と意味や現代語訳などとのバランスを保つということが無難だと思います。

　ただし、漢文の場合は書き下し文にすると元の意味がわからないことがあります。代表的な言葉としては「間髪を容れず」があります。近年では「間髪」を「かんぱつ」と読む人もいますが、「間、髪を容れず」と区切った方が正確です。そして、元は「間不容髪」であり、「間に髪が入らないほど、隙間がないこと」という意味です。漢文の授業で下手に書き下し文にすると、文意がやや不明のものが存在することになってしまいます。▶注15　なお、書き下し文から元の漢文に復元することを「復文」と呼びますが、これについて知りたければ古田島洋介『これならわかる復文の要領―漢文学習の裏技』（新典社［新典社選書］、2017年）等をごらんになるとよいでしょう。

　また、大学入試では白文を書き下し文にする問いが散見されますが、漢文の文法もまた習得する言語知識の１つです。▶注16

3. 鷲田清一『わかりやすいはわかりにくい？』

　次の文章を読み、「近代以前」と「近代」と「現代」とを対比させて板書を作りなさい。

　わたしたちが生きているこの社会は、自分がだれであるか自分で証明しな

ければならない社会である。近代以前の封建社会と言われるものは、この世に生まれ落ちた瞬間から人生のおおよそのかたちが決まっていた。どういう家族のもとに生まれたかによって、どのような性、どのような階層、どのような地域に生まれたかによって、将来、どのような職業に就き、どのようなひとと結婚し、地域でどのような役を担うのかが、あらかじめほぼ決まっていた。そこには選択の余地はほとんどなかった。

　近代的な社会革命は、ひとがたまたまどのような社会の場所に生まれ落ちたかという偶然によってそのひとの人生のほとんどが決まってしまうような生き方というものを否定し、家柄とか階層とか性とか民族とかの出自によって差別されない社会を構築することをめざしてきた。言ってみれば、出自をめぐる偶然的条件を度外視して、みなが社会の同じスタートラインにつく、そして学校という場所で、生きるのに最低限必要な基礎知識と技能とを学ぶ、そのうえで、その後この社会において個人として何をなしとげるかでそのひとの価値と人生のかたちが決まってくるという、そういう社会をめざした。

（鷲田清一『わかりやすいはわかりにくい？―臨床哲学講座』筑摩書房［ちくま新書］、2010年、93-94頁）

解説

　今回は「近代以前」「近代」「現代」の3つの関係性を踏まえた板書です。ただし、本文からは「近代以前」と「近代」の2つだけで、「近代」＝「現代」と考えた方が、つまり「現代」はまだ「近代」の世界を生きていると考えた方が適切のように思われますが、あえて3つの項を指定しました。

　板書を作る時には、人物の対比は多く見られますが、過去―現在―未来という時間軸で整理することもあります。今回の場合はこれにあたります。時間軸で整理することについては、小説の語りの構造を考える時にも有効です。

　3つに分けた場合、本文の最初に「わたしたちが生きているこの社会は」とありますから、板書例では左の「現代」から実際に書くことになります。ただし、「この文章にはいくつの時代（社会）について書いてありますか」と

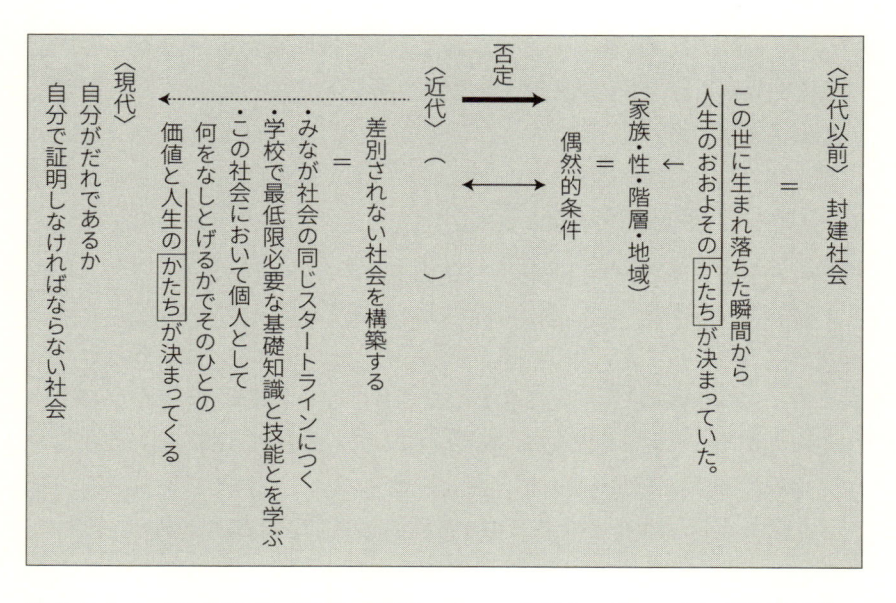

問うことで、「近代以前」「近代」「現代」の3つを出してきて、右に「近代以前」、真ん中に「近代」、左に「現代」と最初に板書することも可能です。

　その後、それぞれがどのような「社会」なのかを本文を踏まえて、関係性を考え、さらにその「社会」を詳しく板書していくといいでしょう。今回の板書はかなり本文の言葉を引用していて文字数も多くしていますが、これらを少し削ることもできます。

　また、「近代以前」と「近代」にはそれぞれ「かたち」という語句が使用されていますから、これらを視覚的に明示するのもよいでしょう。対比されているもののそれぞれに文のレベルで対応している、類似している表現があれば、これもまとめていく際の助けとなります。

　そして、板書例の「近代」の下には括弧（　　）がありますが、「近代以前」が「偶然」に左右される社会であれば、「近代」はどういう言葉を入れるのがふさわしいか、こういう問いを立てることも可能です。もちろん、ここには様々な意見が入り込むことになるでしょう。こうした空所を板書の中に仕掛けておくことも時には大切なことです。

1章　授業の前に

2章　授業中のこと

3章　授業の後に

4章　ヒント集

5章　根本問題

6章　事例編

7章　文献ガイド

　なお、「近代」については大学入試では当たり前のように出題されますが、中学生には「近代」といっても時代区分の1つであって、近代に生み出された様々な制度や考え方についての知識は少ないので、実際の授業の際には生徒たちがどこまで近代について知っているかを聞いていくのがよいでしょう。

4.「防人に行くは誰が背と問ふ人を見るがともしさ物思ひもせず」（『万葉集』）

次の『万葉集』の歌（作者は防人の妻）を読み、板書を作りなさい。

　防人に行くは誰が背と問ふ人を見るがともしさ物思ひもせず

【訳】

　「防人に行くのはどこのご主人」と問う人を見るとねたましい　物思いもせずに

解説

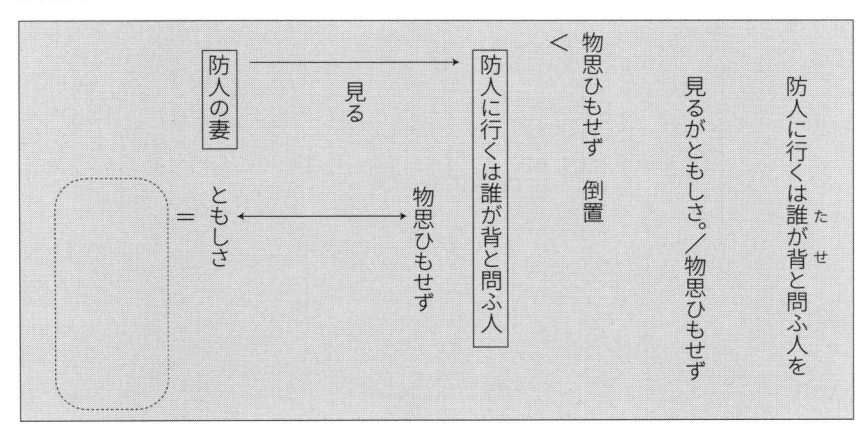

59

和歌です。単純に和歌を並べて、語釈を加えればいいと考えるのは早計です。和歌は韻文ですが、「文」である以上、何らかの文構造を持っています（もちろん文の破格を取り入れる表現もありえます）。和歌の場合は句読点を付してみるのがよいでしょう。ここでは「ともしさ」のところで句点を付します。文は終止形で終わり、そこに句点を付しますが、ここの場合は「ともしさ」という名詞（体言）です。

　この歌には「問ふ人」は明示されていますが、それを「見る」人＝防人の妻もいます。この場合、「見る」に注目して「誰が誰を見ているのか」と問うとよいでしょう。その後に「物思ひもせず」は誰の行為なのかを明らかにし、しかもここは倒置になっていることを確認します。または、「「問ふ人」は何を考えているのか」と問うこともできるでしょう。

　「物思ひもせず」で、「問ふ人」は何も考えることはないわけですが、一方の「見る」人は「ともしさ」の状態です。「ともしさ」は「羨しさ」とも書きます。「羨」は「うらやましい」です。このあたりを踏まえながら、この「見る」人は一体何を考えているのか、その心情を詳細に想像していくことも学習として考えることができるでしょう。心情語（心状語）は形容詞や形容動詞などにあたりますが、既に「ともしさ」＝「うらやましい」と意味を共有していた場合に、別の形容詞や形容動詞を答えるというのはなかなか難しい。この場合、類語辞典等を用いて別の類語を知ることで語彙学習になるでしょう。また、形容詞や形容動詞だけではなく、熟語まで広げると異なる位相の語彙学習になるでしょう。または、「会話口調で」などのように、一文で代弁していくことも考えられます。もちろん、それらをすべて含めた形で考えていくこともできます。

　これは「防人」についてどこまで知っているかにもよります。歴史的な事実や情報をどこまで教室で共有していくか、差し出していくかも実際の授業では考慮することの1つです。

1章 授業の前に

2章 授業中のこと

3章 授業の後に

4章 ヒント集

5章 根本問題

6章 事例編

7章 文献ガイド

………… 第2章 …………

授業中のこと

　この章では、実際の授業中に起きることや授業での心構え、必要な観点等を中心に説明しています。

①生徒の名前の呼び方

　授業を始める前に、生徒の名前を確認しましょう。教卓には座席表があるかもしれません。

　これは個人的なことですが、私は名字を「古田」と書いて「こだ」と読みます。しかし、これまで初見で「こだ」と呼ばれることはなく、「ふるた」と間違って呼ばれてきました。時には「よしだ」と呼ばれることもありました。読み誤られることに慣れたとはいえ、良い気分ではありません。もしかすると、あなたの名前もそうかもしれません。

　同様に、生徒の名前にも一見すると間違えやすい名前が多々あります。明らかに読みを確認しないといけない名前の場合は意識が向きますから自然と読みの確認をすることでしょう。

　しかし、「河野」（「かわの」か「こうの」）、「山崎」（「やまさき」か「やまざき」か）、「渡部」（「わたべ」か「わたなべ」か）等のよく見られる名字に関しては、つい読みの確認を怠ってしまい、授業中に間違った読み方をしてしまうことがあります。一字の違いや濁音と清音の違い等、些細な問題に見えるかもしれませんが、間違えられた生徒にストレスを与えることがない方がよいでしょう。な

61

お、それでも間違えてしまう場合もあるでしょうから、その時には誤魔化さずに「ごめんなさい」と言いましょう。

　また、男子生徒には「くん」付け、女子生徒には「さん」付けをするというのが一般的であるように思いますが、近年は様々な事情を抱えた生徒も多いので男子生徒にも「さん」付けで統一することもあります。

　ところで、少し話はそれますが、現場に出ると教員は生徒を「くん」付けや「さん」付けではなく、呼び捨ての場合があります。これは実習先の学校でも見られることがあるでしょう。呼び捨て自体は悪いことではなく、教員と生徒との関係性の問題であるでしょうし、教員の性格の問題でもあるでしょう。授業の場合は「くん」付け、「さん」付けであるのに、授業外では呼び捨てということもあります。

　また、部活動の顧問をしていて、ある生徒が部員だった場合、名字ではなく名前で、あるいはあだ名で呼ぶこともあるでしょう。あなたも中学生、高校生時代にはそのように呼ばれたことがあるかもしれません。

　その上で1つ注意してほしいことがあります。教室の中で、ある特定の生徒をあだ名で呼び、他の生徒は「くん」付けや「さん」付けで呼んでいた場合、時に他の生徒は疎外感を味わうことがあります。詳しく説明すると、教員が特定の生徒をひいきしているのではないか（あだ名で呼ばれた生徒は教員のお気に入りの生徒ではないか）、という疑念を抱かせることになることがあります。ただし、結局はこれも教員と生徒との関係性の問題であり、ほとんど問題にはならないと思うのですが、あなたが現場に出て生徒を呼ぶ時に少しだけ心に留めておいてほしいことです。

②生徒を指名する方法

　何か発問をする場合に、すぐ目の前の生徒を指名することもありますが、それ以外ではどのような方法があるでしょうか。その月の番号を当てたり、

その日の日付の番号の生徒を指名することもあるでしょう。そこから 1 を加算したり 10 を加算していったりして指名することもあるでしょう。

ただし、これには問題点が 2 点あります。

1 つは他の授業でも同じような指名のされ方である場合、その日は同じ生徒が多く指名されるということです。その日に何度も指名される生徒の心境はどのようなものでしょうか。

もう 1 つは、この指名の方法を生徒が気づいた場合に、「今日は自分には当たらないな」と思わせることになりかねず、発問に対して応答をする場面がないので「考えなくていいや」となる危険性があることです。これは、ある生徒を指名して、両隣や前後の席の生徒を順番に指名していく場合にも同じことが起きるでしょう。

このことを防ぐためには、ある程度ランダムに指名したり、やや変則的に指名（11 月 13 日であれば、11 ＋ 13 ＝ 24 番や 11 ＋ 1 ＋ 3 ＝ 15 番のように）することが効果的です。この場合には、指名した生徒にはチェックをしておくことで、なるべく多くの生徒を指名することができるでしょう。

しかし、一度指名した生徒は、不思議とその授業では再び指名されないと思うことがあります。これもまた問題であるので、一度指名した生徒であっても、何度も指名して意見を聞くことは積極的に取り入れておいてもよいでしょう。生徒の誰もが授業中に指名されて発言する可能性があると思わせることは大切なことです。

なお、中学生、特に 1 年生の最初の時期は挙手するかもしれません。おそらくあなたが出した問いに答えたいという思いが強いのです。何度も手を挙げて発言をしたいというアピールをする生徒が出てくるかもしれません。いろいろな生徒の声を聞きたい（いろいろな生徒に授業に参加をしてほしい）場合、そういう生徒には時間差で 2、3 回程度に留めて、その際に「他の人はどう思っているんだろう、ちょっと聞いてみようね」等、フォローしておくとよいでしょう。

それ以上の学年、ましてや高校生になると挙手というのはほとんどしませ

1 章　授業の前に

2 章　授業中のこと

3 章　授業の後に

4 章　ヒント集

5 章　根本問題

6 章　事例編

7 章　文献ガイド

ん。この理由を日本の文化的なものだと考えることがありますが、自我の発露・開陳と他者からの承認・干渉・重圧というやや複雑な問題があることも確かなことです。

　いずれにせよ普段の授業のルールがあるでしょうから、気になるようであれば指導教員に一度確認してみるとよいでしょう。

③教科書を開く――待つこと

　授業が始まって、あなたは教材名を板書したりページ数を言ったりして、生徒は教科書を開きます。しかし、すべての生徒が同じペースで開くわけではありません。中には教科書を机の中に入れっぱなしであったり、ロッカーや鞄の中に入れていたりするかもしれません。ページ数を口頭で示した場合、聞き漏らした生徒が「何ページだっけ？」と思って教科書を開くのにもたつくこともあります。ページ数等も板書しておくといいかもしれません。

　一概に言えない部分もあるのですが、授業の最初から足並みが揃わないことは好ましいことではありません。これを防ぐために、少しだけ待ちましょう。すべての生徒の準備を確認してから、次に移っていきましょう。最初に限らず、学習過程の中で生徒を置いていくことはしばしば散見されるのですが、教室を見る余裕は持ちたいものです。

　これは教科書だけではなく、ワークシートやプリントを配布、返却する場合にもいえます。プリントを配る場合、端から配っていきます。そのため、最初に配った列と最後に配った列とではタイムラグが生じます。数秒なのですが、プリントの説明や指示が早すぎると、何人かの生徒はプリントを手にしないままに説明や指示を聞くことになります。これも生徒に行き渡ったのを確認してから始めるように心掛けてみましょう。

　なお、授業の最初に教科書のページ数や教材名を言ってしまうと、導入に入る前に生徒は教材を読もうとすることもあるので順番は考えるようにした

いものです。

④黙読・音読で気をつけたいこと

　初めて教室で教材を読む時には、大きく分けて黙読と音読があります。それぞれに利点と欠点があります。▶注17

　黙読の場合は読むスピードが音読よりも速いため、読む時間を短縮することでその後の時間の確保ができることが利点として挙げられます。また、読む速さも個人差がありますし、他人の声を耳で聞きながら読むことが苦手な生徒もいるかもしれません。そして、特に小説の場合ですが、登場人物の発話が自分の読みと想像力で補われることも利点として挙げられるかもしれません。音読の場合だと、他人の読み方に違和感や先入観を抱くこともあるでしょう。小説やコミックが原作のものを実写化した時の、「イメージと違う」という感覚に似ているでしょうか。

　欠点としては、漢字の読みの確認ができないことや読み飛ばしが生じることです。漢字の読みの確認はともかくとして、読み飛ばしというのは音読では黙読に比べてあまり生じない現象です。

　音読の場合は、黙読の利点と欠点が逆転しています。すなわち、利点は漢字の読みの確認ができ、読み飛ばしが少ないことですし、欠点は読むスピードが黙読よりも遅くなることです。

　音読についてもう少し具体的に見ていきましょう。

　音読といっても、授業者が読む場合（範読）と、朗読 CD を流す場合と、生徒が読む場合の 3 つがあります。実習生の場合は、朗読 CD を使わないことが多いかもしれません。

　授業者や CD の場合だと、既に教材の内容を知っているために基本的に読み方に不自然なものはありません。また、漢字の読み方や単語のイントネーション等も癖はないことが多いでしょう。▶注18　生徒が音読する場合だと、

1章　授業の前に

2章　授業中のこと

3章　授業の後に

4章　ヒント集

5章　根本問題

6章　事例編

7章　文献ガイド

自分が声に出して読むことに必死になって、自分が読んでいる内容が頭に入ってこないことが問題として生じます（これは経験としてもわかるのではないでしょうか）。

生徒が読む場合は、内容がつかめていないためにたどたどしい読み方になってしまいます。特に古文や漢文の場合に顕著です。

しかし、これは必ずしも欠点だとは言い切れず、生徒がどれだけの単語を知っているかや、瞬時に内容を理解するかどうか等の、生徒の実態把握に役立つことがあります。つまり、読めない漢字があったら、「この学年ではこの漢字は読めないのかもしれない」だとか、語の切れ目がおかしい場合は「この語彙は理解語彙としてはないのかもしれないから、あとで説明をした方がいいかもしれない」等、授業前には意識していなかったことに気づけることになるのです。

あと、「読み飛ばしというのは音読では黙読に比べてあまり生じない現象です」と書きましたが、それでも生徒が音読をする場合に、読み飛ばしをすることがあります。これは特に助詞に多いのですが、一字一字を読み飛ばさない意識を持たせるために、生徒が読み飛ばしをした場合に、「えっ？　もう一度読んでみてください」と言って、再度読ませて読み飛ばしをしたことに気づかせていくことも大切なことでしょう。

漢字を読み間違えた時も、すぐに授業者が読みの訂正をするのではなく、「もう一度今の漢字を読んでみてください」と言って、できる限り生徒が自力で読めるように支援していく姿勢も必要なことです。読み間違えた漢字も、音読みの場合は読めない漢字の一部分を音読みをさせると、適切な読みになることがあります。もちろん、これも限界はありますから、すぐに授業者が漢字の読みを言った方がよいこともあるので、上手く使い分けていくとよいでしょう。

朗読 CD については、間の取り方や声の出し方、表情の付け方を学ぶ時に大いに参考になります。日本の国語科教育においては、読むことを軸に授業を作っていくことが多いため、話したり聞いたりすることの教育が不十分で

あるという批判があります。このような事情がありますから、魅力的な朗読を少しでも聞かせていき、どのように読むのが望ましいのかという1つのモデルを知ることは大切なことだと思います。

　個人的な体験からいえば、私自身は朗読が上手くなく、中には生徒の方が上手に音読することがあります。これは一朝一夕でどうにかなるものではありませんし、限界もあります。授業は授業者だけが主導して行うものではありませんので、その教室で一番読むのが上手な生徒にまかせてみる、という選択をすることも1つの手でしょう。その際に、「私よりも読むのが上手だね」、「○○のところは気持ちがこもった表現になっていて良かったね」と一言添えるだけでも、ずいぶんと生徒の肯定感を強くすることにつながることでしょう。

⑤感想文・課題文で気をつけたいこと

　教材を最初に一度読んだ後の学習活動として感想文を書くことがあります。この活動は古典教材ではあまり見られず、現代文の教材によくあります。これは古典教材は一読して内容がつかみづらいからだと考えられます。

　感想文には自由に書く場合と、教材全体やある限定された記述に対して考えを書く場合に分かれます。

　自由に書く場合については、批判もあります。「自由」という言葉の意味を生徒は上手くつかめずに、何らかの明確な指示があった方が書きやすいことがあるからです。授業はすべて意図的な営みですが、それなのに目的がなくただ書かせるだけ、ということに対する批判もあります。これは夏休みの宿題としてよくある読書感想文にも同じことがいえて、感想文の書き方を学んでいないのに書かせていることは現実的な問題としてあります。

　それでも、初めて読んだ教材に対する生徒の反応を知ることも必要なことです。

1章　授業の前に

2章　授業中のこと

3章　授業の後に

4章　ヒント集

5章　根本問題

6章　事例編

7章　文献ガイド

少しだけ縛りをかけるとすれば、たとえば文章の中で「共感したところ」や「共感できないところ」を項目に入れておくことです。これによって生徒は教材のどこに反応し注目するのかという傾向を知ることができます。逆に、生徒が注目していないところも浮き彫りになります。他にも、「具体的な本文の記述を踏まえて」等のように、教材本文に注目させながら書くという意識を持たせるようにするのも効果的です。「印象的に思った一文」や、「主題に関わっていそうな大事な一文」という限定をかけるのもよいアイディアです。

　もう1つの「教材全体やある限定された記述に対して考えを書く」というのは、感想文というよりは課題文だといえます。明確な問いであり、多くは本文の主題に関わる問いになります。ただし、これに関しては本文の読解力にも関わることでもありますから、書ける生徒と書けない生徒が出てきます。そもそも感想文を書く、何かを始めることすらできていない生徒もいることでしょう。書けない生徒が出てきた場合には、「もし上手く書けそうになかったら、感想を書いてください」のように思い切って課題文から感想文へ変えてみることや、最初の課題よりも比較的答えやすい課題を出してみることなどがあります。ただし、すぐにその指示を出してしまうと楽な方に流れることも考えられますから、ある程度時間が経って生徒の様子を確認しながら指示を出した方がよいでしょう。

　感想文にせよ課題文にせよ、この学習活動は授業過程の中で単発的に行うのではなく、書かれた感想文や課題文を元にしながら授業の中で上手く使っていくようにしましょう。「前の時間に書いてもらった感想文を読んだけど、みんな○○のことについて触れていました」や「みんなは○○のことがよくわからなかったと書いていました」のように、共有しておいた方がよい情報を生徒に返していくと、そのことが教室にいる人全員で考えていく問いや課題だという意識を持つことにつながっていくでしょう。生徒から出てきた疑問や意見を元に教材を読んでいく授業にすると、単に「今日は○○のことを考えてもらいます」と授業者が授業の目標を最初に言うよりも、生徒自身の

疑問や興味・関心に沿った授業になるので、少しばかり前向きに授業を捉える生徒が増えていくことが期待できます。

　書かれた感想文や課題文は生徒に返却しますが、最低限の漢字のミスや表現や係り受けがおかしいところは指摘しておくとよいでしょう。あまりに誤字や脱字の訂正が多すぎる（赤ペンだらけ）のも生徒の自己肯定感を低くしていくことにもなりかねないので、最低限に留めるのがよいように思います。▶注19

　なお、プリントやワークシートは原稿用紙のようにマスのついたものではなく、罫線を引いたものが多いと思いますが、ある程度の分量を書いてほしい場合には、「最低8行は書きましょう」などと負荷を与えておくとよいでしょう。▶注20　それを発表する場合には、「全部読まずに要点だけを発表してみてください」と指示を出してみると、生徒が自分の文章を要約しなければなりませんから、生徒が少し考える場を生み出すことにつながります。

　すべて発表してもらうことが前提である時には、8行分はやや長いので最初から4〜5行分にしてみる等の工夫が必要です。事前に授業者が集めて、どのようなことが書いてあるかを把握している場合は別ですが、そうではない場合には授業者も聞くことが長くなると要点がつかみづらくなります。

　また、プリントやワークシートのサイズとしては、ノートの大きさがB5サイズですから、B5、あるいはB4で作っておくとノートに貼れます。学校によってはA4サイズのファイルに綴じていくこともありますから、指導する教員に確認してみましょう。

　他にも、「読みながら疑問に思ったこと」や「意味がわからない言葉」等の項目を入れておくと、生徒の実態把握に役立つことでしょう。

　実態把握という点からすれば、感想文で使われている語彙のレベルを知ることは授業者の経験値になります。音読の時にも書きましたが、「この年代の生徒はどのような語彙レベルであるのか」を知ることが、生徒理解にもつながっていきます。

　課題文の場合は生徒が難しい語彙を使うことがあった時には、それは教材

1章　授業の前に

2章　授業中のこと

3章　授業の後に

4章　ヒント集

5章　根本問題

6章　事例編

7章　文献ガイド

で使用されている語彙の可能性が高いのですが、感想文で難しい語彙が使用されていた場合、それが生徒の持っている語彙なのだと判断できることがあります。

　以前、中学2年生に感想文を書かせた時に、「葛藤」という語彙(しかも漢字で)を獲得している生徒がいました。教材には「葛藤」という語はありませんでしたし、これまで読んできた教材の中にも出てきたことはありませんでした。中学2年生で「葛藤」という語彙を持つことに驚きましたが、語彙力だけでも生徒の個人差はあります。あくまでも平均的な生徒の語彙レベルを推定する、という程度に留めておく方が無難でしょう。

⑥教室の中を移動する方法
──教壇上や机の間でどう振る舞うのか

　教室というのは生徒の机が列になっているイメージがあるでしょう。もちろん、コの字型に机を配置したり、海外の学校のように扇状に机が配置されていたり、自由に机を動かしたりできるような教室もありますが、たいていは授業をする時には見慣れた教室の配置になっていると思います。

　こうした日本の教室空間は、授業者と生徒とのある種の権力関係を規定していると考えられることがあります。教室というか、学校というのは教員が生徒の姿や行動を一望できる構造になっていると言われます。▶注21　教員が廊下に立てばそれぞれの教室から抜け出す生徒を見渡すこともできますし、生徒よりも一段高い教壇に立っているのも、空間的に上下関係を示しているというわけです。このことは否定的に捉えられることもありますが、1クラス40人前後の生徒に対して授業を行う時には仕方のない側面があることも否定できません。一人ひとりの生徒に目を配るためには少人数クラスが望ましいのはいうまでもありません。しかしそれは望むことが難しい。現状において、大事なのはこうした権力構造を効果的に利用していくことではないか

と思います。

　以上のような教室事情があるのですが、しかし授業者はただ教壇に立って授業をするわけではありません。時には生徒に近づくことや遠ざかることも必要なことです。

　教壇上を移動するのは、授業の最初に書かれたこと（黒板の右側）と授業の最後に書かれたこと（黒板の左側）までの授業の流れを振り返ったり、まとめたりする時でしょう。また、板書の字を見ている生徒の前に立っているのは邪魔になりますから、少し隅に移動することもあります。採光の角度によっては黒板の字が見えなくなることもあるので、黒板の両端のいずれかに日光が当たっている時には移動してカーテンをしめる等の行動も必要となるでしょう。

　教壇から下りる時には、いわゆる机間指導というものがあります。机間指導というのは、机の間を移動しながら指導をする、というそのままの意味なのですが、これの持つ効果を侮ってはいけません。何かの課題について書くことやグループ学習をしている時に授業者は移動をします。何かの課題を書かせて、その後に意見を発表する場合には授業時間の制約上、数名しか指名をすることができません。しかも、数名のうちにクラス全体に投げかけて共有するに値する意見や声がなかった場合や、同じような意見ばかりが発表された場合は、発表の効果が薄れてしまいます。授業は限られた時間で行われる出来事であり無制限ではありません。これを防ぐために、授業者は移動をしながら、生徒が書いているものを読み（チラ見）、どの生徒をどのような順番で発表させようかと考えることが必要になってきます。できることなら意見が対立的になったり、それらの意見が上手い具合に深化するようにしていくことが望ましいですが、必ずしもこちらの狙い通りにはなるとは限りません。授業者は机間を移動するといっても、一人の生徒の横に数分間もいるのは不自然に感じられるでしょうから、数秒の間に生徒の意見を把握しなければなりません。しかし、数秒で把握できることの中には読み誤りや思い違いというのも生じてしまいます。これは仕方がないことで、経験に応じて獲得

1章　授業の前に

2章　授業中のこと

3章　授業の後に

4章　ヒント集

5章　根本問題

6章　事例編

7章　文献ガイド

71

できる技能だと思いますから、実習中の授業で上手くいかなかったとしても極端に落ち込む必要はありません。ある程度生徒の情報をつかんでいる授業者には比較的容易になりますが、教育実習という短い期間の中ではそれができるとは限りません。

　他にも、机間指導では何も書くことがなかったり、グループの話し合いが活発ではなかったりする時に表現や流れを生み出す言葉がけをすることが必要になります。個々の、あるいはグループへの対応ということになります。生徒は様々な理由から表現ができなかったり、活発にならなかったりすることがあります。この場合は、生徒がこれまでの授業の流れを理解していなかったり、課題で何が問われているのかわからなかったりしますので、個別に話をしていくことが必要になります。とはいえ、一人で何かを書く作業をしている時の教室は静かな状態であることもあるのであまり話が長すぎたり、声が大きすぎると他の生徒の邪魔になる恐れもありますから、バランスを考えましょう。

　教壇に立つ、下りることの他にも移動をすることがあります。生徒に発問をした時に生徒の声が小さくて聞こえない場合があります。その時には生徒に近づくことがあります。ただし、授業者には聞こえていてもその生徒から遠い位置にいる他の生徒には聞こえないことがありますから、授業者は小さな声で話す生徒の声を代弁して、教室全体に共有することが大切です。

　もっとも、生徒が小さな声で話すことが当たり前になっても困るので、あえてその生徒から離れた距離に移動し、「ここまで聞こえるくらいの声の大きさで話してみてください」のようにしてみることも時には必要です。授業者が移動しない時には、その生徒から遠くにいる他の生徒に「今の声は聞こえましたか？」のように、他の生徒の反応をその生徒に感じさせるのも効果的です。

　居眠りをする生徒、あるいは眠りかけている生徒の側にわざと近くまで行ってみるというのもあります。居眠りをする生徒の対応としては、頭ごなしに注意するのではなく、いろいろな事情があるでしょうから「昨日何時に

寝ましたか？」とか「今日何時に起きましたか？」とか、そういうやりとりをして刺激を与えるのがよいでしょう。それがなければ、さりげなく歩いて行ってプレッシャーをかけていくこともよいでしょう。

⑦生徒とのやりとり1──発問に対する生徒の反応と声について

　ここからは生徒とのやりとりの際にどのようなことが問題として挙げられるかについて詳しく述べていきます。

　まずは発問に対する生徒の反応について考えてみます。確認発問にしても思考発問にしても、何らかの形で生徒は表現をします。この時に考えられるのは次の5点です。

1　わからない
2　授業者の想定した答えを言う
3　授業者の想定したものそのままではないが、かすっている
4　まったく見当違いの答えを言う
5　沈黙

　1の「**わからない**」については、いろいろな理由が考えられます。①発問を聞いていない、②発問の意味がわからない、③それまでの授業の流れを聞いていないから答えられない、④それまでの授業の流れを聞いていても上手く答えが練られない等が挙げられるでしょう。

　①「発問を聞いていない」場合は、他の生徒もきょとんとしていて聞いていないことがわかった時には再度言ったり、板書したりするのがよいでしょう。声は消えてなくなりますから、板書しておくとこの心配はなくなります。特にその発問が重要なものである場合には板書しておくと振り返る時にも有効でしょう。

1章　授業の前に
2章　授業中のこと
3章　授業の後に
4章　ヒント集
5章　根本問題
6章　事例編
7章　文献ガイド

②「発問の意味がわからない」場合は、そもそもの発問の言葉が多義的であったり不明確であったりして「何が問われているのかがわからない」ということが考えられます。これを防ぐためには発問の言葉が明確なものであるのか、複数の解釈ができる発問になっていないか等の事前の精選が必要です。また、発問の言葉が微妙にぶれていることによる「わからない」ということも考えられます。発問をした後に生徒が答えなかったら、同じ発問をしていきます。その時副詞や助詞のレベルで最初の発問とは微妙にずれていき、しかも何度も言い換えたりして、結果として生徒が混乱をしてしまいます。「なぜ」と問うていたものが、「どうして」に変わり、さらに「何が」となって、「どのように」になったりするといった場合です。これは実習生がよく行うことの１つです。発問の言葉は、明確なものにするにしても、それをそのまま言うか、できる限り骨格を変えない方がよいでしょう。

③「それまでの授業の流れを聞いていないから答えられない」場合は、生徒の責任でもあり、授業者の責任でもあります。生徒にもいろいろな事情があります。前の時間が体育の授業であったり、昨晩遅くまで起きていたりと、集中力が切れていることが考えられます。授業者の責任というのは、授業が単調であったり流れが不明瞭であったりする場合が考えられます。いずれにしても、一人の生徒だけが聞いていないのではなく、他にも同じような生徒がいることも考えられるので、それまでの流れを短く説明して、再度聞いてみるのがよいでしょう。

④「それまでの授業の流れを聞いていても上手く答えが練られない」場合は、発問自体が難しいことと、生徒の学力が原因として考えられます。この種の発問の場合は、他の生徒にも聞いてみることが有効です。他の生徒の意見を聞いて納得することもあるでしょう。その際には、最初に答えられなかった生徒に、「今の〇〇さんの意見を聞いてどうですか」と確認をしてみるとよいでしょう。それでも難しい場合は、やむを得ず授業者が述べることもあれば、ある程度先に進めて振り返る中で再度聞くことも効果的でしょう。「では、これを考えるために読んでいきましょう」という具合にです。

2の「**授業者の想定した答えを言う**」については、問題がないかというとそうでもありません。生徒が答えた場合の授業者の反応ですが、実習生は時に表情が明るくなっていることがあります。特に、この発問が複数の生徒を当ててもなかなか答えられないものであった場合、実習生としては当初の計画からすれば遅れているというプレッシャーがありますから、「やっと答えてくれた」という安堵の気持ちがそのまま表情に出てしまうのだろうと考えられます。

　生徒は授業者の表情を見ます。私たちが思っている以上に生徒は授業者を観察しています。顔色を窺うといってもいいかもしれません。したがって、授業者の表情が明るくなってしまうと、「ああ、先生はこれが答えだと思っているんだな」と生徒は考えます。それが積み重なると、生徒は逐一授業者の反応を見ることにつながってしまいます。これとは逆に、授業者の表情に困惑の色が出てくると、「ああ、先生はこれは答えではないと思っているんだな」と生徒は考えるようになります。

　生徒の答えがあらかじめ想定した答えと一致していたとしても、表情をそんなに崩さずに、しかも「それはどの表現からわかる?」や「どうしてそう考えたの?」のように聞き返していくと、授業者の表情を窺うという習慣化を防ぐことにつながっていくと思います。また、昔あったクイズ番組のように、グッと溜めてから「正解」などという小ネタを入れてみてもいいでしょう。あるいは「えっ?」という反応をすると、自信満々に答えた生徒が「あれ、違うのか」という反応をします。

　3の「**授業者の想定したものそのままではないけれど、かすっている**」については、いろいろと考えさせられる問題です。たとえば、意見の根拠を求めて本文の内容を指摘する発問、「どこにそれが書いてある?」という時に、生徒は一文をそのまま読むか、不足した表現で答えることがあります。想定したところそのままというわけではなく、かといって全くの見当違いの答え

1章　授業の前に

2章　授業中のこと

3章　授業の後に

4章　ヒント集

5章　根本問題

6章　事例編

7章　文献ガイド

ではないところに、この問題の根深さがあります。

　生徒がそのまま本文を読んでしまう問題は、生徒が適切な形で表現し直していないという点です。したがって、発問に合うように適切に答えるように指導をしていく必要が出てきます。これがもし定期試験や問題集であった時にはそのまますべてを書くわけではありませんから、授業でも同じように「今聞いたことに対する答えとして、あなたが言ってくれたことは適切だと思う？」などと、表現に対する意識改革をしていくことが必要でしょう。あるいは、「もっとコンパクトに答えてみてください」と指示を出すのも１つの手です。

　生徒が不足した表現で答える問題は、これを授業者が容認してしまったり、言葉を先取りしてしまったりすることです。この場合の生徒の答えは、単語のように短い言葉で答えてしまうことがあります。

　「先生トイレ！」→「先生はトイレではないぞ」という笑い話がありますが、これは単語で会話をしてしまうことから生まれる誤解のおかしさを象徴する話です。できる限り、単語ではなく文の形で答えるようにしていくことが大切になっていきます。これはTwitterやLINE等の発話に特徴的なのでしょうが、授業の場においては文レベルでのコミュニケーションが恒常的に行われるのが望ましいでしょう。

　さて、生徒が不足した表現で答える場合の別の問題として、授業者が言葉を先取りしてしまうことがあります。先のように生徒が単語で答えてしまった場合に、授業者がそれを補ってしまうことがよく見られます。生徒の中には単語と単語とを結び合わせて１つの文を作り、意見を表明しようとしているのに、授業者の側はそれを遮ってしまう、もっといえば生徒が言葉を紡ぎ出そうとしている機会を授業者が奪ってしまうといえるでしょう。さらに悪いことに、「○○さんが言いたいことはこういうことなんだよね？」という勝手な同意を求めてしまい、生徒もなんとなくそういうことが言いたかったのではないかと考えて、「はい」と答えてしまう。あるいは授業者と生徒との権力関係の問題から「はい」と答えているのかもしれません。言葉の教育

という点からいえば、このことは好ましくありません。したがって、授業者は単語で答えようとする生徒には、その単語から文レベルで答えさせるように支援をしていきましょう。単語でしか話さない生徒には、「『○○は、～です』という形で答えてみてください」等の指示を出してみるのもよいでしょう。

4の「**まったく見当違いの答えを言う**」については、いわゆる生徒の予期せぬ答えというものです。冗談で言っているのか真剣に言っているのか、判断が難しいものもあるのですが、1の「わからない」のところにもあったように、発問の意味を理解していないことが原因として挙げられます。

とはいえ、教室に笑いを提供してくれる場合もあって、緊張した空間を和ませる効果もあります。もちろん、教育実習生からすれば予期せぬ答えは想定外であり、焦ってしまう状況に追い込まれてしまうこともあります（一方で、こちらが想定していた答え以上の素晴らしい答えを言う場合もあります）。

この時には、なぜ見当違いの答えを言ってしまうのかを明らかにしていき、その生徒に丁寧に聞いてみることが大切なことのように思います。発問が悪かったのか、聞き間違いや勘違いだったのか、笑いを取りにきたのか、様々な理由があると思いますが、どの段階で何が原因として起きてしまったのかを分析して理解するようにしてみましょう。誤解のプロセスを明らかにしていくことにも意味はあるのです。

また、予期せぬ答えに対する時間稼ぎをするために、その場では「うん、なるほどね」と言った後、「もう何人かの人に聞いてみようか」と言って、かわすという手もあります。その際に他の生徒が適切な答えをしたら、最初の生徒に「今の○○さんの答えはどう思う？」と聞いてみてもよいでしょう。

5の「**沈黙**」についてです。沈黙も1つの表現です。多くの実習生は沈黙状態に耐えられずに、つい沈黙中の生徒に声をかけ続けることがありますが、この時に生徒の中では何が起きているのでしょうか。生徒が内的に思考を活性化していたとしても、それを外部から眺めることはできません。一見する

1章　授業の前に

2章　授業中のこと

3章　授業の後に

4章　ヒント集

5章　根本問題

6章　事例編

7章　文献ガイド

と、何も考えていないように見えますが、何か考えているのかもしれない可能性を最初に考えてみることが大切です。そのためには待ってみましょう。10秒、20秒と待ってみましょう。重要な発問である場合には特に待ちたいところです。さすがに1分以上待ち続けてそれでもなお沈黙状態であったら、他の生徒のモチベーションにも関わってきますから何らかの授業者の働きかけが必要となります。「考えがまとまらない？」や「上手く表現できない？」と確認をしてみて、「それでは別の人に聞いてみるので、あなたにはまた後で聞くから考えていて」という指示を出してみるとよいでしょう。

　以上、生徒の声を聞くということを発問を中心に考えてみましたが、生徒の声が聞き取れなかった場合とつぶやく場合についても考えてみましょう。

　授業中、生徒の声が聞き取れない場合があります。しかも、実は適切な意見や応答であったのに、授業者が「えっ？　何？」と聞き返したり、首をかしげたりすると、生徒は間違ったのかと思い、黙ってしまうか「わかりません」と言うことがあります。「聞こえなかったからもう一度言ってください」と言っても、不思議と何も言わなくなってしまうことがあるのです。これに対しては、すぐ近くの生徒に聞いてみて、「今、○○さんが言ったことを言ってください」のようにするとよいかもしれませんが、上手くいかないこともあります。

　もう1つの生徒のつぶやきは私語という形で受けとめることが多いのですが、こうした生徒の私語は一概に否定されたり指導されたりするものでもありません。中には生徒の素朴な声によって授業に変化を生じさせることがあるのです。「今のどういうこと？」という声が聞こえたら、もう少し説明した方がよかったと思うかもしれませんし、誰かの意見を聞いて「今のって本当は○○なんじゃない？」という声が聞こえたら、「今の意見、ちょっとみんなにも紹介してみて」と教室全体に広げていくこともありえます。

　授業というのは授業者の意図がなければ成立しませんが、かといってすべてが意図通りになるわけではありません。生徒のつぶやきを取り入れること

によって、授業者の強い意図が緩和されて授業が生徒のものであるという意識を生み出すことにつながっていくことがあるでしょう。

　もちろん、私語の中には授業とまったく関係のないこともありますが、その場合は「今何を話していたの？」と聞いてみると、生徒は黙ってしまいます。「そんなに話したいなら、○○さんの意見を聞いてみようか」などと挑発的に聞いていく方法もあります。

　まったくの無言状態は緊張感のある空間になりますし、それが必要な時もありますが、多少は自由に発言できる遊びの余地は常に残しておきたいものです。

⑧生徒とのやりとり2──板書する時に注意すること

　授業中に板書する時は、何かを説明して「では、次にこのことについて考えていきましょう」という流れで板書するか、発問をして生徒の声を聞いてから板書するかの2つに分かれます。何らかの授業者の説明や問いかけがあってから板書する方が自然です。

　しかし、あえて何も言わずに板書をすることが時にはあってもよいでしょう。この場合の利点は、生徒は何も聞かされていないので、「何を書くのだろう」と気になって黒板を見るようになることです。その時に授業での目標やめあてを書くと、効果的かもしれません。

　また、授業が始まる前にいくつかのことを板書するのも考えられます。これは時間を短縮する場合です。前の授業で残された課題や事柄を書いておくか、あるいはその授業でやることが多いので事前に教材名と筆者名くらいは書いておくか、ということになると思います。一方で、授業中ではないのに既に授業が開始していることにもなるので（生徒はそうは思ってはいませんが）、なるべくなら号令をした後に板書をしたいものです。ただし、これは状況によるので、良いとも悪いともいえません。

1章　授業の前に

2章　授業中のこと

3章　授業の後に

4章　ヒント集

5章　根本問題

6章　事例編

7章　文献ガイド

さて、板書を書くタイミングとして圧倒的に多いのは、発問の後ですから、こちらについて考えてみましょう。この時、次の内どちらかの行動を取ることになります。

1　教材本文の言葉を書く
2　生徒の言葉を書く

1の「**教材本文の言葉を書く**」ことについては、教材の言葉を言ってほしい場合の発問でよくあることです。その際に注意することは基本的にはないのですが、余分な表現や不足した表現であった場合は、適切に指導をするか、些細なものであった場合は時間を見ながらはしょってしまってもよいでしょう。

2の「**生徒の言葉を書く**」ことの方が難しいことが多いものです。「この時、あなただったらどう思う？」や「こんな人物ってどうなんだろうね」のように意見や感想を聞いた場合は、本文の言葉を使わないと思いますし、生徒の日常語彙の中から言葉は発せられるので、何が出てくるかわかりません。

たとえば、小説教材を読んでいて、人物の心情を言動や描写等から答えてもらう場合、どのような心情語が出てくるのか、予測ができないことがあります。とりあえず、生徒から出た意見や感想をただ板書すればよいわけではありません。

このような時、いくつか留意しておく点があります。

1　すぐには書かない
2　そのまま書くのではなく、適度に短くする
3　授業者が別の言葉でまとめてみる

1の「**すぐには書かない**」という点ですが、こうした場合には黒板にはあ

らかじめ生徒の意見を書くために空白部分があるはずです。しかし、すべての生徒の意見を書いてしまったらすぐにいっぱいになってしまいます。また、授業者として是非とも出てきてほしい言葉が出てこなかったら、その後の授業展開に支障があります。したがって、生徒の意見が出てきたらすぐに書くのではなく、ある程度数名の生徒を指名してから、書くことが求められるでしょう。もちろん、最初に指名をした生徒から適切な答えが出てきたら、それだけで済ますこともできますが、多様な読みや意見を取り入れるのであれば、一人だけではなく何人かの言葉を書きたいものです。仮に最初に答えた生徒と同じ場合であったとしても、もしかすると根拠を別のところから見つけてくるかもしれません。

　答えてもらう言葉が単語なのか文なのかによっても扱いが異なるでしょう。単語の場合であったら、字数は少ないのである程度書けるので、すぐに板書しても余裕があります。

　文の場合は長くなるはずですから、やはり精選しないといけなくなるでしょう。

　2の「**そのまま書くのではなく、適度に短くする**」というのも、1の「すぐには書かない」という理由と同じように、黒板の許容量を越えないようにするために必要となります。

　この時にも、単語で書くか文で書くかという問題が出てきます。「この時この人物はどのような感情ですか」と問うた場合は、「哀しい」、「落胆」、「ショック」のような基本的に一単語の答えが出てくることもあるし、「複雑な気持ちだったかもしれません」、「どうでもいいと思っている」、「あまり良くはない」等の文の形として出てくることもあるでしょう。

　品詞を意識してまとめるなら、「哀しみ・哀しさ（哀しい）」、「落胆」、「ショック」、「複雑な気持ち（複雑さ）」、「どうでもいい（どうでもよさ？）」、「良くない（良くなさ？）」のようになりますが、やや不自然なものも含まれるので、別の品詞や類義語に変えていくとよいでしょう。

1章　授業の前に

2章　授業中のこと

3章　授業の後に

4章　ヒント集

5章　根本問題

6章　事例編

7章　文献ガイド

81

文レベルでまとめると、少し長くなりますので、そんなには書けなくなります。これは状況によるでしょう。

　いずれにせよ、単語と文とがいろいろな形で混ざった板書に美学を感じないかどうかという問題の気もしますが、生徒の単語意識や文の意識ということを考えると、できる限り揃っていた方がよいと思います。

　3の**「授業者が別の言葉でまとめてみる」**というのは、何人かの生徒の言葉を授業者がまとめることです。これは高度な技術だと思います。なぜ高度かというと、実習生の場合は何が出てくるかわからない不安に加えて、数人の生徒の言葉を記憶しつつ、発問と生徒の言葉との整合性を判断しながら、生徒それぞれの意見の関係性を見抜いて構造化していき、その後に授業者が瞬時に適切な言葉を考えてまとめあげて板書するからです。

　教育実習生の中には最終的にこのようなことができる優れた実習生もいますが、多くの場合は生徒の言葉に戸惑ってしまって、そのままの言葉になるか、授業者が生徒の言葉をまとめたものの中にやや不適切なものが混ざってしまうことになります。こうした技術の獲得には授業者個人の能力の問題もありますし、授業経験の問題もありますから、できなかったとしても落ち込む必要はありません。ただし、是非とも挑戦してほしいと思います。

　生徒の言葉をまとめてみることについて考えてみましょう。単語や一文程度であれば、先に説明したようになるでしょうが、ある程度長い言葉であった場合、どのようにして生徒の言葉をまとめていけばよいのでしょうか。このような時には、最初か最後あたりに生徒の意見の中心があるのですが、それを取り出したら、その意見の根拠や事実なども一緒に板書できるとよいでしょう。「○○だから、□□だと思う」というイメージです。「□□だと思う」のところだけを書く場合にしても、授業者が板書をする時には「○○だから」とやや強調した口調で補足していくと、単なる意見だけではないのだということがわかります。

　生徒の言葉の中には、やや幼稚な表現やかなり具体的な表現、もっと適切

だろうと考えられる言葉があります。その時には、授業者がより適切な語か抽象的な語、より上位の語を使ってみるというのは非常に大切なことだと思います。▶注22　先に「葛藤」という語彙を持っている中学生の話をしましたが、たとえば小説を読んでいて、「この時の人物の複雑にからまった気持ちを熟語で表現したらどんな言葉だろう」と問いかけて、その後に「葛藤」という言葉を出すと、生徒の語彙学習にもあるでしょう。▶注23　これは中学生の教科書に載っている『平家物語』の「敦盛の最期」の熊谷次郎直実の心理状態の表現として効果的でしょう。

　ただ、生徒の言葉のすべてを授業者が置き換えていくことは、生徒に「適切ではなかったのかな」と思わせたり、生徒の意図を読み誤っておかしなものに置き換えてしまうこともあります。この場合には、「今言ってくれたことって、こういう言葉にも置き換えられるかな」などと生徒に確認してみるとよいでしょう。しかし、授業者の言葉に反論できない危険性もあります。

　余談ですが、テレビを見ていると発言者の言葉が字幕として映し出されることがあります。実際には話すよりも前に字幕が出てきているのですが、この字幕の言葉はほぼ編集されています。助詞や接続詞、文末表現等が省略されたり、「誤用」とされる「ら抜き言葉」などが「見れる」→「見られる」等と、他の言葉に置き換えられたりしています。本当に発言者の考えが反映された言葉になっているのか、疑問に感じることがあります。生徒の言葉を編集する授業者にも、このような危険は常にあるのでしょう。

　以上が、板書をする時に注意することなのですが、他にもいくつかあります。

　たとえば、チョークの色については、実習生は白色のチョークばかりを使って、何が重要なのかが生徒にはわからないという問題が出てきます。キーワードや是非とも押さえておきたい事項などは黄色や赤色のチョークを使う工夫が必要です。また、チョークの色は、どの色が一番重要で、その次がどの色なのかというルールもあるとよいでしょう。以前、私は赤色が重要で、次に

1章　授業の前に

2章　授業中のこと

3章　授業の後に

4章　ヒント集

5章　根本問題

6章　事例編

7章　文献ガイド

黄色と思っていたのですが、生徒に聞いてみると黄色が一番重要だと思っていたことがわかりました。他の教科の授業でも異なるかもしれませんから、授業の中でどれが重要かというのはある程度共有しておくことが望ましいでしょう。

　他にも、板書をして、あとで何かを書くために適度な空間を残しておくことがあります。授業者にはどのような言葉が入るかある程度案がありますが、生徒には自明ではないので、具体的に「数行分空けておいて」等の指示を出しておくと、生徒のストレスもなくなるでしょう。足りなくなって、ノートの字を消してしまうことがあって、これは生徒もストレスを感じてしまいます。また、板書したものを消してからまた書くというのもできる限り減らしていきたいところです。色チョークの場合には色覚に異常のある生徒がいる場合もありますし、採光によって見えづらいこともありますので、「見えますか？」等の言葉がけもあるとよいでしょう。教育実習中では対応は難しいと思いますが、現場に出てからそのような生徒もいるのだと注意しておくとよいでしょう。

　ところで、私は何も板書をしない時もあります。生徒が前の授業の板書を消していない場合です。このような授業では板書せずに、でも板書がなくてもだいたいわかるような話し方をします。しかし、すぐに生徒が出てきて黒板を消す行動に移ります。これは板書がなければ授業の理解ができないか困難であるということ、つまり生徒にとっての板書というのはそれほどまでに重要なものなのではないかとも思います。必要がなかったら消すことはありません。次の授業から消していなかったら生徒が「日直だれ？」という風に消すような動きが出てきます。こういうのは授業規律の問題として考えたいところです。ただし、権力構造の固定化を助長しているのではないかという不安もあります。

⑨生徒とのやりとり 3──教室に溢れる意見の着地点

　テキストもそうですが、教室は多声に満ち溢れています。こうした多声をどのように扱えばいいのかというのは、正直悩ましいものです。よく批判されることは、こうした多声を授業者の一元的な思想に回収してしまうことです。これとは逆に、多声を多声として認めていくことが極端でありすぎると、何でもいいということになってしまいます。これもまた批判される授業の1つです。

　これらの中間を目指していくことになるのですが、話は簡単ではありませんし、具体的な授業の時には常に授業者は揺れ動いているものです。

　授業は何らかの力の育成に寄与するものであり（授業の目標）、しかし授業者として伝えないといけないことがありながらも（授業者の意図・狙い）、多様な意見を認め（複数性の容認）、その上で多様な意見をある方向に焦点化させていきながら（高次・抽象化）、それを1つの参照枠として教室で共有して生徒の中に入っていき（他者の受け入れ、容認、対峙）、そして思考して何らかの表現をしていく（他者への応答）。

　問題はこのためにどうすればよいかです。いや、そもそもこうした授業のあり方が本当に望ましいと考えているかどうかの方が問題なのかもしれません。また、ここでは授業のあり方の問題として述べていますが、学校教育一般、あるいは個が多く集まる場においても考える問題として受け止めた方がいいように思います。

　近年しばしば批判される一斉指導は効率的に多くの生徒を指導する利点がありますが、授業者を中心とする展開になりかねず、その場にいる生徒の声が可視化されずに消えてしまう危険性もあります。このような言論空間は大きな可能性の場であり常に可変的な場です。▶注24　それではその場に居合わせた授業者は一体なぜそこにおり、何をすればいいのでしょうか。

　授業者のあり方を「ファシリテーター」として位置づけていく試みが最近多く見られるようになってきました。「ファシリテーター」は直訳すれば「促

1章　授業の前に

2章　授業中のこと

3章　授業の後に

4章　ヒント集

5章　根本問題

6章　事例編

7章　文献ガイド

進する者」となりますが、教育の文脈では「学びを促進し、場を調整する者」くらいの意味になるでしょうか。このファシリテーターと従来の教師とは、次の表のように異なるとされています。

	従来型の教師	ファシリテーター型の教師
求められる教育形態	トップダウンの教育、ピラミッド型	ボトムアップの教育、ネットワーク型
学習内容と過程	知識や情報を与え、内容量をより充実させていく	予定していた内容とそれをきっかけとして気づく想定外の内容とがある
実践者の発言量	予定した学習内容を伝え教えることが重視されるため、発言量が多くなる	学習者同士で学びあう過程において引き出されるものであるので、発言量は少なくなる
立ち位置	意見をコントロールすることで結論へと結びつける	学習者なりの結論にいたる案内をする
集団への介入	自分の力で場を盛り上げる	集団の力で場を盛り上げる
雰囲気づくり	結論ありきの空気が醸し出されるため、（反対）意見が言い出しづらくなる	全員の意見が尊重されるため、何を言ってもいい、安心安全な場が保証される
リーダーシップ	集団を先導するような力強さ	集団を活かすしなやかさ
参加感	発言できなかった学習者への対応が不十分になりがちで、疎外感を覚える	何かしら場に貢献できる存在として捉えられるため、「いてもいい」という安心感を覚える

（石川一喜・小貫仁編『教育ファシリテーターになろう！―グローバルな学びをめざす参加型授業』弘文堂、2015 年、18 頁）

　これらについてはすべて重要な点なのですが、その中でも特に意識をするとよいのは「実践者の発言量」という点です。授業の中で授業者の話す量や時間と、生徒の話す量や時間について考えることです。人にもよるのですが、一時間の授業をひたすら話し続ける授業は基本的には容易にできます（こちらの計画通りに指示して、応答して……という具合に）。というより、意識せずに授業に臨んだら、こうした授業になってしまうことが多い。

　むしろ、生徒の言葉を引き出し、声を教室空間に充たしていくことを意識するとよいのではないかと思います。大きな理由は授業のあり方や考え方の問題でもあるからなのですが、もう1つの理由としてはこうした授業を行うことは比較的難しいので、教育実習中に是非とも挑戦してほしいことだからです。ただし、ただ生徒が発言をすればいいわけではありません。明確な軸

を設けることもよいですが、あるいは緩やかな軸に添っていくことの方が望ましい場合が多い。こればかりはどのような軸を最後にもってくるかによるので一般的な説明は難しい。

　この段階では様々な意見の対立を整理・調整していくことになりますが、明らかに対立する意見はわかりやすい。難しいのは一見同じような意見であり、その「同じような」ものでありながら詳細にみてみると微妙に異なる点をどう判断していき、切り開いていくかです（これについては第6章『平家物語』の授業記録で生徒の意見を分類したものがあります）。文字化されていたり、時間があったりすれば「この点が異なる」とわかるものですが、即興的な状況ではそれがかなわないこともあります。正直なところをいえば、これは場数を踏んでいくしかありません。とはいえ、授業は一回性のものですから、他のクラスで行っても再現は不可能です。それでも長い時間を授業で共有している私たちのような教員には、「この子はたぶんこういうことを言うかもしれない」と判断ができたり、お互いを知っているので多少の余裕があって、判断できることもあります。しかし、数回の授業しか経験を得ず、しかも緊張していたり寝不足で頭がうまく働かないこともあったりする教育実習生には荷が重いと思います。そうはいっても、こういう場面を少しでも教育実習中に生み出し、経験をしていくことは大切なことだと思います。

　さて、終わり方についても考えてみましょう。無難な授業の終わり方として、ある意見と意見の対立を踏まえ、最終的に意見を書かせることがあります。先の生徒の意見を判断する時も、あらかじめ書いたものを読む時間があると余裕があります。この場合、終わり方をどうするかですが、生徒の意見をある程度把握できているのであれば、より高度な意見になっていくように順番に生徒の意見を発表することが考えられます。しかし、このような授業を続けていると「最後の意見が一番良い意見なのだ」と生徒は思うようになります。そして最初に指名された生徒の気持ちはどうなるかは気がかりです。

　これを避けるために、意見の順番はある程度ランダムにして、最後に本文に戻っていく方法があります。あるいは、授業の最初に立てた目標に戻って

1章　授業の前に

2章　授業中のこと

3章　授業の後に

4章　ヒント集

5章　根本問題

6章　事例編

7章　文献ガイド

いくことも可能でしょう。

　着地点がどこにあるのか、探り探りの状態で授業をすることは不安定なのですが、それゆえに授業者の意図を越えた場所に行くこともありうることです。大切なことは、授業は終わっても学びは終わらないということです。しかし、同時にその授業での目標を達成する必要もあります。

⑩授業の成立・不成立──生徒の学びを中心に考える

　いろいろあった末、あなたはなんとか授業を終えることができました。お疲れ様でした。

　もしかすると、授業をし終えて何らかの達成感を得たかもしれません。逆に、自信を（自身を？）喪失してしまったかもしれません。

　しかし、いずれにせよ授業者として行った授業の検証をしないといけません。それが次のステップにつながっていきます。

　授業の成立、あるいは不成立を何に求めるかはいくつかの観点があります。

　1つは授業の目標を達成したか。これは授業を通じて生徒にどのような変化が見られたか、どのようなことができるようになったかということです。ある問題に対するものの見方・考え方を広げたり深めたりすることが目標として挙げられるでしょうが、授業は年間を通じて行われるために一度の授業や単元でどこまで変容が見られるかは難しいところです。よく、ものの見方や考え方を変える授業というのがありますが、そんなにコロコロと変わるものではありません。そんなに頻繁に変わってしまったら、授業者としても戸惑います。また、40人なら40人すべての生徒の認識が変容するということも現実的ではありません。実際のところは、1クラスに数名、多ければ半分程度に何らかの認識に至ったということができれば、それは意味のある授業であると思います。もちろん、この場合はそのような生徒の認識を教室で共有していくことがやはり重要になってくるといえるでしょう。その授業で変

容が見られなかった生徒が他の生徒の考えを知ることで発見があるかもしれないからです。

　認識ではなく、たとえば書くことにおいて何らかの型を提示し習得して、それが他の文章を読んだ時にもある一定の思考を表現されているとすれば、それも授業の目標としては達成できていると考えてもよいと思います。ただし、教育実習での授業ではおそらくそこまでは確認できないことが多いので、あくまでも希望的観測ということになりそうです。

　もう1つは、生徒の興味・関心を引き出すことができたかです。興味・関心だけを引き出すことは、「〜ができる」という観点からいえば、不十分であると思われるかもしれません。しかし、授業の目標は確かにあるものの、それとは異なった教育的効果があることも事実です。授業をすることによって、その筆者の他の文章を読みたいと思ったり、続きを読んでみたい欲求が湧いてきたり、授業で扱った問題については他の文献でもっと調べてみたいということは十分にありえます。一人でもそのような生徒が生まれたとしたら、無意味な授業ではなかったと判断してもよいと思います。ただ、印象批評の形になって終わるだけになってもいけませんので、生徒が具体的に興味や関心を抱いたのだという痕跡、次に続く行動などを見て取れるとよいでしょう。

　授業の成立という点で、教育実習生の気持ちとしては指導案通りに授業を進めることができたということがあります。これはある面では成立したともいえますが、しかし、これは授業者にとっての成立であって、生徒にとっての学びの成立があったとはいえないこともあります。50分間授業ができたことと、授業の成立は同じではないのです。授業の成立は、生徒の学びを中心に考えないといけませんし、そうした授業を積み重ねていくことで生徒を新たな学びに誘（いざな）う授業が将来的にできるのではないかと個人的には感じています。

　こうした学びを作るためには、授業中は授業者は思考をフル回転しないといけません。授業者も考える授業が望ましいと思います。これは授業者が教

1章　授業の前に

2章　授業中のこと

3章　授業の後に

4章　ヒント集

5章　根本問題

6章　事例編

7章　文献ガイド

室の中で一番表面上アクティブであるということではありません。たとえば、生徒との受け答えの時に、生徒からの声を聞いた瞬間にどのように処理をしていくか、どのように板書にしていくか、どの意見と対立をさせていくか等、こうしたことができるためには授業者は頭を使わなければなりません。予測不可能なことが返ってきたとしても、それを上手く授業の中で使っていく、そんなことができると授業に豊かさが出てきます。このためには、睡眠時間や食生活、あらかじめのシミュレーション等、身体的、精神的な余裕を自ら意識的に作っていくことが必要となるでしょう。明け方までかかって授業案を作ったとしても本番の授業で眠たくて生徒の声に反応できないよりも、授業の計画を詰めることができずに多少不安を抱えながらも頭は明晰状態の方が、私は生徒にも実習生にも意味のある授業になるのではないかと考えています。

授業の後に

1章 授業の前に

2章 授業中のこと

3章 授業の後に

4章 ヒント集

5章 根本問題

6章 事例編

7章 文献ガイド

　この章では、授業を終えた後のこと、さらに教育実習が終わって大学に戻って現場に出るまでの流れを説明します。

①指導教員との反省会──8つのよくある失敗例

　授業が終わり、指導教員との反省会が行われます。他の実習生も交えて授業の批評会を行うかもしれません。自分の授業を客観的に見つめてくれる人の存在はありがたいものです。

　ここでは、教育実習生の授業に見られるいささか問題のある例を挙げてみます。

1　指導案を見ながら授業をする
2　声、口癖
3　視線
4　板書、字、チョークの色
5　母校での教育実習
6　説明に終始する
7　時間を守らない
8　嘘を教える

1の「**指導案を見ながら授業をする**」というのは、最初の授業で起こりやすいことです。初めての授業ですから緊張します。だからこそ、計画通りに授業をしないといけないと思うようになり、その結果指導案を持ちながら授業をしてしまいます。気持ちはわからなくもないのですが、指導案を持っている姿を生徒が見たらどう考えるでしょうか。おそらく、授業が計画的なものであるという意識を強めてしまうことになってしまうでしょう。確かに授業は計画的なものであり、授業者の意図が反映されるわけですが、生徒の側からすれば誰かの意図通りに自分たちが動かなければならないことに対する抵抗もあると思うのです。もちろん、こうした意図を隠していくことの問題はあります。授業者のものの見方や教育観が授業者も自覚できないレベルで良くも悪くも何らかの作用を生徒たちに及ぼすことがあります。「隠れたカリキュラム」と呼ばれます。▶**注25**

　しかし、いろいろと問題はあるものの、できれば授業は生徒が「自分たちが行っているもの」という意識にしたいものです。

　少なくとも手に持つのではなく、教卓の上に広げて置くぐらいに留めておくことがよいでしょう。また、教科書のコピー（しかもいろいろな書き込みがされているヘロヘロのコピー）を持って授業をするのもあまり好ましくないので、できれば教科書を使って授業をするのがよいでしょう。

　2の「**声、口癖**」というのは、授業者の声の大小や明瞭さ、話し方の癖のことです。授業者も人間ですから違いや個性があり、声を人前で出すことが苦手であったり、逆に声が大きすぎて聞くのが辛いということもあるかもしれません。少なくとも、生徒に聞こえない声というのは考えものです。話し方の癖というのは、「あー」とか「えー」とか「なんか」などのいわゆる「フィラー」と呼ばれるもののことです。これは話す時に必要なものではあるのですが、授業ではできる限り減らしていく努力をしていくことも大切なことです。他にも、「だから」という言葉が最初に出てくるのも気になります。何もないのに「だから」というのはおかしいものです。でも、これを消すこと

は難しい。私個人にも課題はあります。

　参考までにテレビやラジオのアナウンサーなどの話し方における「フィラー」を気にしてみてください。驚くほどほとんどないことに気づきます。練習次第ではこのようになれるのだと思わされます（しかし、あきらかに練習不足のアナウンサーもいます）。

　これは個人的に思うことですが、生徒が音読をしたり発言をした後に授業者が「ありがとう」と言う場面を何度か見てきて、どうなのだろうと感じています。授業は生徒自身のものでもあるので、その生徒が参加して発言することは当然だと考えれば、「ありがとう」というのは適切ではないと思うのです。実習生の場合は「発言をしてくれてありがとう」という意味があると思うのですが、やや違和感のある言葉です。もちろん、何か私的なことを発言せざるをえない場合や雰囲気として答えづらい場合には、「（恥ずかしいことなのに勇気をもって貴重な発言をしてくれて）ありがとう」ということはあってもよいでしょう。また、生徒の実態や生徒との関係性によっても異なるので、一概に否定もできない言葉です。ともかく、何でもかんでも「ありがとう」という反応については考えてもよいでしょう。

　「ありがとう」の他に、「正解！」や「難しいよね」や「わかりますか？」というのも引っかかる言葉です。「正解！」というのは一問一答式のような発問ではありえますが、何でもかんでも「正解！」という風に言ってしまうと、発問に対する答えに1つの正解しかないのだと思わせてしまいます。また、「難しいよね」や「わかりますか？」というのは、授業者が上から目線で発言していることがわかる表現です。場面によっては生徒のプライドを良くも悪くも刺激をしてしまうので、これも状況や生徒との関係性を考えた上で使うとよいでしょう。

　その他、気になることといえば、教員の間で使用される用語が授業中に発話されることです。たとえば、「板書を写してください」の「板書」や、「今から範読をするので聞いておいてください」の「範読」などです。「教材」や、「前時（前の授業の時）」、「発問」というのも教育用語に相当すると思います。

1章　授業の前に

2章　授業中のこと

3章　授業の後に

4章　ヒント集

5章　根本問題

6章　事例編

7章　文献ガイド

こうした用語はいわば業界用語です。つい使用してしまいがちですが、なるべく使用しないように心掛けたいものです。しかし、無意識的に用いているので気づきにくいものです。自分の使用する言葉がどのような位相の言葉なのかは、できる限り自覚的でありたいものです。

　3の「**視線**」ですが、授業者はどこを見ながら授業をするのでしょうか。緊張してしまうとつい視線が手前に集中してしまいます。できることならば教室全体を見るなど、視線を固定化していかないようにしたいものです。発問をすると生徒に視線を向けますが、この生徒に視線を合わせるようにしていくとよいでしょう。その時に、頷くなどの動作を加えることも効果的でしょう。あまりに見つめる時間が長すぎると、生徒は緊張してしまいます。また、生徒とのやりとりでは特定の生徒と二人きりの話になってしまいがちです。二人きりの話になってしまうと、そこにだけ授業者と生徒一人という不思議な空間が生まれてしまいますが、それは他の生徒からすれば面白いものではありません。長いやりとりになりそうになったら、時に視線を外して他の生徒の様子を確認することも必要です。「見ない振りして見る」ことを加えるのもよいでしょう。視線だけを動かすと目がきょろきょろしてしまって奇妙に見えますから、首を動かして顔ごと教室を見回すようにした方がよいかもしれません。

　また、授業者の視線だけではなく生徒の視線にも注意したいところです。クラス全体で共有すべき意見があったり誰かが発表をしたりする時には、「ちょっとみんな頭を上げてみよう」等の指示を出してみましょう。黒板や生徒に視線を集めていくことによって、意見の共有や聞くことが円滑になります。

　以前、私が授業中に何もない廊下の方を見ると、多くの生徒が廊下を見ることがありました。このことは、授業者の視線を生徒が追う習性のようなものがあるのだと考えさせられました。このことがあってから、生徒を見ながら生徒の後ろの方にゆっくりと視線を移して数秒間固定すると、生徒は自分

の背中に幽霊でもいると考えたのか「何がいるんですか?」と聞いてきました。視線の固定によって、生徒の中には何かが存在するようになってしまいました。怖いことです。

4「**板書**」では、字の丁寧さとチョークの色が問題として挙げられます。字の丁寧さは、上手さと同義ではありません。字の上手さはこれまでの書く習慣に依存します。どのような字が上手いと思うかという美意識も同じです。幼少期から書道を習っていた生徒の方が字が上手いこともよくあります。一朝一夕で何とかなるものでもありませんから、整った字を書くために何らかの練習をすることが望ましいでしょう。一字一字の美しさというよりは、一字一字の間を気にしたり、縦や横が揃っているか（中心線を揃える）を意識したりするとよいでしょう。

チョークを使って書くことに慣れていない実習生は、おそらく普段ペンを使って書くよりも乱れる傾向にあります。これを防ぐためには授業前に指導教員に許可をもらって黒板に書いて練習をしてみることです。その際に、黒板の近くだけで見るのではなく、教室の後ろから見てみると全体的なバランスや字の大きさに課題があると気づくはずです。

また、ペンで書いていたら半ば自動的に書けていた漢字が板書の時には突然書けなくなることがあります。私も時折あります。これは漢字が身体化されて身体が覚えているということになるのでしょうが、これを防ぐためには、黒板に書く漢字を頭の中でも書けるようにすることが効果的でしょう。もちろん、実際にチョークを使って書くことが一番効果的であるのはいうまでもありません。ただ、ゲシュタルト崩壊ではないですが、ある瞬間に字形が拡散してしまって意味をなさなくなり、どれが正しい漢字であったのかがわからなくなることもあります。その時には正直に教材を見たり辞書を使ったりすることをためらわないようにした方がよいでしょう。学年によっては漢字ではなく平仮名で書く等の対応も考えられます。私はつい字を間違えたり脱字があったら、「やっと気づきましたか、みなさんを試していたんですよ」

1章　授業の前に

2章　授業中のこと

3章　授業の後に

4章　ヒント集

5章　根本問題

6章　事例編

7章　文献ガイド

という冗談を入れることがあります。

　漢字の場合は筆順にも注意しておきましょう。生徒からは丸見えなので、常識的に疑問の残る筆順で書かないようにしましょう。なお、筆順については松本仁志『筆順のはなし』（中央公論新社［中公新書ラクレ］、2012 年）が有益です。時代によっても社会によっても筆順が異なることもあること等、いろいろと筆順についての話題が豊富にあります。

　5 の「**母校での教育実習**」については、大学の附属学校へ実習に行くのではなく、自分の出身の学校に実習生として行くことです。母校ですから、卒業して間もない場合は見知った教員がいるかもしれません。それに校内の勝手も知っているので懐かしさのせいで、つい気持ちが緩みがちになります。これは実習生だけの問題ではなく、指導する教員の態度にも問題があり、卒業生ゆえに甘く指導をすることが考えられます。教育実習にはいろいろな目的がありますが、授業をするのが一番の目的だと思いますので、卒業生だとはいえ昔の思い出に引きずられて厳しい指導がされなくなる／できなくなることは誰にとっても良いことではありません。

　もちろん、久しぶりの母校です。実習生ではなくかつての生徒の気持ちで母校を見つめ直すことは非難されることではありません。しかし、それはそれ、これはこれという区別をきちんとしておきたいものです。

　6 の「**説明に終始する**」というのは、授業者が一方的に説明をしていく授業のことです。これが一番実習生が陥りやすい授業です。講義ではないのですから、ある程度生徒の反応を確かめて、時には生徒の声を聞きながら授業を作っていくことが大切です。

　こうした説明調の授業が行われる背景には、もちろん実習生の中学校、高校生時代の授業のイメージもあるのでしょうが、他にも生徒には難しいと思っているからこそ説明しないとわからないと考えているからではないかと思います。意外に生徒も考えていて、聞いてみると答えることがあるのです

が、つい説明をしたくなってしまうものなのでしょう。おそらくこれは教材研究の弊害の1つなのですが、あまりに知りすぎてしまったことは誰かにも伝えたい、伝えなければ自分の努力が報われない、報われたいという思考があるのかもしれません。授業は単に豆知識やネタを披露する場ではなく（もちろんあってもよい）、生徒が考える場ですから、過度な説明は控えるようにしましょう。時には披露することによって教室が賑わうこともありますが、これが50分も続けば授業の流れがなくなりますから、適度に説明を加えるようにしてみましょう。

　詳しく説明をしなければならない時はよくあるのですが、最初から「生徒にはわからない」と決めつけるのではなく、生徒に聞いてから何も答えが返ってこない場合まで抑えておくことが大切なことです。

　一方、説明だけの授業、つまり講義のような授業がすべて駄目かというとそうではありません。授業者が一方的に話をすることによって生徒たちが食いついてくるのであれば、その授業もまた意味のある授業です。高校3年生で大学受験を控えた生徒に対しては効果的です。生徒が知を欲している場合には効果的であるといえましょう。ただし、多くの場合は授業に知を欲している生徒がいることは稀ですので、それを上手く促していくためには説明だけの授業では効果が薄いということなのです。

　実習生の中には、塾の講師や家庭教師の経験がある学生もいて、少なからず生徒とのやりとりに自信があると感じている人がいます。たしかに、中学生や高校生とのやりとりに慣れていたり、話し方にも余裕が感じられることも多いのですが、いざ授業になると説明調の授業になってしまうことがあります。1人や少人数の場合と、40人近い人数がいる場合とでは、やはり指導の仕方は異なるのです。

　古典の授業の時に特に説明が増えるような気がします。文法事項や句法などを踏まえて現代語訳をしていくことが多い。私はそのような指導案を作ってくる実習生には、「古文や漢文がすべて現代語訳されていると考えて、その上で授業を作ってみてください」と言います。そして、作り上げた時に発

1章　授業の前に

2章　授業中のこと

3章　授業の後に

4章　ヒント集

5章　根本問題

6章　事例編

7章　文献ガイド

問や板書にもなりそうなところが出てきますから、そこを授業では文法的に
みていくようにと言います。つまり、読解の中で文法的事項を一緒にやって
いくということを提案しています。これは一筋縄ではいかないのですが、古
典の授業を組み立てる時には現代語訳がされていて、そこから何ができるか
までを考えてくれればと思います。

　7の「**時間を守らない**」というのは、実習中の登下校もそうですが、授業
時間のことでもあります。多くは 50 分間という時間です。チャイムが鳴っ
てしまったのなら、すぐに切り上げて授業を終える方がよいのですが、その
授業で切りの良いところで終わりたいという思いがあるからか、ついチャイ
ムが鳴っても授業をし続けることがあります。研究授業や公開授業の場合は
まだよいのですが、普通は生徒はチャイムが鳴るとそこで集中力が切れてし
まいます。さらに、次の時間が昼休憩で食堂に行きたいだとか、早く着替え
て体育をしたいだとか、そういう理由があると生徒はストレスが溜まってし
まって、授業で声を聞くことが望めなくなります。これはかつて生徒だった
多くの人にも経験はあるのではないでしょうか。
　チャイムと同時に授業が終わるということはほとんどないでしょうが、か
といって、チャイムが鳴ってから 1 分も 2 分も延ばさないようにしましょう。
せいぜい 30 秒が限度でしょうか。
　また、授業の最初のチャイムが鳴る時には教室にいたいものです。現場に
出てからは、たとえば前の授業で生徒からの質問を受けていたり、印刷物に
手間取っていたり、保護者から電話がかかってきたり、来客があったりと、
そのような事情から遅れてしまうことはあります。しかし、生徒に遅刻する
なというのであれば、極力教員も教室に行くのに間に合わせたいものです。
授業規律というのはとても大切になりますから、時間にルーズにならないよ
うに気をつけましょう。授業開始の数分前に教室に行くと、授業以外のこと
で生徒と話ができますから、純粋に生徒との会話を楽しむとよいと思います。
　授業をしていて、思ったよりも早くに計画が進んでしまっただとか、逆に

時間が足りなくなりそうなことも実際の授業で起こりうることです。早くに授業が終わった場合に、他の切り口がないか、授業のまとめを今一度丁寧にやってみる、今日の授業でわからなかったことや疑問に思ったことを生徒に聞いてみる等、あらかじめいくつか想定しておくと安心ができます。時間が足りなくなったら、瑣末なところは思い切って切り捨てて次回に扱うか、ちょうど切りのよさそうなところでまとめに入るかを考えることが大切でしょう。そのためには指導案の計画の中で、何を一番にさせたいのか、何があまり重要ではないのか（カットするならどこがいいか）を事前に検討しておくことも必要となるでしょう。

8の「嘘を教える」についてはいうまでもないことなのですが、やはり嘘は教えてはいけません。しかし、嘘とは思っていなかったことをそのまま授業で言ってしまうことはありえます。指導教員や生徒からの指摘があったら、謙虚に受けとめましょう。嘘を訂正していくことは恥ではありません。嘘に嘘を重ねることがないように気をつけましょう。その場で答えられないとわかったら、「次の時間までに調べておくから」のように勇気をもって言ってみましょう。

もちろん、これは教材分析や教材研究の甘さが招いてしまったことですから、授業者の責任だということも受けとめておきましょう。

実習生が最後の反省としてよく言うことに教材分析や教材研究の甘さがあります。こうした甘さというのは、語句の意味を調べてなかった、論理展開を考えていなかった、比喩表現や象徴表現を無視していた、具体例とそれを踏まえた主張との関係が希薄だった、主題についていろいろと検討していなかった、本当は長い文章なのに教材として切り取られたところしか読まずに全体を読まなかった等があります。

最初は自負するほどに調べてきたと思っていたものの、いざ授業をしてみるとまったく足りなかったことに気づいていきます。実習中はいろいろな資料や本などはできればすぐにアクセスできるように持っていくかコピーを

1章　授業の前に

2章　授業中のこと

3章　授業の後に

4章　ヒント集

5章　根本問題

6章　事例編

7章　文献ガイド

取っておきましょう。

　一方、このことに気づけたことが教育実習の1つの成果だともいえます。

②他の人の授業を観察する

　教育実習前には思わなかったことを、実習中に強く感じることはあります。授業の作り方もその1つです。実習中こそ一番いろいろと学べる貴重な機会ですから、積極的に他の人（実習生、教員）の授業を観察するとよいでしょう。個人的には、自分の授業作りの至らなさを自覚している実習中に大きな成長やヒントがあるのだと思います（それゆえに他の人の授業を見るのが辛いという気持ちもあるでしょう）。自分の授業に何が足りないのか、それを貪欲に得ようとしている実習中に、教育実習生の学びや気づきのきっかけが多くあるのです。

　現場に出てみると、意外にも自分以外の国語の授業を見ることがありません。最近では多くの学校で公開授業や研究授業が行われて、それを観察することがあります。しかし、その場合の授業というのは生徒も多くの人に見られており、緊張してしまって自然の生徒の動きだとは思えない節もあるのです。普段の授業では私語が多かったり眠ったりする生徒もいるのですが、他の学校の教員が教室の後ろにずらっと並んでいる空間というのは、やはり生徒にとっても違和があるわけで、自然な姿ではないと思うのです。今の勤務校では、生徒は教育実習やそれ以外にも定期的に授業公開の場が数多くあり、おそらく他の学校の生徒よりは見られることには慣れていますが、それでも授業者が一人だけしかいない授業の時と反応や態度は違います。

　「本当の生徒の姿」というのは1つの幻想かもしれませんが、それでも、教育実習中だといろいろな実習生もいる期間ですから、生徒の姿も比較的自然な姿でいることが多いように思います。その時に行われる授業を観察するのは勉強になるでしょう。

　最初は授業者の振る舞い方や指示の出し方、発問の立て方や板書の仕方等

が気になると思います。それはある面で当たり前のことですし、十分に観察するのがよいでしょう。しかし、徐々に生徒の反応や動きが気になるかもしれません。授業を見る視点はいろいろとありますが、授業者だけではなく、それに対して生徒がどのように動いているのかを注意深く観察していくとよいでしょう。

③授業中と授業外の生徒の姿

　授業だけが生徒理解の場ではありません。授業外の休憩時間の生徒や、放課後に部活動をしている生徒の姿を見ることも生徒の実態を把握するのに役立つことが大いにあります。

　体育科の教員は生徒の性格や姿を的確に観察しているように個人的に思っています。おそらく、国語科や数学科、社会科等は座学が多いために、教室空間で振る舞う生徒の姿にはある一定の振る舞い方があるのではないかと思います。授業用の〈わたし〉を演じているともいえます。感想文を書くにしても、素直さを演じたり、道徳的にまずいことは書かなかったり、もしかすると大人の心をくすぐるようなことが書いてあったり、そんなことが多く見られます。国語科の授業では、話されたり書かれたりしたものから、この生徒にはどのような考えや思想があるのかを判断することがありますが、このことによってこれが「本当の生徒の姿だ」と思い込むことには注意をした方がよさそうです。

　体育科の授業ではこうした〈わたし〉を軽々と脱ぎ捨て、自然体の〈わたし〉に近いものになっていて、この姿を観察することが的確な生徒理解につながっているのではないかと思います。身体を解放することで、〈わたし〉を脱ぎ捨てていくことは十分にありえるのです。体育科の授業では、言語的な言葉よりも、非言語的な表現の方が多く、生徒理解は必ずしも言語を介したものだけではないのだと考えさせられます。部活動においても、授業では

1章　授業の前に

2章　授業中のこと

3章　授業の後に

4章　ヒント集

5章　根本問題

6章　事例編

7章　文献ガイド

寡黙な生徒が他の仲間と協力して、指示を出していく勇ましい姿が見られることがあります。生徒を理解するためには、様々な視点から眺めることが大切です。

　実習中はそこまでの余裕はないかもしれませんが、数分でも授業外の姿を見てほしいと思います。そして、生徒理解が一面的なものかもしれないと問い続けることも大事なことです。

④大学に戻ってから取り組む課題

　教育実習が終わってから大学に戻ります。その時、大学3年生か4年生の人が多いと思いますが、大学に戻ってからあなたは何をするのでしょうか。

　実習中の残された課題をいくつか乗り越えるために、さらなる研鑽を積むことが考えられます。

　できることとしては、次のようなものがあるでしょう。

1　先行研究・論文を読む
2　実践力を磨く
3　読書
4　市民として生きる

　1の「先行研究・論文を読む」についてですが、不十分であった国語科教育の理解や個々の教材の実践史、具体的な授業実践に興味を持って臨むことができるのではないかと思います。これまで無味乾燥であった国語科教育や文学や言語学の講義が、あなたが実習生として授業を行った後には見方が違ったものに変わっているかもしれません。実習前の講義で使用されたテキストや資料にあらためて目を通し、いかに自分の中に抜けていたものが多くあったのか、そのことを自覚することもあるでしょう。先輩や大学の先生の

研究室を訪ねて、これから何をすればいいのかという助言を仰ぐこともあるでしょう。

　もちろん、大学生のうちにできることは限られていますが、現場に出てからも定期的に読む雑誌を見定めたり、現場に出てからも常に学び続けるための土台を作っていったりすることが必要だと思います。大学図書館に行き、どのようなタイトルや内容の本があるのか、今は読めないけれど、必要な時にアクセスしていく方法を知っておくだけでも随分と違ったものになります。現場に出ると、「あれ、これってどう調べたらいいんだろう？」と思うことはあります。これらは卒業論文、修士論文や博士論文を書く中で獲得される知識・技術でもあります。

　2の「**実践力を磨く**」については、1の「先行研究・論文を読む」以外にも、板書の字や声のトレーニングが考えられます。家には黒板がないでしょうから、せめてペン字などをするのがよいでしょう。私は字が下手だったので、大学生の時に書道の講義を受けた先生に頼み込んで字をトレーニングしました。圧倒的に書くことの多い平仮名や片仮名を何百回も何千回もペンや鉛筆を使って練習をしました。さすがにそこまで練習すると、人並みには上達しました。ただし、板書の字はいまだに課題があって、練習中です。

　声のトレーニングについては、実際に自分の声を録音して聞いてみるのがよいかと思います。口癖や滑舌、声の通り具合、作り方を分析していくのです。自分の声は初めて聞いた時には「自分ではないみたい」と違和が生じます。話をしている時に自分に聞こえる声の認識と、それを聞いている人の認識との間には隔たりがあります。自分が思っているよりも不明瞭であったり、低かったりします。私は声が低い方なので、意識的に声を高めに発するとよいことに気づきました。しかし、気を抜くと普段の声の作り方になってしまっているので、これも無意識にできるようにしないといけません。

　高校生の時に、芸術鑑賞があって初めて狂言を観ました。その時に声の強さを知りました。プロの声というのは生で聞くと本当に力があります。こう

1章　授業の前に

2章　授業中のこと

3章　授業の後に

4章　ヒント集

5章　根本問題

6章　事例編

7章　文献ガイド

したプロの声を聞くことも勉強になります。

　実践力という点でいえば、子供とのコミュニケーションがとれたり子供と接することのできたりするボランティアやアルバイトもよいかもしれません。また、自然体験のボランティアに参加して長年活動をしていた同僚がいたのですが、学校行事で自然体験や林間学校の行事の時に手際のよさに非常に感心しました。軽いフットワークであるのも教員の魅力の１つであるので、いろいろなことに大学生の内に経験しておくと、何が縁で役に立つかわかりません。

　なお、「教員は社会に出てないから社会常識がない」と批判を受けることがありますが、しかし、それでは一般企業や自営業で働いている人には社会常識があるということなのでしょうか。また、一企業で働いていて社会の常識を持っているというのは、かなり社会常識や社会を矮小化していることになっているのではないかと思います。教員の中にも常識的な人間はいますし、非常識な人間はいます。しかし、これは一般企業や自営業で働いている人とどれほどの違いがあるのか、疑問は残ります。

　実践力ということで経験が必要だというのは確かにそうだと思いますが、経験だけがすべてではありませんし、実際に経験をしなくても想像によって補えることもあります。むしろ経験によってこれまで見えてきたものが見えなくなる、偏って見えてしまうということもあると思いますので、経験だけがすべてだと思わないことも大切だと思います。

　3の「**読書**」については、量の問題と質の問題があります。多読に越したことはありませんが、自分の好きな作家やジャンルだけではなく、幅広く本に触れることが大切なことです。

　大きく現代文、古典と分かれ、現代文の中でも説明文・論説文・評論文・小説・随筆・詩歌、古典の中でも古文と漢文に分かれます。小説についても近代小説と現代小説、海外小説等がありますし、古典の中でも和歌や漢詩などの詩歌があります。年々読まないといけない本が多くなって、しかも亡く

なるまでに読める本は限られています。

名作と呼ばれるものを読むのが一番手っ取り早いでしょう。私は教育学部に進学したものの、高校卒業までにいろいろなものを読んで国語科の教員になりたいと思っていた友人たちと異なり、数えるほどしか読んでいませんでした。その負い目のようなものを感じて、大学生になってからは年間百冊読もうと決意したのですが、何を読んでいいのかわかりませんでした。とりあえず、世間一般に有名な作品を読もうと思ってそれを読み進めていきました。大学2年生あたりからは新書も定期的に読むようにしました。

もちろん、何を読めばいいのかという問題は必ずしも自明ではありませんし、難しい問題をはらんでいます。

名作と呼ばれる小説ばかりを読むことに気を取られて、今話題の本（芥川賞や直木賞、本屋大賞など）やライトノベルやヤングアダルトについてはまったく触れないのは生徒の目にはどのように映るでしょうか。

難しい本ばかり読んでいると思うかもしれませんし、自分には理解ができないと思うかもしれません。

以前にライトノベルを持っていたところ、生徒が興味を示してきました。「先生、そんなの読むんですか」、「○○じゃないですか」等、いろいろな反応がありました。それに対して、「えっ、読んじゃ駄目？」と言いましたが、国語科の教員はライトノベルは読まないものだというイメージがあったようです。こうしたイメージを壊すことは生徒から信頼されることに結びつくこともあるのではないかと思います。

また、現場に出てみると、国語科の教員の机上の本を眺めてがっかりすることがあります。中学生や高校生用の受験参考書や問題集ばかりで、いろいろな分野の読書をしているわけではないのだと思ってしまうからです。もちろん、受験指導は現実の問題であり、軽視することはできません。しかし、それだけというのも寂しいものがあります。

なお、読書だけが必要なわけではありません。映画やドラマ、コミックやアニメ、博物館や美術館、演劇やミュージカル、落語や狂言など、様々な表

1章　授業の前に

2章　授業中のこと

3章　授業の後に

4章　ヒント集

5章　根本問題

6章　事例編

7章　文献ガイド

現方法と世界観がありますから、言語的な言葉だけではなく、非言語表現をも言葉として捉えていくと、ことばの概念を広く捉えることができると思います。

4の「**市民として生きる**」とは、教員もまた一市民であるという当然のことを強調しているに過ぎません。そしてまた、生徒もまた市民として捉え直していくことになります。たとえば、シティズンシップ教育が叫ばれていますが、この文脈では「子ども」を一人の「市民」として扱う、少なくとも「市民」になるべくふさわしい支援をしていく対象とみなしていくことは必要でしょう。

広田照幸はこのようなシティズンシップ教育に関わって「教員の力量や条件」を次のように述べています。

第一に、これまで日本の教師は、生徒を「正しい答え」に導く技術をみがいてやってきた。しかし、現実の社会や政治に関わる問題は、正答がないことを扱うことになる。たとえば、たくさんの答えがありうる問いを重ねて立て続けることで認識を広げたり深めたりするような授業である。よい授業についての考え方自体を転換しないといけない。「総合的学習の時間」の導入はそのような理念でなされたはずだが、必ずしも現場がついていっていないのが現状である。

第二に、教師自身の社会理解・政治理解の深さが求められることになる。冷戦時代・学園紛争の時代で頭がストップした教師はもはや現場にはほとんどいないが、むしろ、脱政治化の時代に採用された世代で、薄っぺらい社会理解・政治理解しか持ち合わせない教師が増えてきているような観があるから、はなはだ心細い。「生徒に教えろ」という前に、まずはきちんと教師自身が、現代の社会や政治について、広く深い認識や洞察を獲得することが必要である。

以上のようなことを考えると、教師の取り巻く条件が見直される必要

がある。教育行政は、現場での自由裁量の幅をもっと拡大するとともに、教師の研究・研修・準備のための時間や予算を確保する必要がある。十分な研究や準備に時間をかけることができないと、シティズンシップ教育は、単なる知識の押しつけやボランティアとして、すぐに形骸化してしまう。旧来の知識獲得型の教科でも、もっと教師の自由度が認められて教師自身が周到な工夫をすれば、きっと生徒たちは深い社会理解・政治理解にたどりつくことが可能なはずだが、その余裕もなくなっているのが、今の教職である。教師たちにもっと「知識人」化してもらうための養成や支援のあり方が必要である。

　もう一つ重要なのは、学力が十分でない生徒に対して何ができるのかという問題である。現実の社会や政治に関わる教材を通して基礎学力を形成する工夫もできるが、それとは別に、キャリア教育や職業教育のような、有用性が理解されやすいものの中に、現実の社会や政治に関わる知識を盛り込んでいくという道はあるだろう（たとえば、本田二〇〇九＝筆者注、本田由紀『教育の職業的意義—若者、学校、社会をつなぐ』筑摩書房［ちくま新書]）。

（広田照幸『教育は何をなすべきか—能力・職業・市民』岩波書店、2015 年、172-173 頁）

　厳しい意見ですが、「社会理解・政治理解の深さ」を知ること、また社会や政治に関わっていくことが市民として教育を考えていくことにもつながっていきます。学校という空間はもっと開かれてもいいはずです。

⑤現場に出て一番大切なこと

　教員になるには、公立学校では教員採用試験に受かるか、受からなくても常勤講師や非常勤講師で働くことが考えられます。私立学校では都市は限定されますが、夏に私学適正検査と呼ばれる試験があって、その評価によって

1章　授業の前に

2章　授業中のこと

3章　授業の後に

4章　ヒント集

5章　根本問題

6章　事例編

7章　文献ガイド

各学校から問い合わせがあるか、独自の採用方法をしている学校があって、いずれかによって採用されると教員として働きます。

教員採用試験でも私学適正検査でも、あるいは学校独自の採用のものでも、だいたい筆記試験が行われます。難度は大学受験の二次試験レベルが限度であって、それを越えることはまずないように思います。他にも教員採用試験では学習指導要領を元に授業をどう構想するかという問題も県によってはあります。これに関しては学習指導要領やその解説、各都道府県の教育委員会の情報や中央教育審議会答申を読んでいくことが無難です。

その後は、面接試験が行われることが普通です。私立学校では、実際の生徒を前にした授業を行ったり、ミッション系の学校では宗教や学校の理念に関する問題が出されたりすることもあります。

いずれにせよ、再び「お受験」をしないといけないのは変わりはありません。県によっては漢字検定準1級レベルの漢字が出されたりもしますが、それはあなたが行きたい都道府県に従って情報を集めて対策をするしかありません。

旺文社の『全国大学入試問題正解国語』が毎年の大学入学試験を集めたもので有名ですが、これを地道にやっていったり（ただし解答例が不適切なものもあるので注意が必要です）、高校生の時に買った国語便覧などを見て文学史や言語事項を学んでいくことが方法として考えられます。中学校で働くか、高校で働くかはわかりませんが、これからは中高一貫校のようにどちらの授業も担当する可能性も出てきます。配置換えや人事交流等で中学校一本で授業をしてきた人は、高校の内容（特に古文や漢文）に長い間触れていないと忘れてしまうということがあります。これは逆に高校一本だった人が中学校の授業の難しさを痛感することもあるでしょう。

新任で赴任した学校では、初めて学校で働くことの難しさを体感すると思います。生徒の時には見えてこなかったことがたくさんありすぎて、不安になるかもしれません。初年度で担任をすることもありますから、それはそれ

で大変です。部活動の顧問にもなるでしょう。何かわからないことや不安なことがあったら、すぐにベテランの教員か同じ教科の教員に相談をすることが大切です。また、同じような境遇の友人と情報交換をするのもよいでしょう。一人で抱え込まないことが、何よりも大事なことです。

　授業をする教材も決まって教材研究や分析をしたいけれど、なかなか時間的な余裕がないかもしれません。学年をまたがって複数の教材を扱うこともあれば、一学年を一人で授業をすることもあります。

　私は今の勤務校では、だいたい中高合わせて学年や科目が異なる4クラスに授業をしていますから、同じ教材をその年に他のクラスで教えることはありません。一回やったらそれっきりで、また来年以降というわけです。以前の勤務校では一学年の国語の授業をすることが多かったので、その時には同じ教材で授業を3回することがありました。1回目の授業よりも3回目の授業の方が手応えがあったことを覚えています。しかし、忙しさにかまけてどこまでやったかを失念することもしばしばでした。どこまでやったのかは授業後にきちんと記録しておかないといけません。

　現場に出て、一番大事なことはいろいろな人の授業を見せてもらうことです。教員の中には自分のスタイルがあって、それを他人に見られることに抵抗を示す人もいます。これはあまりよくないことなのですが、しかし、こうした場合は逆に自分の授業を見てもらえませんかと頼むことはできそうです。謙虚な気持ちで臨み、盗める技は盗んでいく、そして数多くの授業をこなして、生徒とやりとりをしていく。これが授業力向上の一番の道だと信じています。

⑥教員にならなくても

　教育実習にやってきた学生の中には国語科の教員免許状を取得しても、喜ばしいことに教員にはならない人もいます。▶注26　教育実習前から、また

1章　授業の前に

2章　授業中のこと

3章　授業の後に

4章　ヒント集

5章　根本問題

6章　事例編

7章　文献ガイド

は教育実習中に、あるいは教育実習後に選択する学生がいます。「自分には教員は無理だと思うけれど一応免許は取っておこう」とか「授業をしてみて自分は教員には向いていないとわかった」とか「大学院に進学して研究をしたい」とか、いろいろな事情や理由があります。事前に打ち合わせの時にそのことを相談してくる学生もいますが、将来教員になろうがなるまいが、実習生の指導に差はつけませんし、実習生にもそのことは気にせずに実習に臨んでもらいます。

「喜ばしいことに」と書きました。「残念ながら」とはそれほど思いません。教育実習という経験は、教育学を学び、教科について学び、生徒と出会うことです。そこで感じて考えた経験や知識は、およそ人が人として生きていくための重要な何かに気づき、知ることでもあります。その経験や知識は学校内だけに留まるものではなく、社会に必要なことでもあり、そのようなことを学んだ人々が社会に出ていくことは学校外から教育を考えていく主体となりうることもあるでしょう。

教育は、誰もが受けてきた経験があるからこそ一家言を持ち、しかし、そこでの無責任な発言は結果として教育現場を更に混乱させていく危険性を常に持っています。

また、いつか保護者になることもあるかもしれません。その時は自分の子に、またそうではなくても子どもに優しく接していき、言葉を大切に育んでいってください。

なお、「自分は教員に向いている」と思っている教員の数がそんなに多いとも思いません。むしろ、本当にこれでいいのだろうかと問い続けるのが日常です。また、昨今は教員の労働環境の問題もあり教職が回避される傾向があるように思われますが、これは深刻な問題です。こうした環境をできる限りともに考えていける同僚が増えていけばいいなと思っています。

1章 授業の前に

2章 授業中のこと

3章 授業の後に

4章 ヒント集

5章 根本問題

6章 事例編

7章 文献ガイド

第**4**章

授業作りのヒント集

　この章では、これまで触れられなかったけれど大切なことや、私が今感じている、考えていることの中で授業作りと関わりがありそうな話題を取りあげて述べています。まとまったものではなく断片的なものであるので、好きなところから自由に読んでください。

①信頼される教員とは

　教員として生活していて生徒から信頼されないのはつらい。しかし、生徒に信頼されるのはどういう時なのでしょう。あなたがかつて出会った先生の中でも、信頼する先生というのはどういう人だったのでしょうか。記憶をたどって考えてみてください。

　私は大きく2つあると考えています。

　1つは人柄です。話していると安心する、言葉をきちんと受けとめてくれる、生き方に尊敬できる、考え方が素晴らしい、子供扱いをせずに自分たちと同じ目線で話をしてくれる……もしかするとあなたが出会った先生というのはこういう人であったかもしれません。私の場合もそのような先生は数多くいらっしゃいました。

　しかし、あなたが教員になった時、人柄といいますが、人格というのはそんなに変えられるものではありませんし、過度に演じてしまうとそれは無理があります。だから、性格や人柄によって生徒との信頼関係を作っていくこ

111

とは少々難しいといえるでしょう。ただ、誠意ある行動を続けていると、生徒にも伝わることはあります。逆に誠実さがなくなると、信頼を失うことでしょう。

　もう1つは授業力です。授業が上手い、面白い、楽しい、この教科だったらあの先生のところに行けば絶対だ、等の圧倒的な授業力や教科の力を持っている場合、生徒から一目置かれる存在になることが多い。この逆はあまり考えたくないものです。

　また、人柄は好きではないけど、授業は面白くてわかりやすい場合もあるでしょう。

1「人柄は好きで、授業も面白い」

2「人柄は好きだけど、授業はつまらない」

3「人柄は苦手だけど、授業は面白い」

4「人柄は苦手で、授業もつまらない」

　大きくはこのように分けられると思いますが、人柄というのは生徒の個性にも依存するのでこれに求めるだけで信頼が得られるかというのは難しいところです。授業力もある程度この問題はあるでしょうが、人柄ほどは左右されないのではないかと思います。

　いずれにしても、人柄や人格を高めていくことよりも授業力を磨く方がまだ手を付けやすいのではないでしょうか。

　新任のうちは生徒とも年齢が近いこともあって、生徒は気軽に寄ってくることが多くなります。それに浮かれていて、授業力を高めることをせずに年齢を重ねていくと、わりと悲惨なことになります。年齢を重ねると、以前だったら髪を切ったり、新しいネクタイを締めれば、「先生髪切った？」だとか「それ新しいネクタイですよね」という反応があったのですが、最近ではそういう反応がなくなってきました。歳をとったということなのでしょう。

　若いうちだからこそ、授業力を磨いていく必要があるのだろうと思います。

「尊敬」はされなくてもよいのですが、「信頼」はされたいものです。もちろん、そのためにはまず生徒を信頼する必要があるでしょう。

　そして、隙を見せることも大切なことです。生徒の前でどのような「私」を振る舞うか、それは完璧を求めようとしていないか、このことはいつも気にかかっています。これは半分笑い話ですが、私は体調不良のためにしばしば休むことが多く、そんな私はよく休む人として認識されているようです。それはともかくとして、教員自身も失敗をしたり勘違いをしたりうっかりしていることは多くあります。そんな自分を否定して、より完璧な姿を求めようとしていき、そして生徒の前でも完璧に振る舞おうとする人がいます。基本的にはその人の生き方や教育哲学の問題でもあるので私が何を言えるわけでもないのですが、少なくとも失敗した姿は見せられるのならば見せた方がいいのではないかと思っています。人は失敗するものなのだ、完璧っていうのは難しいのだ、失敗した姿を生徒に見せることも教育の効果として考えてみてもいいのではないかと思います。生徒には「失敗をしなさい」といい、自分は失敗する姿を見せないのは、どうなのでしょうか。最近はこのように考えています。

②教材を結びつける方法

　授業で中心となる教材を扱った後に、あるいは途中に、そこに何らかの形で関連した教材を読むことがあります。教科書の中にあればそれを用いますが、多くは授業者がどこかで出会ったものです。私は読書をしながら、「これはあの教材と合わせると面白いかもしれない」とひらめいたら、コピーをとったりPDFで保存をしておいたり打ち込んだりして、いつでも使えるようにしています。

　新聞記事も何かの論説文が有益ですが、読者の投稿記事については明確な意見が多様にあるので、これも参考にして使うことがあります。今はデータ

1章　授業の前に

2章　授業中のこと

3章　授業の後に

4章　ヒント集

5章　根本問題

6章　事例編

7章　文献ガイド

ベース化されているものもありますから、複数の新聞社の記事が検索できます。授業に関わるキーワードを打ち込んで、その情報を収集しておくと後々使えることがあります。また、読者の記事についていえば、たとえばAmazon のブックレビューを活用してみるとよいかもしれません。

　場合によっては授業者自身が教材同士に関連があると思っていたことを裏切って、生徒たちが別の関連を見出すこともあります。明確な関連や関係をもとに差し出していくことも必要ですが、やや緩いつながりしかないものをあえて差し出して、そこで 2 つないしそれ以上のテキストをどのように結びつけていくかというのも 1 つの挑戦的な授業だといえます。なぜなら、これは生徒の力を信頼し、授業者の想定を大きく超えた出来事が起きるかもしれず、しかもそうした出来事には未知の可能性が十分にあり、それに対して授業者がどのように対応できるのかが問われるからです。

　また、副教材、補助教材だけではなく、既に読んだことのある教材と関連させていくことも効果的であるように感じています。一度出会ったことのある教材と結びつけていくことを積極的に試みていくことは悪くはないように思います。

　たとえば、高校 2 年生で学ぶことの多い夏目漱石の「こころ」と中学 1 年生が学ぶことの多いヘルマン = ヘッセの「少年の日の思い出」。この 2 つは語りの構造が似ています。

　「こころ」は教科書では「先生と遺書」の抜粋ですが、冒頭は

　　私はその人を常に先生と呼んでいた。

となっており、この小説の語り手は「先生」ではありません。しかし、「先生と遺書」の場面では、「私」は「先生」です。語り手も「先生」です。

　また、「少年の日の思い出」も、冒頭部分は

　　客は、夕方の散歩から帰って、私の書斎で、私のそばに腰掛けていた。

とあり、語り手の「私」は「客」ではなく、やってきた「客」がエーミール
との出来事を語るというものです。これらを簡略な構造にすると次の通りで
す。これは、時系列に物語を整理したともいえます。

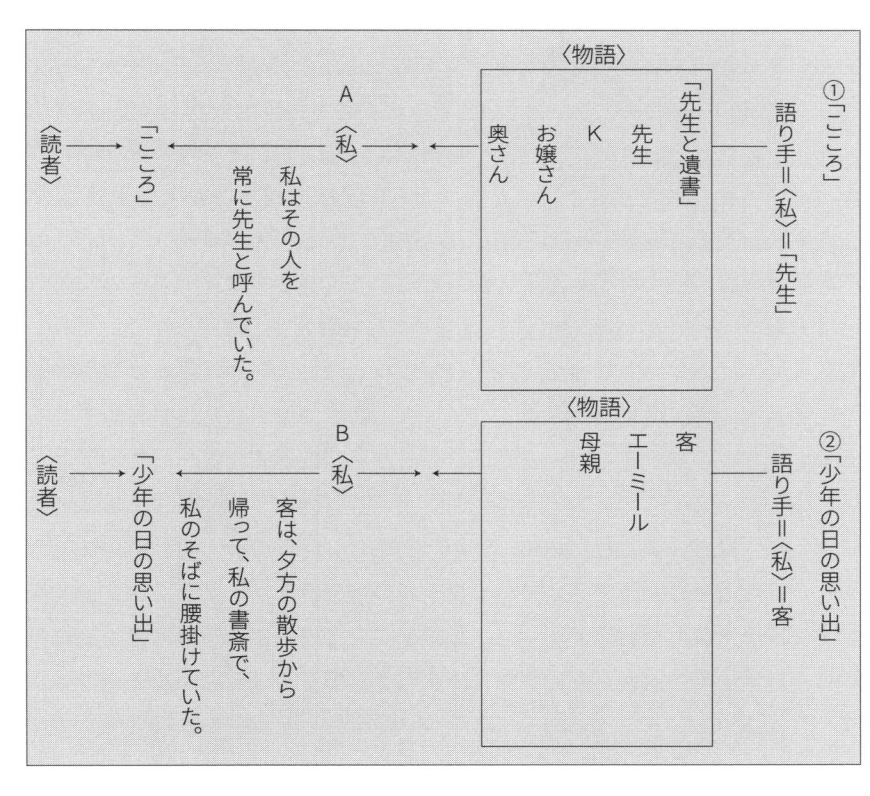

真ん中のA、Bの「私」は「先生」なり「客」から受け取った「物語」を
語り直しているわけです。もちろん、そのためには「私」は「先生」や「客」
の語りをしっかりと受け止めていく必要がありますが、「こころ」を授業で
行う時には、最後に「なぜ「私」は「先生」の物語を語り直したのか」とい
う問いを立てています。もちろん、この問いは「少年の日の思い出」でも
有効です。「なぜ「私」は「客」の物語を語り直したのか」という風にです。

1章 授業の前に

2章 授業中のこと

3章 授業の後に

4章 ヒント集

5章 根本問題

6章 事例編

7章 文献ガイド

このようなことを私は「リツイートの意味」という言葉で表現しています。私は Twitter をしているのですが、誰かのある Tweet（つぶやき）をこちらで再度つぶやき直す行為が「リツイート」です。誰かのつぶやきに被せてコメントを付すこともできますが、ただただリツイートをすることもあります。この意味は何なのでしょう。このことは「こころ」や「少年の日の思い出」についても考えることができると思います。

さらに、そもそも「「先生」はなぜ「私」に語ったのか」、「「客」はなぜ「私」に語ったのか」という問いも立てられます。すなわち、ある種のトラウマや誰にも語ってはこなかった／こられなかった出来事を「この人（「私」）になら託すことができる」という問題について考えるためです。また、これは「山月記」で李徴が袁傪に語れた人物だったこととも併せて考えてみるのも面白いでしょう（実際には他の人間も聞いていますが）。▶注27

他にも、このような構造を持っている教科書教材はありますし、教科書外のテキストでも多く見つかることでしょう。複数の似通った物語の構造を捉えていく学習があってもいいのではないかと思っています。

当然のことながら、古典教材でも同じことができます。たとえば、『伊勢物語』の「初冠」は『源氏物語』の「若紫」で初めて源氏が少女（後の紫の上）を見つけた設定に影響を与えています。この場合、カリキュラムにも関わりますが、テキストが別のテキストに影響を与えていることがはっきりとわかる場合には、その内容を教える順番は考慮されてもいいと思います。

③「語り」を知り、「語り方」を考え直す

②の「教材を結びつける方法」で、語りの構造についての話をしました。「語り」というと語られた内容を連想しますが、どのような「語法」でその内容を語るのか、つまり「語り方」の問題もまた重要なことのように思います。大学生の時に、先生が「悪い問いからは悪い結論しか導き出せない」とおっ

しゃったことが印象的です。社会や世界に目を向けた時にそこで起きている問題に対して私たちはどのような問い方や語り方をしてきたのか、それらが有効ではないのだとしたら別の語り方を見出していくことが必要なのではないかと思うようになりました。

　たとえば、次の伊藤剛の戦争体験者への聞き取り取材は、このような問題を考える時に示唆的です。

　　数年前から、私は「ある取り組み」を続けてきた。それは戦争体験者の証言記録ではあるのだが、とはいっても、「戦争体験」についてはほとんど聞いていない。その重要性を十分認識しつつも、数多くのメディアやNPOがしっかりと「聞き取り」作業を行っているため、おそらく何かしら後世に受け継がれていくのではないかと考えている。一方で、戦争体験談だけではどこか片手落ちな気もしていた。その理由が何かを私自身もずっとわかっていなかったのだが、それに気づくきっかけとなったのが、元ひめゆり学徒たちへの取材で話を聞いていたときのことだった。2008年のことである。

　　（…中略…）

　　ところが、それは少しの休憩を挟んで私が部屋に戻ってきたときのことだった。3人のおばあたちは、戦時下の「女子寮生活」の思い出話に花を咲かせていたのである。
「なぜ私が『寮の美人投票』で一番じゃなかったのかしら……」「いや、あなたじゃなくて私の方こそ……」

　　先ほどまでのカリスマ的であった「戦争体験の語り部の姿」はどこへいったのか。私はそこに初めて「女子高生」を見ていた。もちろん、それまでも「学生服を着た集合写真」を何度も見る機会はあり、当時の年齢も知っていたはずだった。けれども、私は彼女たちのことをどこか「語り部」という職業の人かのように思っていて、心のどこかで現在とはまったく異なる「モノクロ時代の出来事」と認識していたのだ。当時の沖縄

1章　授業の前に

2章　授業中のこと

3章　授業の後に

4章　ヒント集

5章　根本問題

6章　事例編

7章　文献ガイド

の空もいまと変わらず青色で、そんな青色の下で銃弾が飛び交い、流れた血が赤かったことを、私は本当の意味で想像できていなかったのだと思う。

以来、いわゆる「戦争体験」を聞くことはやめた。代わりに、戦争体験者たちにもあたり前に存在していたはずの「戦時下の何気ない日常」を聞き取り始めたのである。沖縄の人たちはもちろん、広島や長崎の被爆者の方たちにも話を聞きに行った。

結論から言えば、衝撃的な話ばかりだった。ある人は、遠出した家族旅行の話をしてくれ、ある人は生まれ育ったきらびやかな花街のことを語ってくれた。「戦時下」と聞くと、娯楽もないどこか「ストイックな生活」をイメージしがちだが、長崎の野球好きな少年は、野球観戦をしに父親と後楽園球場を訪れ、姉に連れられて映画館に通っていた少年は、映画『姿三四郎』のことをよく覚えていた。調べてみると、その映画の公開は1943年となっている。終戦のわずか二年ほど前に、彼らは野球を観戦し、映画を鑑賞していたということになる。私の「戦争イメージ」に対する固定観念は、180度ぐるりと転換した。

この戦争証言録のプロジェクトは『WAR EVE』と名付けている。日本語に訳すと「戦争前夜」となるが、「前夜」の意味は、歴史的な「開戦前夜」を指しているのではなく、私自身が抱いていた戦争イメージとは異なる「戦時下の日常」のことを指している。

取材を続けるなかで、私がもっとも好んで質問したテーマは「戦時下の恋愛話」だった。最初の頃は誰に聞いても「恋愛などなかった」の一点張りだったが、「誰々さんから、こんなエピソードを聞きました」ということを私自身が話せるようになってからは、驚くほどにたくさんの恋のエピソードを聞かせてもらった。

ある女学生は、淡い恋心を抱いていた男性と少しだけでも近づきたくて、学校に通う小さなボートの揺れに乗じて、さりげなく教科書を落としてみたこと。軍需工場で働いていたとき、倉庫の天井まで積まれてい

た荷物の上の部分をくり抜いて、男女の「逢い引き部屋」みたいにしていたこと。現代で想像するような、いわゆる「恋愛話」ではなかったけれど、彼らの中に「鮮明」に記憶されていた重要なエピソードだった。

　にもかかわらず、どうして彼らは最初は「恋愛などなかった」と答えていたのか、不思議に思う読者の方もいるだろう。私も不思議だった。取材を続けてわかったことは、彼らは決してウソをついていたのではなく、本当に「忘れていた」のである。なぜなら、これまで誰からもそんな話を尋ねられたことがなかったからだ。戦後70年間、彼らが問われてきたことは、もしくは私たちが尋ねてきたことは「戦争体験」だけであり、だからこそ、思い出すきっかけがほとんどなかったのである。

　その意味で、聞き手である私たち側が、たとえば被爆者の人たちを「ヒバクシャ」にし続けてきたということはないだろうか。広島の体験者で言えば、私たちが尋ねてきたのは「8月6日」以降の日々であるが、前日まで彼らは誰一人として「ヒバクシャ」ではなく、あくまで「ふつうの日本人」だったのである。彼らがいつか全員いなくなってしまった後、日本の戦争体験談はいま以上に「特別なこと」として神格化されてしまう気がしている。もしもそうなってしまえば、日本の戦争イメージはいま以上に特別な時代の特別な出来事として、モノクロームの色彩を帯びていくことになるだろう。

（伊藤剛『なぜ戦争は伝わりやすく平和は伝わりにくいのか―ピース・コミュニケーションという試み』光文社［光文社新書］、2015年、219-223頁、傍線筆者）

　「誰からもそんな話を尋ねられたことがなかったからだ」というのは、みんなからある一定の語り方で尋ねられてきたことであり、そのことが「思い出すきっかけ」の喪失を招いたわけです。　▶注28

　何かを語ることは別の何かを語らないことと表裏一体です。それどころか、何かを語ることが、社会的文化的に存在している諸制度において一定の語り方として無自覚になされて積み重なっていけば、語られない何かが抑圧され

1章　授業の前に
2章　授業中のこと
3章　授業の後に
4章　ヒント集
5章　根本問題
6章　事例編
7章　文献ガイド

ていつの間にか消えていくことになるのではないかとも思います。

　そういったことに自覚的になるために、たとえば、「私」についての語り方を変えてみること、具体的には普段の一人称を変えてみるのはどうでしょうか。普段「私」と使う人は思い切って、「僕」や「俺」、「わたくし」などに変えてみると、文体そのものが、ひいてはその文体を生み出す主体が変わってくるはずです。▶注29

　また、「役割語」というものもあります。金水敏は次のように定義しています。

　　ある特定の言葉づかい（語彙・語法・言い回し・イントネーション等）を聞くと特定の人物像（年齢、性別、職業、階層、時代、容姿・風貌、性格等）を思い浮かべることができるとき、あるいはある特定の人物像を提示されると、その人物がいかにも使用しそうな言葉づかいを思い浮かべることができるとき、その言葉づかいを「役割語」と呼ぶ。
　（金水敏『ヴァーチャル日本語　役割語の謎』岩波書店［もっと知りたい！日本語]、2003年、205頁）

　このように自分を表現する時に「私」以外の言葉を用いていくこと、それがまた別の自分の発見、創造につながっていくかもしれません。これを教育の場に敷衍していくとすれば、生徒についての語り方、教育についての語り方、そして教員である自分についての語り方、それを変えることが行き詰まっている状態を打破するきっかけになりうるかもしれないということです。しかし、語り方を変えるということは世界との向き合い方が変わり、自分が変わることです。安定した世界や自己を求める人にとってはこれは怖いことです。

　私たちは自分というものをなかなか変えることができません。生徒には「変わることはいいことだ」と言い続けながらも、それを発する側は変わろうとはしません。それほどまでに自我とは強固なものです。しかし、世界は多様化し、自己もまた一元的に維持することが困難な時代です。生徒にも、教員

にも語り直しの必要な局面は多々あるのではないでしょうか。

　語り直すことについても少し掘り下げて考えてみましょう。それは「私」を「〈物語〉としての自己」として捉え直すことにつながるものではないでしょうか。このことを東日本大震災から1年後に語った鷲田清一の言葉を最後に引用して終わりにします。

　　家族、友人、職場、地域……。このたびの大震災で、みずからの存在のコアとなっている幾多のものを失った人たちは、いやでも「人生」の語りなおしを迫られます。いやもうすでに、多くの人たちがその語りなおしを手探りで始めざるをえないところに立っています。ここにとどまりつづけられるか、職を変える手はあるか、（若い所帯なら）子どもを今後つくるかどうか……から、亡き家族や職場への断ち切れぬ思いや悔いまで、すぐにけりをつけられないこと、けれどもけりをつけねば一歩も前に進めないことが、いやというほどあるはずです。

　　わたしたちは誰しもが、わたしはこういう人間だという、じぶんで納得できるストーリーでみずからを組み立てています。精神科医のR・D・レインが言ったように、アイデンティティとは、じぶんがじぶんに語って聞かせるストーリーのことです。

　　人生というのは、ストーリーとしてのアイデンティティをじぶんに向けてたえず語りつづけ、語りなおしていくプロセスだと言える。途中でひどいダメージを受けてそれまでのストーリーが壊れるということは、人生には一度ならずある。大失恋したり、受験に失敗したり、親を思いのほか早く病気で亡くしたり、逆に、子どもに先立たれる、あるいはそれまで順調に仕事をしていたのに病魔に襲われて入院生活が以後ずっと続くとか、事故に遭ってひどい損傷を受けてそれまでの生活を続けられなくなるとか……。

　　わたしたちはそのつど、事実をすぐには受け入れられずにもがきながらも、たとえば腕をなくした、足をなくしたとか、子どもを亡くしたと

1章　授業の前に

2章　授業中のこと

3章　授業の後に

4章　ヒント集

5章　根本問題

6章　事例編

7章　文献ガイド

か、じぶんはもう病人になったという事実を受け入れるために、深いダメージとしてのその事実を組み込んだじぶんについての語りを、悪戦苦闘しながら模索して、語りなおしへとなんとか着地する。そうすることで、じぶんについての更新された語りを手にするわけです。言ってみれば、〈わたし〉の初期設定を換える、あるいは、人生のフォーマットを書き換えるということです。

（鷲田清一『語りきれないこと―危機と傷みの哲学』角川書店［角川 one テーマ 21］、2012 年、26-28 頁）

④その言葉は誰に向けての言葉か
──聴き手意識、読み手意識から考える

■聴き手をどう意識するのか

　ある日の生徒集会の時のことです。代表の生徒が前に立って他の生徒たちに話をしていたのですが、淀みなく話をしていた時に突然詰まってしまい、つい「あっ、すみません」と漏らしていました。気になったのでその後にその生徒と話をして、「もしかして、原稿を覚えていたんじゃない？」と聞くと、「そうなんです」と返答がありました。人柄が良いだけではなく利発であったので、この生徒らしいなと思ったのですが、その一方で原稿を覚えて何かを話すということについて考えさせられました。

　実際に原稿を持ちながら話をすることはあります。授業でも発表の時に生徒が感想文や意見文を読むことがありますが、目的は読むことではなく、誰かに聞いてもらう、受けとめてもらうことであるはずです。誰かに聞いてもらう、受けとめてもらうということは、声以外にも他の要素があってもよいはずです。他の要素というのは、聴き手への視線やその反応を見ることです。

　国語科教育の研究会や学会、あるいは職員会議もですが、資料やレジュメがあって、そのままをひたすら読み上げるという光景を何度も目にしてきま

した。私はこのような場合には、資料を見ずにひたすら発表者を観察している
のですが、ほとんど顔を上げずに話し続けているのを見て、「これは誰に
向けて話をしているのだろう」と素朴な疑問を抱いてしまいます。

また、以前にコンビニで弁当を買った時のことです。店員が「お弁当を温
めますか」と確認してきたので「はい、お願いします」と答えたところ、「あ
りがとうございます」と返ってきました。この「ありがとうございます」は
一体どういう意味なのだろうかと考えてしまいました（弁当を温めることに喜
びを感じている？）。これも発話内容も含めて誰に向けられたのかがわからな
い例です。

これらは聴き手をどう意識するかの問題になるのですが、読み手をどう意
識するかの問題も学校では深刻です。

■読み手をどう意識するのか

たとえば、定期試験の記述問題の解答。これは一体誰に向けて書いている
のか、特定の誰かに向けて書かれているのであればもう少しわかりやすい表
現や丁寧な字になるだろうに、と思うことがしばしばあります。しかし、こ
れは課題ですから、不満を漏らすだけで終えずに長い時間をかけてこうした
意識を少しずつ改善していき、他者という「あなた」に向けて何かを表現し
ていくことを生徒に求めていきます。

野矢茂樹の『大人のための国語ゼミ』は自分が表現することと読み手意識
との問題を扱ったものです。たとえば、野矢は次のように「国語力」を規定
しています。

　　　ここで私が強調しているのは、なんらかの言語能力や技術ではなく、
　　「相手のことを考える」という、ただその一点である。
　　　でも、それは「国語力」とは違うだろう、と言いたくなる人もいるか
　　もしれない。それはその通り。だが、相手のことを考え、分かってもら
　　えるような言葉に言い換えたり説明を補ったりする力は、国語力である。

1章　授業の前に

2章　授業中のこと

3章　授業の後に

4章　ヒント集

5章　根本問題

6章　事例編

7章　文献ガイド

それゆえ、相手のことを考えて分かってもらおうとすることが、国語力を鍛えることになる。

逆に、国語力が鍛えられることによって、相手のことを考えに入れて書いたり話したりできるようになる。国語力がないと、どう言い換えればよいのか、どう説明すればよいのか、分からない。そうすると相手のことを考えて分かってもらおうとすることが、とてもめんどくさく感じられるだろう。しかし、国語力があればあるほど、そのハードルは低いものとなり、めんどくさいという思いも軽減される。めんどくさいという気持ちが薄れれば、相手のことを考えようという気持ちも強くなる。

（野矢茂樹『大人のための国語ゼミ』山川出版社、2017年、29頁）

「国語力」「国語学力」については様々な定義付けができますが、野矢のいう「相手のことを考える」意識や態度も当然含まれています。▶注30 具体的には「共有されていない可能性がある意見や見方を、共有されているかのように語ってはならない」（65頁）や「質問する力」（210頁）等がありますが、ここでは、宛先をはっきりと見定めてどのように表現を工夫（論拠、接続語の使い方等）していけばいいのかに留意していくことがひとまず大切だと述べるだけにしておきます。

■知識量の差、内と外の意識

それでは実際に送り手と受け手の知識や体験の違いがどのように表現として見られるのか、菅井三実の「心の理論」と国語科教育との関わりについての説明を引用しましょう。

国語科教育でいう「相手意識」は、文字通り、聞き手や読み手を考えて話したり書いたりすることをいいますが、「心の理論」との関係で重要なのは、相手が何をどれくらい知っているか、あるいはどれくらい知らないかを把握することの重要さです。というのも、相手が何をどれく

1章　授業の前に

2章　授業中のこと

3章　授業の後に

4章　ヒント集

5章　根本問題

6章　事例編

7章　文献ガイド

らい知っているか、知らないかを把握することは、相手に対する情報量の質と量に直接的に反映されるからです。一般的には、「相手の知識量」と「説明の分量」は、負の相関関係にあると言えます。

```
┌─────────────────────────────────────────┐
│   相手の知識量                            │
│                          説明の分量       │
└─────────────────────────────────────────┘
```

　つまり、当該のトピックについて相手の持っている知識量が多いほど、説明する側は提供しなければならない情報量は少なくて済み、逆に、当該のトピックについて相手の持っている知識量が少ないほど、説明する側が提供しなければならない情報量は多くなるということです。

（菅井三実『人はことばをどう学ぶか―国語教師のための言語科学入門』くろしお出版、2015年、138頁）

　また、次の記事について、菅井は「クラシック音楽に興味がある人なら「ベルリン・フィルハーモニー」や「コンサートマスター」という言葉をよく知っているでしょうが、そういう言葉を知らない人には説明が必要になります」（139頁）と述べています。

　　世界トップクラスのオーケストラ、ベルリン・フィルハーモニー管弦楽団のコンサートマスター（第1バイオリンの首席奏者）に、ドイツ在住のバイオリニスト樫本大進さん（30）が就任することが内定した。日本の所属事務所に18日に入った連絡で明らかになった。ベルリン・フィルの日本人コンサートマスターは、今年退任した安永徹さんに次いで2人目。▶注31　　　　　　　　　　　（2009年6月19日「朝日新聞」朝刊）

　知識量によってどのような言葉を相手に差し出していくのかは、わかってもらいたいかどうかにも左右されるように思います。「わかってほしい」と

いう気持ちだけでもいけませんし、自分がどのような言葉を語るかというその時の自分を捉えていくことも同時に必要となるでしょう。ここには「わたし」と「あなた」という関係が必須ともいえますが、ある種の共同体の中にいる人々同士には不要な説明というか、わかっていることが前提となってコミュニケーションが行われることもありますし、その共同体の外部には「わかってもらう必要はない」ということも現実にはありうることです。▶注32

　私の友人に税務署に勤務していた人がいるのですが、伊丹十三の『マルサの女』を公開当時に観たそうです。『マルサの女』は国税局の査察部が脱税者を追い詰めていく映画ですが、ここでは隠語が用いられています。「マルサ」も査察官の意味です。友人は観ていた時、笑うツボが他の観客と異なっていることがわかったそうです。

　部活動においてもこのような隠語というか業界用語のようなものはたくさんあって、生徒は何の前提もなく使ってくることが多い。それが共同体内部での使用ならば適切ですが、その外にいる人に向けて使う時には注意が必要です。問題は内と外という意識をどのようにして自覚させていくかですが、これについてはその都度指摘していくしかないというのが正直なところです。

　一方で、先のオーケストラで出てきた「ウィーン・フィル（Wiener Philharmoniker）」というのも、名前の似た「ウィーン交響楽団（Wiener Symphoniker）」と間違えられることが多く、知っていたつもりが勘違いであったことも起こりえます。内にいると思っていても、まだまだだったという事例の1つです。

■書店店頭にて

　書店に行けば、「14歳からの」「中学生（高校生／大学生）ための」というタイトルの本や、新書でも岩波ジュニア新書、ちくまプリマー新書などがありますが、実際にその年齢や世代に適した内容の本かというのはかなり怪しく、難しく感じるものもありますし、内容の質とは別に語彙や語法のレベルで入門書としては適切かどうか疑問のあるものもあります。これは読者層を絞り

切れていなかったり、見誤ったりしていることが主な原因なのだと思いますし、そうした読者に合わせて書くことができていないということでもあるのでしょう。なお、個人的には「中学生のための」は高校生、「高校生のための」は大学生という風に、1つ上の層や年代として置き換えていき、生徒に奨めることが多くあります。

■生徒同士の言葉

最後に、言葉の宛先は生徒から教員、あるいは教員から生徒ではなく、生徒同士ということもあります。ただ、生徒同士が評価をする際には、言葉が強すぎて受け取った生徒がショックを受けることもあります。これはいろいろな生徒同士の関係性もあって一概にはいえないのですが、たとえば「お手紙を書く感じで」という指示を出すだけでもずいぶんと文章の毒が抜けるように思います。「読み手」がいることを「お手紙で」という言葉で強調していきます。実際、棘のある言い方は少なくなります。もちろん、その言葉の中に正当な評価がなければ意味のないことだと思われるかもしれませんが、正当な評価も配慮のある言葉でなされることもありますし、仮にあまり適切な評価の言葉がなくとも評価された生徒にしてみれば「自分の言葉を受け取ってくれた」という安堵感を得られることもあります。教員という立場の人間に承認されるだけではなく、同世代の人に承認されること、私はこのような体験の積み重ねは大切なことだと考えています。

⑤教室の中の「笑い」

中学3年生の小説教材に井上ひさしの「握手」というものがあります。この小説の中にルロイ修道士という老修道士がいるのですが、彼の台詞に「お前は悪い子だ」というものがあります。

先にも述べたように、私の名字は「こだ」と読むのですが、この台詞に触

1章 授業の前に

2章 授業中のこと

3章 授業の後に

4章 ヒント集

5章 根本問題

6章 事例編

7章 文献ガイド

れる時に、「この台詞聞くと自分が責められるような気がして嫌なんだよね」というと、ワンテンポ遅れて教室に笑いが生まれます。その後「悪い子だ、悪い子だ」だとか「良い子だ、良い子だ」などが連発されていきます。そういえば、「どーこだ」、「ああだ、こうだ」。もそうです。こうした言葉遊びというのは、笑いを誘うことがあります。

　古文で和歌を教えていたら、思わず「和歌ってわからないよね」と口を突いて出てきてしまい、自分でも苦笑を漏らしてしまいます。

　こうした笑いは偶発的なもので、いわばネタ的なことにもなりますが、言葉に関わる笑い話というのは言葉とはどのようなものなのかを気づかせていくこともありますから、積極的に取り込むことも大切です。また、ユーモアは教室内を開放的にします。この効果を期待して積極的に用いていくのも1つの手だと思います。

　文末で、「昨日は雨だったしね」という一文があった時、これは意味としてはわかりますが、改行のタイミングによっては、「昨日は雨だった／しね」と、「しね」が浮いてしまい、「死ね」というイメージが一瞬浮かんできてしまいます。板書で2行に改行する時は語構成を意識させるものがよいと板書のところでいいましたが、これもまた語構成についての話題を提供してくれます。

　しかし、そもそも笑うという行為には知的に高度な側面もあります。何かの作品を踏まえていたり、言葉尻をとらえたり、そこには知を共有していないとわからないものや言葉に対する感覚が鋭くないと笑えないものもあります。松田道弘編『世界のジョーク事典』（東京堂出版、2006年）からいくつか引用してみます。▶注33

　　「ワトソン君、君はまだ冬の下着をはいているね」
　　「すばらしい、ホームズ。どうして分かったんだい」
　　「君がズボンをはき忘れていたからね」（174頁）

　　「お金がなくても幸せになれる本」定価が20ドル。（190頁）

1章　授業の前に

2章　授業中のこと

3章　授業の後に

4章　ヒント集

5章　根本問題

6章　事例編

7章　文献ガイド

「私の祖先は王族につながっているのですぞ」

「キングコングかい」（243頁）

　ある日、警官がトラックの荷台にいっぱいのペンギンをつんだ男をみかけました。

「荷台にペンギンをつんで運転しちゃいかん。すぐに動物園に連れて行くんだ」

　その男は素直にうなずいて車を走らせました。

　次の日、警官はまたしても荷台にペンギンをいっぱいつんだ昨日の男をみかけます。おまけに今日はペンギンが全部サングラスをかけています。

　警官「私は昨日動物園に連れて行けと言ったはずだぞ」

　男「もちろん連れて行きましたよ。みんながあんまり喜ぶので、今日は海辺に連れて行ってやるんです」（248-249頁）

「ウェイター、ウェイター。スープにハエがいるよ」

「ではフォークをお持ちしましょうか」（36頁）

この「ウェイター、ウェイター」系の話を踏まえた笑い話もあります。

カエルの客「ウェイター、ウェイター。スープにハエが入っていないぞ」

（38頁）　▶注34

もちろん、笑いには皮肉や諷刺もあります。

　金持をうらやむ必要はない。金持とは、金を持った貧乏人にすぎない。

（95頁）

「世の中で一番硬いものは何だろう」

「君のひげが世界でいちばん硬いよ。鉄も石もかないっこない」

「どうして？」

「それ、その面の皮から生えて出てくるんだから」（243頁）

　一方で、これは例として問題があるかもしれませんが、いわゆる下品な話も笑いの一助となります。

　以前に、高校3年生の古文で『紫式部日記』の「若宮誕生」の場面を読んでいました。

　　十月十余日まででも、御帳出でさせ給はず。西のそばなる御座に、夜も昼も候ふ。殿の、夜中にも暁にも参り給ひつつ、御乳母の懐をひき探させ給ふに、うちとけて寝たるときなどは、何心もなくおぼほれておどろくも、いといとほしく見ゆ。心もとなき御ほどを、わが心をやりて、ささげうつくしみ給ふも、ことわりにめでたし。あるときは、<u>わりなきわざしかけ奉り給へる</u>を、御紐ひき解きて、御几帳の後ろにてあぶらせ給ふ。「あはれ、この宮の御尿に濡るるは、うれしきわざかな。この濡れたる、あぶるこそ、思ふやうなる心地すれ。」と、喜ばせ給ふ。（中宮さまは、十月十余日までも御帳台からお出ましにならない。女房たちは、殿が夜中とつかず明け方とつかずおいでになっては、御乳母のふところをさがして若宮をおのぞきになるのだが、乳母が気を許して寝ているときなどは、何の心用意もなくねぼけて目をさますのも、ほんとうに気の毒に思われる。若宮のまだ何もおわかりにならないころなのに、殿がご自分だけはいい気持になって、抱き上げておかわいがりになるのも、ごもっともであり、結構なことである。またあるときには、<u>若宮が、殿にとんだことをおしかけになったの</u>を、殿は直衣の紐をひきといてお脱ぎになり、御几帳のうしろで火にあぶっておかわかしになる。そして、「ああ、この若宮の御尿に濡れるのは、うれしいことだなあ。この濡れたのを火にあぶるのこそ、ほんとうに、思いどおり

にいったような気がするわい」と、お喜びになる。)

　産後の中宮彰子のもとを訪れる道長（殿）が、乳母が世話をしている若宮のところにもやってくるのですが、この若宮が道長に尿を漏らしてしまいます。傍線部の「わりなきわざしかけ奉り給へる」のところには、古文の敬語でもよくある二方向への敬意（「奉り給へ」）が見られます。敬語を学習する上で避けては通れないので、「これは誰が誰に何をしたのか」と問うと、指名した生徒が「道長が……」と答えると、数名の生徒から何ともいえない笑いが生じました。「わりなきわざ」は若宮の漏らした尿のことですが、その内容を押さえた上で発した問いだったわけですが、察しの良い生徒は答えた生徒の間違いに思わず笑ってしまったということです。こんなことがあり、間違いに気づくわけですが、その後の内容で道長の「うれしきわざかな」や「喜ばせ給ふ」に触れると、別の文脈が生じてしまっているわけで、どうしようもありませんでした。▶注35

　これは勘違いから生じる笑いですが、糸井重里監修の『言いまつがい』（新潮社［新潮文庫］、2005年）等も言い間違いという点からも参考にしてみるとよいでしょう。▶注36

　勘違いの笑いは双方の認識のズレから起きるものですが、古典作品の中の笑いについてもギョッとする笑いがあります。『枕草子』の有名な「上に候ふ御猫は」の章段には「翁まろ」という犬が出てきます。猫を驚かせた罪でボコボコに殴られて追放され、その後帰ってきます。ただし、本当に「翁まろ」かはわからないので「さは、翁まろか（それでは、翁まろなのか）」と言うと「ひれ伏して、いみじう鳴く」のですが、この後は次のように語られています。

　　御前にもいみじうおぢ笑はせたまふ。右近内侍召して、「かくなむ」と仰せらるれば、笑ひののしるを、上にも聞しめして、わたりおはしましたり。「あさましう、犬なども、かかる心あるものなりけり」と笑はせたまふ。（皇后様におかせられても、大変こわがり、またお笑いあそばされる。

皇后様は右近の内侍をお召しになって、「こうこうである」と仰せになるので、みんなで笑って大騒ぎするのを、主上におかせられてもお聞きあそばされて、こちらへおいであそばした。「あきれたことに、犬なども、このような心があるものだったのだ」とお笑いあそばされる。)

「かかる心」というものが犬にもあったことに驚き、発見する喜びとしての笑いです。このような話を読むたびに、古典教育論によくある「昔の人とつながる」という発想の恐ろしさを痛感します。何に笑うかという感性そのものも文化的に育てられた結果の一部ともいえるので、安易にこの笑いを受け入れることは難しい。むしろ、このような話からは古典世界との断絶を踏まえ、古典世界を、古典世界の言説を批評していきたいものです。

⑥ブックトークと読書

授業中に読んだ本のことを話すことがあります。本を紹介すると、生徒の中にはその後図書室に行って借りる生徒がいます。本の紹介は年間を通じて何度か行うのですが、この影響力は小さいものではありながら、確実に数名の生徒に影響を与えていくのだと思います。

私はこれまでいろいろな人と話をしてきて、その時に何かの本の話題になることがあるのですが、相手が紹介した本を読んでいない場合は極力読むようにして、再会したら、「そういえばあの本なんだけど」という風にブックトークが始まります。そこには読みの根拠もあったものではないのですが、教室では味わえない面白さがあるのは確かなことです。

本好きな子とのブックトークは、どの年代の子がどのような本を読むのかという勉強になります。教員と生徒という上下関係が一旦脇に置かれて、ある1つの世界をめぐって読者同士である対等な関係になりますから、授業でやりとりをするのとは別の魅力があります。むしろ、特定の作家の本になる

と生徒の方が読んでいることも多いため、こちらも勉強になります。

　また、中学校の新学習指導要領では「2 国語科の改訂の趣旨及び要点（5）読書指導の改善・充実」に言及しています。▶注37

　ところで、定期試験や入学試験での国語の試験の点数と読書量（あるいは質）との関連の有無、あるいは「読書をすれば国語の力は伸びる」という言説はよくあるものの1つです。前者については作者の意図ではなく出題者の意図に添えるかどうかが重要であってそれがわからなければ満足した点数がとれないというものです。あるいは、授業者の求める主体になることが期待されなければならないというものです。▶注38　そこに個人の読書量や読書レベル、解釈やものの見方が測られる隙はほとんどありません。

　それでは、「読書をすれば国語の力は伸びる」という言説はどこにその根拠があるかというとなかなか説明できる人もいません。

　ところが、近年、この言説に対して有力な根拠を示しているものもあります。猪原敬介『読書と言語能力―言葉の「用法」がもたらす学習効果』（京都大学学術出版会、2016年）がそれです（ただし、「国語の力」と猪原のいう「言語力」とは同じではありません。そもそも「国語の力」とは何かというのは自明のことではありません）。

　猪原によれば、本書は「言語能力の高低に与える読書の影響はどれくらいあるのか（調査・実験データの吟味）」「読者はどのような形で言語能力の向上につながっているのか（メカニズムの解明）」（4頁）の2つの問題を扱っていますが、その要点だけをまとめると次のようになります。

　諸外国の研究によれば「読書量と語彙力（受容語彙と表出語彙力を併せたもの▶注39）の正の相関関係」（29頁）は見られ、それは日本の児童においても「一般化できることが示唆されている」（62頁）。ただし、「結果は読書量の測定方法や学校・学年によって変動」（69頁）し、「本人の言語力にアンバランスなところがなく、最低限の水準まで高まっていることを確認した上で、本人の言語力の水準に合わせた本を読ませる」（238頁）ことがひとまず有効だと

1章　授業の前に

2章　授業中のこと

3章　授業の後に

4章　ヒント集

5章　根本問題

6章　事例編

7章　文献ガイド

考えられる。▶注40

「読書からの語彙学習は、テキスト内の単語の用法情報に基づいて行われる」（245頁）と考えた場合、「新しい単語を覚えるためには、そのテキストに本人にとっての未知語が含まれていなくてはならない」（245頁）ことと「すでに知っている単語（例えば、同義語テストで出題されても正しく回答できる単語）であっても、その用法のバリエーションについての知識は、読書をすることでまだまだ増えていく」（246頁）ことが示唆される。

そして、「「学習者本人が触れる言語」を作り出す周囲の人々の言語使用の重要性」（249頁）については「誰かに言語教育を施したいと願う人々の言語力と、実際に学習を行う本人の言語力は地続きとなっている」（249頁）。

最後に猪原は次のように述べています。

> もちろん、「読書がしたい」という意志にさえ、養育者の読書態度という資本は影響するだろうし、読書をするだけで言語力の差異を100%埋められると言うつもりはない。しかし、遺伝、家庭教育、学校教育よりは、「読書をするかしないか」という決定に本人の意志が大きく関与するということは言えるだろう。言語力に影響する多数の要因の中で、比較的本人の意志の自由になる割合が高い活動—それが読書である。こうしたことは教育者も本人も普段から考えるようなことではないだろうが、読書の持つ大切な特性の1つであると考えられる。（254頁）

読書には様々な意義はありますが、このような議論を踏まえた上でどのように生徒と読書とを結びつけていく場を生み出していくかが大切なことなのでしょう。しかし、生徒を自立した読者として育てていくという教育的意図そのものも時には問われることもあった方がいいように思います。「たくさんの本を読めばいい」かどうかもその生徒が主体的に選んでいく選択肢の1つです。一方で、「たくさんの本を読んでほしい」と願います。読書に限らず、

教育者が生徒に期待することと干渉し過ぎないこととのバランスの取り方には慎重でありたいものです。そもそもバランスを取れるのかという問題はあるにせよ、です。

そしてまた、読書がすべてだと思い込んでいくことも慎重になった方がよさそうです。というのは、やはりどうしても読書に親しみをもてない生徒もいるからです。そこは無理やりに「読書を」というのではなく、コミックや映画や演劇などに関心を持たせるという別の方略を考えていくこともよいのではないかと最近は考えています。

⑦状況に応じて言葉を選択するヒント

言葉は常に恐ろしい。その内容の伝達だけではなく、聴き手への意識や感情にも影響を与えるからです。そんなつもりではなかったのに、という経験は数多くあります。そのため、どのような言葉の選択をすればよいのか、このことは自覚的になりすぎてもよいくらいです。「言葉の選択」は教育の場以外でも問題になりますが、ここでは優れた指導者の「言葉の選択」について具体的に見てみます。

優れたホルン奏者として、そしてまた数多くの音楽家を育てたフロイディス・リー・ヴェクレは教師としての「言葉の選択」について興味深いことを述べています。

リアルタイムの反応と評価は、演奏の向上に不可欠である。したがって演奏するたびに自分自身を評価するのは当然である。以下にあげたどんな言葉で評価されたいと思うだろうか。

1章　授業の前に

2章　授業中のこと

3章　授業の後に

4章　ヒント集

5章　根本問題

6章　事例編

7章　文献ガイド

・かなり良い	・悪くない
・とても良い	・あまり良くない
・パーフェクト、OK	・もっとうまく演奏できるのに
・……をしないで演奏した方が私は好きだ	・そういう演奏は好きではない
・もっと良い響きがでるようにもう一度演奏しなさい	・今度はそんなにひどい響きを出さないでもう一度試しなさい
・この音程をもっと正確にやれるかい？	・そんな調子外れの演奏をしないで
・もう少し正確なリズムでお願いしますね	・いったいいつになったらリズミカルに演奏できるのか知りたいよ
・暖かい純粋な響きはどうしました？	・君の音の響きが粗くてむらがある
・もう少しエネルギッシュで楽しく演奏できるかい？	・あまりにひどいまったく退屈な演奏だね
・もう少し違ったように演奏できるんじゃないかな	・そんな演奏をするべきでない
・なかなか面白い間違いだけど？　それから何か学ぶことができるかい	・二度とそんな間違いをしないように！
・あなたは定期的にこれらの練習をこなしたいと思うでしょう	・あなたは毎日数回これらの練習をするべきである

　避けたい言葉は、「試す」「難しい」「不可能である」「〜ではなく」「〜してはいけない」「けっして〜ではなく」「〜であろう」「〜のはずである」「〜しなければならない」、またはこれらのコンビネーション……。

　これに代わるすぐれている言葉は、「〜しよう」「演奏する」「面白い」「挑戦する」「〜したい」「勇気をもって」「〜できる」。

（フロイディス・リー・ヴェクレ／大野総一郎（訳）『ホルンがもっとうまくなる──ウォーミング・アップと練習を考える』音楽之友社、1998 年、56-57 頁）

否定的な言葉から入る人がいます。「でも」「だって」「しょうがない」「無理」……。こうした言葉は確かに現実の一部分を表明しているのかもしれませんが、何かをし始めようとしている、している生徒にはどのような影響を与えるでしょうか。否定的な言葉よりも、前向きな言葉の方がよい。これは生徒だけではなく私たちもそうであるはずです。少なくとも、「〜しなさい」という一方的な言い方よりも「〜しよう」の方が、授業者と学習者との関係性を少しだけフラットにできると思います。

ところで、『山月記』には次のような李徴の自己語りが見られます。

> もちろん、かつての郷党の鬼才といわれた自分に、自尊心がなかったとは言わない。しかし、それは臆病な自尊心とでもいうべきものであった。おれは詩によって名を成そうと思いながら、進んで師に就いたり、求めて詩友と交わって切磋琢磨に努めたりすることを<u>しなかった</u>。かといって、また、おれは俗物の間に伍することも潔しと<u>しなかった</u>。ともに、我が臆病な自尊心と、尊大な羞恥心とのせいである。己の珠に<u>あらざる</u>ことを惧れるがゆえに、あえて刻苦して磨こうとも<u>せず</u>、又、己の珠なるべきを半ば信ずるがゆえに、碌々として瓦に伍することも<u>できなかった</u>。おれはしだいに世と離れ、人と遠ざかり、憤悶と慙恚とによってますます己の内なる臆病な自尊心を飼い<ruby>ふとらせる<rt>・・・・・・</rt></ruby>結果になった。人間は誰でも猛獣使いであり、その猛獣に当たるのが、各人の性情だという。おれの場合、この尊大な羞恥心が猛獣だった。虎だったのだ。

この場面は「臆病な自尊心」と「尊大な羞恥心」を軸に読まれることが多いのですが、李徴の不幸は自分の過去を否定として語らざるをえなかったことにもあるように思います。『舞姫』のエリスも不安を抱えた時には「否」と語ります。

③「「語り」を知り、「語り方」を考え直す」のところで鷲田清一の言葉を引用しましたが、語るとは自分が自分に語る行為でもあります。自分をどの

1章 授業の前に
2章 授業中のこと
3章 授業の後に
4章 ヒント集
5章 根本問題
6章 事例編
7章 文献ガイド

ように語り直していくのかともいえます。そして、その時に語る言葉は他者の言葉です。どのような言葉がより望ましいか、これは教育話法の問題として考えておく必要はあるでしょう。

⑧支援の必要な生徒のために

⑦に関わって、生徒の中には忘れ物が多い、指示を聞いていない、集団の和をかき乱す言動をとる等々、学校生活で特別に支援が必要だと思われる生徒についても触れておきましょう。

近年では「発達障害」を抱えた児童・生徒をどのように支援をしていけばいいのかが様々な研修を通じて学ばれてきています。しかし、児童・生徒が通院してこのような診断がなされていない場合もあり、注意が必要です。こちらが決めかかって保護者に話をすると、不信感を生じさせる結果になりかねません（我が子を病人扱いするのか！）。また、個々人によって差もあるため、病名が同じであってもその支援は一人ひとり異なります。教員は医師ではないので判断が難しいのですが、ある行動が一過性ではなく、恒常的に行われている場合は特に配慮が必要だと考える方がよいと思います。特に周囲や本人が困っていないのであれば問題にはせず、周囲や本人も困っているのなら対応していくというのが現実的かもしれません。気になる場合は、他の教員の授業や授業外での行動の情報を集めたり、「このようなことが学校であったのですが……」と保護者にさりげなく話をしてみたり、学校医に相談する等、早合点して決めつけていかないことが重要だと思います。

それでは、どのような支援があるのでしょうか。たとえば、河野政樹は「ADHDへの基本的配慮」として、以下のように述べています。▶注41

ADHDへの基本的配慮～集中力の維持のために
①周囲の環境整備　②指示を出す時、位置を決めること　③大声・早

口・違うこと→小声、ゆっくり、同じこと　④注意（悪いお手本）→賞賛（良いお手本）　⑤時間を測る「1分でしましょう」・課題を区切る　⑥崩れる前に誉める（声よりもサイン）　⑦合法的に動かせる。（言いつけ、役割）⑧薬の助けも有効（コンサータ™、ストラテラ™）

ADHDへの基本的配慮〜衝動性のコントロールの為に

①ブロックサインで指示（言葉でなくてサイン）　②全体で同じことをさせる（深呼吸、机と椅子の位置・良い姿勢を作る）　③正座によって、足が止まって落ち着く例もある　④衝動的発言に対して、無視するのではなく、「ふーん」と言う程度にして、いちいち取り上げない。　⑤ルールを守っている人を具体的に褒める　⑥注意するときは、小声で近づいて行う⑦薬の助けも有効（コンサータ™、ストラテラ™）

また、多少内容は重複しますが、「集団指導のコツ」として河野は次のように述べています。

①罰では変わらない

罰を与えると一時的にその行動をやめることはあるが、長続きをしないばかりか、罰を受け入れれば、何をしてもよいという間違った学習をすることの方が多いので、推奨できない。もし、法律上や規定がはっきりしている場合であり、どうしても必要な場合は、一度警告を与えて、次にするとこうなるということを説明して行うことを推奨する。あるいは、小さい事柄を見逃さず、小さい出来事の内にしっかりとした対応をした方が良い場合もある。（家庭内の金品の持ち出しなどの場合、「おまわりさんに捕まるよ」と脅すよりも、現実に、警察に一緒に行って相談するなどしたほうが、本人は結果について想像しやすい）

②見通しを伝える

「3ページ書いたら終わり。」「1週間○○をしたら、××を返します。」

1章　授業の前に

2章　授業中のこと

3章　授業の後に

4章　ヒント集

5章　根本問題

6章　事例編

7章　文献ガイド

など、どうした方が良いのか、いつまでどのようにしたら、何を得られるかなど、指示をあいまいにせず、将来の見通しを明確に伝えた方が良い。

③1度に一つずつの指示

指示が飛びやすかったり、指示通りに動けなかったりする場合は、個別に一つずつ指示を出してみることも一つの方法である。複数の指示だと入りにくかったり、不注意や注意の転導性のために指示が入りにくかったりすることもある。

④合法的に動ける場面を作る

多動性の高い子どもや人がお尻をごそごそしたり、手悪さが増えてきたりした場合は、勝手に本人が離脱するのを待つよりも、あえて、先んじてこちらから動く指示を出す方がいい場面もある。たとえば、「○○さん、窓のカーテンを閉めてください。」「○○さん、ありがとう。それでは、27ページから〜してね。」など。

⑤目線を合わせ、小声で、ゆっくり

家庭での指導と同じく、原則、このやり方が適切である。但し、例外もある。自閉症スペクトラム障害（広汎性発達障害）の場合は、目線を合わせることに固執しすぎないほうが良い。却って、緊張させたり不安にさせたりすることもある。また、相手に都合の悪いことを伝える時は、あえて、目線を合わせず、曖昧に表現することの方が効果的であることもある。

⑥黒板に指示を書いておく・絵をかく

耳から入ったことは、記憶から消えやすかったり、不注意のためにその場面で注意がそれていて、聞いていなかったりする。そのために、黒板に分かりやすく指示を書いたり、絵を書いたり、貼って示すなどが有用である。

⑦課題を小分けにする

一度に多くの課題を貸すと嫌がってしてしない場合であっても、課題を小

分けにし、済んだら次を渡す形の指導をすると課題ができる場合もある。見通しが立ちやすかったり、集中力が持続しやすかったりするためである。

⑧時間を測る（タイマーの利用）

タイマー等を活用し、「〜を○秒でします。」「1分間で記入します。」など、時間を測ると集中力が増す。「済んだ人は、〜して待ちます。」というような事後指示もあるとさらに良い。

⑨ご褒美の設定

ご褒美は、金品に限らず、有効である場合が多い。学校で商品は難しいので、みんなの前で褒める、近くで、小声を使って褒める、OK サインを見せる、表彰する。本人が好きなシールを貼る（飽きないようにパターンを変えながら）などが良いだろう。また、「〜が済んだら、サッカーができます」「〜をここまでしたら、トランポリンします」など、本人が好きな課題をご褒美にする方法もある。▶注42

すべてを参考にするかどうかは、どのような生徒の実態なのか、どのような学習環境かに左右されますから一概にはいえません。しかし、これらのような指示の方法だけではなくその視点や考え方を踏まえることは、多くの生徒にとってより望ましい学校生活を送ることにつながるのではないかと思います。

また、支援の言葉ではありませんが配慮した方がよい言葉としては、「親」とか「両親」、「お母さん・お父さん」等の親族関係の言葉があります。昨今は様々な家庭環境にいる生徒も多くなりました。これらについては「保護者」という言い方にする方がよいでしょう。

1章　授業の前に

2章　授業中のこと

3章　授業の後に

4章　ヒント集

5章　根本問題

6章　事例編

7章　文献ガイド

1章 授業の前に

2章 授業中のこと

3章 授業の後に

4章 ヒント集

5章 根本問題

6章 事例編

7章 文献ガイド

第**5**章

授業作りで直面する根本問題

　この章では、授業作りの際に直面する、あるいは直面しているのになかなか気づかない「観」について述べてみたいと思います。

①生徒は子どもなのか、大人なのか

■子どもとは何であったか

　児童・生徒は子どもでしょうか、それとも大人でしょうか。小学生については子どもと答えるかもしれませんが、高校生は子どもだと明確にいえるでしょうか。そして、中学生はどちらが多いでしょうか。また、大学生は、大学院生は、そしてあなたはどちらでしょうか。

　こうした問題について、生徒から不満といいますか、こちらの都合の良い欺瞞についての不平を漏らすことがあります。場合によっては「君たちは大人なんだから」と言うくせに、またある時には「君たちは子どもなんだから」と言うこともあります。こうしたダブルスタンダードは教育現場では意識的、無意識的にかかわらず用いていると思うのですが、このような発話に対して違和感を抱く生徒もいます。

　また、成人かどうかという問題については、ある程度の法的な根拠を持ち出すことは可能なのだと思いますが、18歳を成人とみなすことに、少なくとも日本において全面的な賛意があるとも思いません。

　大人や成人、そしてそれに対置される子どもや未成年という考え方そのも

143

のに、あるいは 2 つの世界に分けることに一体どれだけの問題があるのかは、教育に携わる者として考え続けたいことの 1 つです。

「子どもとは何か」―このことについて、中村雄二郎は『術語集―気になることば』の中で 1960 年代冒頭の 3 年間に「三つの新しい人間」の発見があったと述べています。フィリップ・アリエスによる「子供」の発見、ミシェル・フーコーによる「狂人」の発見、クロード・レヴィ＝ストロースによる「未開人」の発見です。

アリエスから本田和子までを踏まえながら子ども観の変遷を中村は次のように述べます。

では、アリエスによって私たちに明らかにされたことはなんであったか。それは、私たちにとって自明なものとされていた子供の観念が古来ずっとあったものではなく、近代家族の形成・成立とともにもたらされたものであり、それ以前の子供観はまるで違っていたということであった。

すなわち、近代以前の古いヨーロッパ社会では、人々に〈子供〉という時期がなく、人間ははじめから〈小さい大人〉とされた。それも、ひとりで自分の用を足すに至らないもっとも弱い、短い時期だけに限られ、自分でなんとか用が足せるようになると、〈若い大人〉として大人たちと一緒にされ、仕事も遊びも大人たちと共にするようになる。そうすることをとおして、大人たちのすることを手伝いながら、生きていく上に必要な知識を学んでいった。当時の社会では子供は―良家の子供でも―下働きや家事の手伝いをし、家庭内で大事に育てられるものなどとは、およそ考えられなかった。（…中略…）

かつての日本で子供が神に近いと見なされていたということは、子供がただ純真だとか無垢だとかいうのではなしに―荒ぶる神でもあるものとして―同時に荒々しく残酷であること、つまり根源的自然をも体現していることを意味している。ともあれ、いま私たちにとって必要なこと

は、子供の世界あるいは宇宙を大人の眼から見た規準やあるべき姿のなかに閉じこめるのではなく、そうした宇宙の独自性と始源性をトータルに捉えることであろう。そしてそのとき、子供の世界は大人にとっていわば〈異文化〉の世界として現われることになる。

　本田和子氏（『異文化としての子供』一九八二年）も言うように、子供への私たちのまなざしが、科学的装いをもった発達心理学的な子供観の拘束から自由になるとき、子供は私たち大人にとって、その他者性をあらわにする。というのも、子供たちはおのずからの反秩序性の体現者であり、いわば文化の外にある存在として、その存在自体が秩序を問いかえしているからである。子供の逸脱的な在り様が人々を脅かし、大人たちを正体不明の不安に陥れるのである。

　子供のこのような侵犯に対して、大人＝秩序はおのれを守ろうとする。そして、子供たちの本来の姿を排除する装置を作り出す。他方、子供たちのほうも、本来の姿を覆いかくして秩序のなかに組みこまれることで、自分の場所を確保しようとする。ところが、無自覚にそれが発達と呼ばれ、それを促すものが教育とされたのではなかったか。むしろ必要なのは、子供をはっきり他者あるいは異文化として見なすことである。そのとき子供は、私たち大人が世界を捉えなおし世界と新しい関係を結ぶために大きな示唆を与えてくれるだろう。ただ、子供の主題化は、その場合でさえも子供不在になる陥穽に陥りやすいので、その点に気をつけなければならないが。

（中村雄二郎『術語集―気になることば』岩波書店［岩波新書］、1984 年、77-80 頁）

「子どもとは何であったか」という議論は現在ではほとんど問題とされることがないように思います。むしろ、「子どもとは何であるべきか」という議論になりがちです。

　それでは近代教育は何であったかといえば、立身出世の言説や学制や選抜試験という制度の中で社会に適した人材を割り振っていく役割がありました

1章　授業の前に

2章　授業中のこと

3章　授業の後に

4章　ヒント集

5章　根本問題

6章　事例編

7章　文献ガイド

し、そこでの主体は子どもではなく大人でした。「教育」という語は「教え育てる」と一般的に読まれますが、この主体や主語は明らかに大人です。この流れの中で、あるいは併行して、「子どもは弱い存在」「子どもは知的にも体力的にも未熟だ」と考えられて教育を必要とする存在になっていった、「教育される存在」になっていったともいえるでしょう。そして現代も近代から抜け出ているわけではありません。

　また、私たちが児童・生徒のよさを表現していく時に使う言葉「無邪気」「素朴」「素直」「純粋」「純真」「笑顔」……、こうした言葉の使用もまた、「子ども」を演じさせる表現として考え直していくことも必要なのかもしれません。

　志賀直哉の短編小説「清兵衛と瓢箪」の話にもあるように、「子ども」の見る目が「大人」よりも上回っていることもあります。ジュディ・ダットン『理系の子—高校生科学オリンピックの青春』（文藝春秋、2012 年）の中で紹介▶注43 されているように、可能性を秘めている「子ども」も大勢います。いまや国民的アニメの 1 つともいってもいい「クレヨンしんちゃん」もアニメが放映されていた当時には、「子どもらしくない子ども」として、見せたくない番組の代表格でした。しかし、「子どもらしくない子ども」も「子ども」でしょう。

■子どもにとってよい教育とは

　それではそのような「子ども」にとってどのような教育がよい教育だと考えていけばいいのか。ガート・ビースタは、教育の主要な機能は「資格化」「社会化」「個性化（主体化）」の 3 つだといいます（ガート・ビースタ／藤井啓之・玉木博章（訳）『よい教育とはなにか—倫理・政治・民主主義』白澤社、2016 年）。

　　「資格化」
　　　資格化は、彼らに、知識、技能、理解を提供することに見いだされるし、しばしば、彼らが「何かをする」こと—とても具体的なもの（特定の仕事や職業のための訓練、あるいは特定の技能やテクニックの訓練の場合のよう

な）からはるかに一般的なもの（近代文化への導入、あるいは生活技術の教授、等々のような）にまで及ぶ「すること」―を可能にするような性質や判断の形式を提供することにも見いだされる。資格化の機能は、疑いなく、組織された教育の主要な機能の一つであり、そもそも公的資金によって教育を行う重要な理論的根拠を構成している。これはとりわけ、それだけではないにせよ経済的な議論と結びついている。(35-36 頁)

「社会化」

　社会化の機能は、教育を通して、我々の特定の社会的、文化的、政治的な「秩序 (orders)」の一部になる多くの方法と関係している。しばしば、社会化は教育機関によって積極的に追求される。たとえば、ある規範の価値の伝達に関して、特定の文化的・宗教的伝統の継承に関して、あるいは、職業的社会化の目的で。しかし、もし、社会化が教育プログラムや教育実践の明示的なねらいではないとしても、ヒドゥン〔隠れた〕カリキュラムの研究によって示されてきたように、教育は依然として社会化の機能を持つだろう。その社会化の機能を通して、教育は、個人を既存の行動様式や存在様式にはめ込んでいる。この方法で、教育は、文化と伝統の継承において―望ましい面と望ましからざる面との両面において―重要な役割を演じている。(36 頁)

「個性化（主体化）」

　主体化の機能は、おそらく社会化の機能の反意語として、もっともよく理解されるかもしれない。主体化の機能は、まさに「新参者」を既存の秩序にはめ込むこむことを表しているのではなく、そのような秩序からの独立を暗示するあり方や、個人がより包括的な秩序のひとつの単なる「標本」ではないようなあり方のことを表している。(…中略…) 重要なのは (…中略…) 主体化の「質」である。たとえば、特定の教育計画や教育設計の結果として可能になった主体性の性質あるいは諸性質であ

1章　授業の前に

2章　授業中のこと

3章　授業の後に

4章　ヒント集

5章　根本問題

6章　事例編

7章　文献ガイド

る。（37頁）

　「資格化」「社会化」「個性化（主体化）」、このように並べると、結局「個性
化（主体化）」が重視される、という流れになってきているように思われます
が、ビースタは次にように続けます。

　　私が本章で主張したい主なポイントは、何がよい教育を構成するのか
　についての議論に我々が関与するとき、我々はこれが複合問題だという
　ことを認めるべきである、ということである。すなわち、この問いに答
　えるためには、我々は、教育の異なった機能や教育の異なった潜在的目
　的を認める必要があるということだ。（…中略…）何がよい教育を構成す
　るのかという問いが複合的な問いであるということは、三つの教育的次
　元が全く区別されているとみなすことができるし、みなされるべきだと
　いうことを示唆することではない。事態はまったく逆である。我々が資
　格化に取り組むとき、我々はいつも社会化や主体化にも影響を与えてい
　る。我々が社会化に取り組むときも、我々はいつも特定の内容に関連し
　ながら同様のことをしている。つまり、資格化の機能とリンクしている
　し、主体化への影響を持っている。そして我々が主体化を第一とするよ
　うな教育に取り組むとき、我々は同じように特定のカリキュラム上の内
　容と関係して資格化に影響を与えるだろうし、このことが常に社会化の
　効果も持つだろう。したがって教育の三つの機能はベン図の形式で最も
　うまく表わすことができる。すなわち三つの部分的に重複する領域とし
　てである。そしてより興味深く、重要なのは、実際には、それ自体とし
　て個別的な領域よりも、むしろ諸領域をまたぐ交差についての問いであ
　る。
　　我々が教育の三つの次元をまさに区別しなければならないのは、教育
　の理論的根拠という言葉においてである。それは、すなわち何がよい教
　育を構成しているのかという問いへの我々の答えである。ここで我々の

答えがどのように資格化や社会化そして／または主体化と関連しているかについて明確にすることは重要である。ここで最も重要なことは、我々が、異なった次元に気づいていること、そして、それらが異なった理論的根拠を必要としているという事実に気づいていること、そしてまた相乗作用が起こりうる一方で、三つの次元の間の葛藤の潜在可能性もあるという事実に気づいていることである。とりわけ私は、資格化・社会化の次元と、主体化の次元の間でそうである、と提案したい。(37-39頁)

「資格化」「社会化」「個別化（主体化）」は必然的に関わらざるをえないことです。何か1つだけを取り上げていくようなものではありません。常に問題は点ではなく領域でもなく、奥行きと高さをもつ空間です。

　私は近代があるいは近代教育が現代に与えている影響のすべてを否定はしませんし、大人の介入がなければ、いや、大人の介入が適切なものである限りにおいてはその子どもの能力の育成や社会の居場所の確保も適切に行われるものであろうと考えていますし、そのようにしていくことが今のところ望ましいと考えています。

②国語教育と国語科教育の違い

　塚田泰彦は「国語教育／国語科教育」について次のように述べています。

　　国語教育は国語（日本語）の習得と使用にかかわる教育的営為全体を指す。これに対して、国語科教育は学校教育における国語科を中心としたことばの教育全般を指す。国語教育学と国語科教育学はこの区別を前提にして、それぞれの領域での国語学習の事実・事象について学術的研究を行うものである。ただし、ことばの社会的文化的な使用実態をいずれも研究の対象にすることから両者を区別することは困難な面があり、

1章　授業の前に
2章　授業中のこと
3章　授業の後に
4章　ヒント集
5章　根本問題
6章　事例編
7章　文献ガイド

しばしば両者の連続性・関連性が積極的に議論されることになる。研究としては、教育の対象となる「国語」概念の規定の仕方や学習者の言語環境の捉え方、あるいは学校教育での「国語科」の位置受けや教育観・言語観などによって、研究の枠組みも方法も多用である。国語教育学／国語科教育学は、この多様な研究を総合的に視野に納める場合に使用される用語である。

（塚田泰彦「228 国語教育学／国語科教育学」『国語科重要用語事典』明治図書出版、2015 年、242 頁）

　一緒にされがちですが、日本における国語教育とは日本語の教育のことです。日本語ですから、国語の授業に限らず、授業外や家庭内の言葉のやりとりや学習も国語教育だといえます。普段の生活のあらゆる場所で国語教育は行われています。漢字クイズのテレビ番組も、読書も、国語教育です。国語科教育は、もっと限定されて、いわゆる学校での国語の授業のことを指します。ただし、塚田も述べているように両者を厳密に区別することは困難です。

　国語科教育は基本的に日本語を母語とした児童・生徒を対象としています。▶注44　一方、日本語教育は日本語を母語としていない、あるいは日本に住みながらも日本語が母語として定まらない等、様々な状況におかれた児童・生徒を対象とします。教える側の知識や理解も異なるため、私は日本語教育の世界では授業はできません。ゆくゆくは国語と日本語という枠を外していくことになるかもしれませんが、ならないかもしれません。

　なお、今の日本の学校では後者のケースの子は、日本語を母語とする児童・生徒が通う学校に行くこともあり、そこではしばしば授業内容を理解できない、日本語を使ってコミュニケーションがとれない等の理由により、孤立化、学力が身につかない等の不幸なことが起きています。一部の地域では授業中に支援員を配置していたり、学校外で日本語だけではなく日本文化、各教科内容等の支援を行っているところもありますが、全国的なものではありません。▶注45

また、日本語を母語としていても、学習障害や色覚障害等によって、文字を読めない、書けない、理解できない児童・生徒が一定数いますから、こうした児童・生徒も含めて支援をしていく形も必要だと思います。これは特別な児童・生徒に対する支援だけではなく、他の児童・生徒の支援にもつながることがあります。したがって、「一部の児童・生徒を特別扱いをして」という批判は的外れですし、仮に特別扱いをしていたとしても、世の中には配慮が必要な人が数多く存在しているので、自分とは異なる他者を受け入れる、受け入れていく社会を受け入れて、誰もがより参加できる社会を作っていくことが大切のように思います。もっといえば、私たちは今は不自由ではなくても、いずれは年をとったり事故や病気にあったりして、現状の社会では生きづらいことが予測できます。他者のためだけではなく、自分が直面した時に不親切な社会であることはやはり望ましいとは思えないので、こうした社会を少しでもよくしていくことが必要です。

　さて、国語科教育について、つまり学校教育で国語を教えること、学ぶことについて述べていきます。

　今の日本で生活していくための日本語能力というのは、個人的には早ければ小学校卒業、遅くとも中学 1 〜 2 年生あたりで身についているように思います。もちろん、いろいろな児童・生徒がいるので一概にはいえませんが、少なくとも誰かと話をする、読み書きの力は日常生活においてはほぼ十分であるように思います。ただ、児童・生徒の精神的な未熟さはあって（これも含めて日本語運用能力としてみなすこともできるでしょうが）、すぐに社会に出られるわけではありませんが、単純に日本語能力においてはおおむね達成できているのではないかと思います。人と話したりドラマや映画を見たりした時に知らない言葉があったとしても辞書やネットで調べることはできるでしょう。自力で調べられなくても、誰かに聞くこともできるでしょう。もちろん、これは 1 つの理想的な形であり、現実は辞書の引き方がわからなかったり、人に聞くにしても要領を得ない形になったりすることもあります。

1章　授業の前に

2章　授業中のこと

3章　授業の後に

4章　ヒント集

5章　根本問題

6章　事例編

7章　文献ガイド

以上のことを述べたのは、学校教育での「国語」の授業があることによって日常生活における日本語能力をどのように伸ばしていけるのかを考えるためです。

　現行の学習指導要領では、中学校と高校の国語科の目標は第1章⑥で挙げた通りです。こうした目標を達成するために、教科書は作られ、教育は行われます。

　日常生活における日本語能力は一定のレベルはあるのですが、それをさらに伸ばしていくために国語科の授業はあります。日常生活では不便なことはなくても、社会生活で生きるとなればまた違う力も必要となります。

　かつては読み書き能力が一部の階級だけに備わり、そこには文化的な差だけではなく、政治レベルにアクセスできるかどうかも決まっていました。法治国家においては法を読む力が必要となりますし、これが読めなければ市民としての権利も獲得できませんし行使もできません。こうした力がなければ他者の言いなりになる危険性もあるでしょうし、そうした他者の思想を批判していくこともできません。高度な日本語能力は、市民になるための1つの要件です。▶注46

　また、一人ではなく複数の他者が混在する教室空間においては、必然的に他者との出会いが待っています。他者の言葉やその考えを聞いて受け取り、それに応答していくことが、社会生活を送るための訓練としてあります。単純に言語的なやりとりだけではなく、他者自体を認めていく、認められていくという他者との関係性を考えていくこともあります。むしろ、他者との関係性を踏まえながら言葉の力は育成されていきます。もちろん、集団生活が苦手な子もいますし、学校には行かないという選択もあります。また、他者といってもそれは人に限らず「本」という形の他者もありうるでしょう。

　私は「他者と向き合い、よりよき社会を作るため」に国語の授業をしています。他者と仲良くなるためではありません。考え方や思想が異なる他者はたくさんいますし、そういう人と議論をしていくことも必要です。そのため

の力は言語能力が主に担っています（もし、言葉による対話以外を持ち込もうとすれば、それは往々にして暴力という形をとってきたというのが歴史の教訓です）。

　当然これは国語科を越えています。したがって、学校教育全体を通じて育成していく力でもあり態度でもあります。授業外の体育祭や文化祭や部活動の場をも含みます。とはいえ、現実は過酷なものであるのですが、理念としてはこういう風に考えています。

③文学理論と国語の授業

　一度は「テクスト論」という言葉を聞いたことがあるかもしれません。既に「テクスト論」について詳しく知っている人もいると思いますが、ここでは江田浩司の説明を引用しておきます。

　　ロラン・バルトは、作者から作品を切り離して、読者に開かれたものにしました。作品が内包している価値の多様性を、読者の読みの力によって、甦らせようとしたのです。

　　作品は作者の専有物ではなく、作者から独立した言葉の織物（テクスト）であるというバルトの主張は、それ以後の批評に、決定的な変革をもたらします。テクストは、言葉によって編まれたものという意味を含み持ち、ラテン語の織るが語源です。

　　ただ、バルトのテクスト論に使用されたのが、「作者の死」というショッキングな言葉であったために、未だにバルトのテクスト論に抵抗感を持つ方もいると思います。特に短歌は「私性」の文学と一般的に言われるように、近代短歌以降、現代に至るまで、その多くは、「作中人物（私）＝作者」という構図の中で解釈、鑑賞がなされてきました。よって、「作者の死」などということは、到底受け容れられないと抗弁されるのにも、無理からぬところがあります。

1章　授業の前に

2章　授業中のこと

3章　授業の後に

4章　ヒント集

5章　根本問題

6章　事例編

7章　文献ガイド

しかし、バルトの主張は、「作者の死」そのものが目的なのではありません。テクストを一つの意味から解放し、読者の創造的な読みを可能にする、読者の楽しみを実現することが目的なのです。テクストから還元される唯一の答え、たった一つの作者像への還元を目指すのではなく、作者像はあくまでも言葉の織物を構成する一本の糸にすぎないと考えます。それは、作者の抹殺ではなく、テクストの内包する読みの可能性に、作者を多様な要素の一つとして組み込むということです。

　バルトはテクストを一つの意味によって読むことに抵抗を示しましたが、読者の野放図な解釈の乱立を許容しているわけではないでしょう。テクストの読みの可能性は、作者像をも読みの一つの要素とし、テクストに即した緻密な分析から導かれるものでなければなりません。

　また、時代や社会、世代など、諸々の要素が影響する読みの共同体を無視することも望まないでしょう。あらゆる要素をテクストの読みの可能性に総合して、新たな読みの創造を生み出す批評が望まれているのです。（江田浩司「コラム1　ロラン・バルトのテクスト論概説　「作者の死」とは何か」『短歌12月号 2016』KADOKAWA、2016年、71頁）▶注47

　テクスト論の理解として一般的なものだと思います。テクスト論とは解釈の起源を実体的な作者に還元しない立場ともいえます。作者を一旦括弧に入れて、読者の関与を推し進めようとしたともいえます。▶注48

　また、「作品」と「テクスト」との違いを、ロラン・バルトは次のように説明しています。

　両者の差異は、つぎのとおりである。作品は物質の断片であって（たとえばある図書館の）書物の空間の一部を占める。「テクスト」はといえば、方法論的な場であろう。この対立は、ラカンがとなえたつぎの区別を思いおこさせるかもしれない（しかし、決して逐語的にそれに従うものではない）。つまり、《現実》は見えるが、《現実的なもの》は論証されるということ。

同様にして、作品は（本屋に、カード箱のなかに、試験科目のうちに）姿を見せるが、テクストはある種の規則にしたがって（または、ある種の規則に反して）論証され、語られる。作品は手のなかにあるが、テクストは言語活動のうちにある。テクストは、あるディスクールにとらえられて、はじめて存在する（あるいはむしろ、そのことを知っているからこそ、「テクスト」である）。「テクスト」は作品の分解ではない。作品のほうこそ「テクスト」の想像上の尻尾なのである。あるいはまた、「テクスト」は、ある作業、ある生産行為のなかでしか経験されない。したがって、「テクスト」が（たとえば、図書館の書架に）とどまっていることはありえない。「テクスト」を構成する運動は、横断である（「テクスト」はとりわけ、作品を、いくつもの作品を横断することができる）。（ロラン・バルト／花輪光（訳）「作品からテクストへ」『物語の構造分析』みすず書房、1979 年、93-94 頁）

　重要なことは、このような作品、テクスト、作者、読者に対する見方を踏まえるとどのような国語の授業をデザインし直していけるかということです。いたずらに理論を振り回し、その用語を使えばいいということでもありません。理論は適した形で援用していく方がよいし、理論がすべてでもありませんし、理論を超えたところにテクストはあるでしょうし、読者も作者もいることでしょう。▶注49　そして、すべての実践には何らかの理論が含まれています。▶注50　問題はこうした理論が何なのかを自覚していき、効果的に利用していくことではないでしょうか。たとえば、橋本陽介は物語論を理解し、物語の仕組みを知ることが読者にとっても（そして作者にとっても）作品をより深く理解して「おもしろいと感じる」といいます。

　　私は音楽について何も知らないが、悲しい曲を聴くと「悲しいなあ」と感じる。この段階は、小説でいえば読解をしている段階に相当する。では、「悲しいなあ」と感じるのはなぜだろうか。どのような曲調だったら、人は悲しいと思うのだろうか。きっと、パターンがあるはずである。

1章　授業の前に

2章　授業中のこと

3章　授業の後に

4章　ヒント集

5章　根本問題

6章　事例編

7章　文献ガイド

音楽は何も知らずにただ聴くだけでも楽しめる。しかし、私たちはその音楽には、楽譜があることを知っている。三拍子や四拍子などがあるのも知っているし、AメロBメロ、サビなどがあることも知っている。もっと詳しい人なら、どうすれば悲しい曲調になって、どうすれば明るい曲調になるのかも知っているだろう。音楽について詳しく知ろうとするならば、ただ聴くだけでなく、楽譜がどう書かれているのか知る必要があるだろう。建築物も、ただ見たり住んだりするだけでなく、図面がどうなっているのか知ったほうが、理解が深まるはずである。

　私たちが普段接しているさまざまな物語も、もちろん設計図がある。書き方はある程度決まっているのだ。エンターテインメント作品なら、読者や観客をドキドキさせ、引き付けなければならない。では、どのような展開になっていると、私たちはドキドキし、おもしろいと感じるのだろうか。

　このような、「物語とは何なのか」「物語とはどのように出来上がっているのか」など、物語の背後にある設計図を論じてきた理論が、本書で扱う物語論（ナラトロジー）である。

　　　　（橋本陽介『物語論　基礎と応用』講談社［講談社選書メチエ］、2017年、6頁）

　理論を知ること、そしてそれを活用していくことによって楽しめるのはいいことです。しかし、文学理論を実際に国語の授業の中に取り入れることはそんなに易しいことではありません。1つには理論の総体を摑むことが難しいほどに様々な領域に広がっていますし、もう1つには教材を編成していく時にどのような理論を持ち込めばいいのかは自明ではないという理由からです。また、授業者の理論への理解の差によって授業への取り入れ方が大きく異なってしまうということもありますし、理論の援用が思った以上の効果を生み出さない、しばしばその試みが教室の中では失敗することが多いという事情もあります。

　ところで、ある「教育内容」を含んでいる「教材」を教えて／学んでいく

ことが、教育という営みであり、「教育目標」は「教材」の「外部」からやってきます。▶注51

　おそらく、この教材の捉え方や考え方が、現場の教員同士や研究者との間にいくつかのすれ違いを生み出す要因があるのではないかと思います。ある作品を「このような読みや解釈は適切ではない」と評価する声がしばしば聞こえてきます。読みや解釈は大切なことですが、そもそも教材とは到達すべき読みや解釈ではなく、その先にある、あるいはその過程において教育内容を学び、教育目標を達成することが求められます。これは教育という営みがそういうものだから仕方がないとしかいえません。そして、このことによって生徒に「主体的・対話的で深い学び」へと連結できるのであれば、なおさら否定することは困難です。

　したがって、私は読みや解釈は教育目標に準ずるという意見を否定はしませんが、異議は唱えます。なぜなら、分析した結果きわめて価値のあると考えられる作品を工夫することによって教材にしていき、教室で生徒と授業者がより望ましい何かと出会うことに、新しい発見があると信じているからです。テクスト論では生徒の読みや解釈の多様性を認めますが、そのこととは別に授業は意図的なものです。しかし、これは否定されることではなく、授業者の授業のあり方や作品の切り込み方によって、生徒たちだけではおそらく到達しえないであろう出来事を生み出すこともあるのです。授業においては授業者も一人の参加者です。授業者は生徒にとっての「他者」の意見として機能することもあるでしょう。

　教材ベースの授業は理念に照らせば望ましいことではありませんが、現実的には教材を中心に教育目標を考えることは多くあります。想定された作品の価値なるものがあるとして、それを活かしていくことを捨て去ることはできませんし、そもそも作品の価値を知らなければ教材を扱うことはできません。できる限りその作品の可能性を引き出した上で、授業の中で用いていくという当然といえば当然のことを私は確認しています。

1章　授業の前に

2章　授業中のこと

3章　授業の後に

4章　ヒント集

5章　根本問題

6章　事例編

7章　文献ガイド

やや屈折した表現が続きました。教育においては作品の価値を教材の価値として変換し、ある教育目標を達成していくために教材を用いていきますが、そもそもの作品自体には可能性がまだまだあるはずなのでここについては「教材」と割り切っていくのではなくて、豊かな読みや可能性を生み出すための手立てを考えていきましょう、ということです。

　実際に授業の中で文学理論が明示されることはほとんどないでしょう。そもそも最初に挙げたテクスト論も方法ではなく立場に過ぎません。▶注52 ここで物語論が提供する「語り／語り手」概念をどのように用いていくかを考えてみましょう。「語り手」という分析装置を導入することによって、どのような授業が可能性として開かれていくかを考えることは大切なことですが、場合によっては導入することが必要のないこともあるでしょう。

　いずれにせよ、物語論を踏まえた授業作りのためには、少なくとも用語の整理は必要なことだと考えています。というよりは、変な概念や用語の乱立は止めた方がよいというべきでしょう。この意味では西郷竹彦の、いわゆる文芸研の用語は整理されていて使いやすいと思いますし、J. ジュネットの物語論を敷衍して実際のテクストを分析している松本和也編『テクスト分析入門—小説を分析的に読むための実践ガイド』（ひつじ書房、2016 年）なども参考になります。また、先ほど引用した橋本陽介『物語論　基礎と応用』等も有益でしょう。

　「読者」と一口にいっても、「理想的な読者（ideal reader）」（ニュー・クリティシズム、ジョナサン・カラー）、「含意された読者（implied reader）」（ウェイン・ブース）、「内包された読者（implizite Leser）」（ヴォルフガング・イーザー）、「素養のある読者（informed reader）」（スタンリー・フィッシュ）、「批評家読者（critic reader）」（デイヴィッド・ブライヒ）、「原＝読者（archi-lecteur）」（ミカエル・リファテール）▶注53 等があり、これはやはり普通に「読者」や「読み手」という用語を用いていく方がよいでしょう。

　また、テクスト論の立場からすれば「作品」は「作者の所有物」のような意味合いも込められていて、「作品」と「テクスト」は異なるわけですが、

ある時は作品といいテキスト（テクスト）といい教材といい、他にも本文（ほんぶん／ほんもん）とか原文と呼ぶことがあります。「教材」というのは教育用語の１つであり、教室で用いることはどうかとも思うので、「作品」あるいは「テキスト」という用語を用いていくことがよいのではないでしょうか。

　問題となるのは、「作者」「作家」「筆者」「語り手」「書き手」「編纂者」「表現主体」「言語主体」「発話主体」「話者」等のように、ある表現や行為をしている存在をどのような呼称で整理していけばいいのかということです。少なくとも、教室では「作者／作家／書き手／筆者」と「語り手」の２つに分類していくことが適切ではないかと思います。

　しかし、問題となるのは「作者／作家／書き手／筆者」と「語り手」との関係をどのように捉えるかだろうと思います。一般的には「作者」が「語り手」を設定していると考えられるわけですが、前述のテクスト論の議論を踏まえれば「作者」が唯一の意味を保証する起源とはなりえないという点を考慮すると、意味の起源となる「作者」とは考えずにテキストの意味を考える際の一つの存在程度に考えるのが無難かもしれません。ここには「生身の作者」と「作品から想像される作者」という問題もありますし、「生身の作者」はその作者自身による自己言及の言葉や他の人々に語られていき社会に流通している言説から構築される「作者像」という問題も出てきます。これらの関係は単純なものではなく、今の私には上手に整理ができませんし、できるのかどうかもわかりません。なお、近年では小川剛生『兼好法師―徒然草に記されなかった真実』（中公新書、2017 年）により、「吉田兼好」が捏造されたことが注目されています。これもまた、「作者」の問題と作品、テキストとの関係を踏まえて新たな読みが生まれていくことになるでしょう。

　さて、ここまで書いてきながら、時には「作品」と「テキスト」とを使い分けながら、かなりいい加減になっているところもあります。ゆるい使い方と区別です。この点に関しては、「作家論」「作品論」の立場なのか、「テクスト論」の立場なのかどっちなのかと思われる読者もいると思います。

1章　授業の前に

2章　授業中のこと

3章　授業の後に

4章　ヒント集

5章　根本問題

6章　事例編

7章　文献ガイド

ここで中村三春の言葉を借ります。

別のところで既に述べたことであるが、「テクストとは、無数にある文化の中心からやって来た引用の織物である」（バルト「作者の死」）という文における「引用」の中身に、作者の情報や何らかの〈機能＝作者〉の要因が充当されても何ら問題はない。その意味で「作家論」は例えばテクスト分析とも、実は決して矛盾しない。あるいは「作家論」は、同時に作品論でもジェンダー批評でもポストコロニアル批評でもありうるのだ。だが、いかなる方法論的な手続きも踏まずに、無前提に作者の言い分（自作評や書簡・日記の記述など）をそのまま解釈としたり、作品に代えて論者が再構成した作者の意図なるものを自明の理とするなどは、「作家論」の見地から見てさえ、今や不十分なのだということだけである。
そして、「作家論」「作者論」であれ他の何々論であれ、方法や方法論の正しさだけから結果の正しさを予測することはできない。極端な場合、逆に、正しくない方法や方法論から正しい結果が得られることすらないとは言えない。このことは、理論というものがそもそもどのような性質の思想なのかというメタ理論的な領域へと、論者を連れ戻す問題でもある。そもそも、論述における「正しさ」（あるいは「有効性」）とは何であるかの評価もまた、理論的な係争のうちにある。方法論の現在は、常にそのように根源的な相対性において理解される必要があるだろう。従って、「作家論」「作者論」は勿論のこと、もはや「〇〇理論」とか「〇〇批評」などのラベリングは不要であり、また無意味なのではなかろうか。「作家論」「作者論」がそうであるように、どのような方法（論）も、場合に応じて可変的であり、また複合的であるほかにないのである。
（中村三春「作者論」『ハンドブック日本近代文学研究の方法』ひつじ書房、2016 年、65 頁）

教室で教材を読むと、理論武装をしても生徒はそこから外れる読み方をし

ます。そして、たとえば作者の情報を出していって、それを読みや解釈に関連させていくこともあります。また、教材の外部にいる生徒が意味を生み出していき、それが他の生徒にも伝播し、そこから新たな読みが産出されることもありますし、授業者の言葉に反応することによって新たな意味を生み出すこともあります。このことは、授業者にとっても読みや解釈の更新につながります。

つまり、教室という空間はいわば何でもありの状態になります。もちろん、それを忌避して、授業者が見える権力、圧力を与えていって、授業者にとって都合のよい方向に持っていくこともあります。または、その中間もありえます。これが面白いところでもありますが、研究者の視点から厳密に分析していくとかなりぶれているとみなされることもあります。明らかな間違いは批判され、訂正されなければなりませんが、そうではない限りは認められてもよいのではないかと思います。もちろん、授業レベルの質の改善は行われなければなりません。そして、教育目標や教育内容については考えなければなりません。しかし、1つのやり方を徹底させていくだとか、枠に当てはめていくことは、現実の教室空間では通用しません。無理やりできないことはありませんが、そこでの学びは貧相なものになるでしょう。授業作りについてのこのあたりの事情は、是非とも察していただきたいところです。

ところで、これまで読解の授業を中心に理論との関わりを述べてきましたが、たとえば、生徒が書く感想文と生徒の実人生や性格とを安易に結びつけることをしないというのも、テクスト論からは導き出せます。経験上、読書感想文から浮かび上がる生徒像と、実際の生徒とは主体が異なると思われることがあります。

また、ある生徒は「私」を語ります。読書感想文では「私」を作っています。別の「私」を装うと言った方が適切かもしれません。このように「私」を作るという営み、近代小説における文体の開拓については安藤宏『「私」をつくる―近代小説の試み』（岩波書店［岩波新書］、2015 年）に詳しく書かれていま

1章　授業の前に

2章　授業中のこと

3章　授業の後に

4章　ヒント集

5章　根本問題

6章　事例編

7章　文献ガイド

す。▶注54　また、渡部泰明『和歌とは何か』（岩波書店［岩波新書］、2009 年）も和歌を演技という視点から分析しています。▶注55

　装うとか演技するとか、なにやら物騒であり、道徳的にいかがなものかと考える人もいるでしょうが、このような視点で考えていくのもよいのではないでしょうか。

　たとえば、「こころ」の読解において「K はなぜ亡くなったのか」という点について、「先生と遺書」で「語り手」である「私」は自分に過度の責任のあるような語り方をしています。また、「舞姫」の場合は「語り手」である「私」は自分が無責任であるような語り方をしています。そして、「羅生門」の場合では「語り手」の意図からはそれた物語、「語り手」の揺れがわかる小説です。▶注56　また、山田詠美の「ひよこの眼」も、中学生の時の「私」を、ある程度時間が経ってから語る「亜紀」が、回想から物語現在に戻ってきても実はある事実に最後まで気づいていない「語り手」の存在も読み取れます。▶注57　意図的に「私」を作っている場合もあるでしょうし、意図せずに「私」が作られていることもあるでしょう。このような言語行為について考えていくことも読む授業では取り入れられてもよいでしょう。

　これらを踏まえた実践は数多く積み重ねられてきていますが、私はテキストを読んで、そのテキストで行われた言語行為／物語行為を分析して理解することを通じて、私たちの言語行為／物語行為がどのようなものであったのか／あるのかについて考えていくことが必要なのではないかと考えています。

④ 「美しい日本語」と国語の授業

　以前、とある公開授業を参観し、その後の協議会でのことです。教員としては中堅の授業者の授業で、使用する言葉遣いがややくだけたものであったことに触れて、ある国語科の教員が「私たちは言葉で飯を食っているのに、

その言葉遣いはどうなんですか」という主旨の質問をしました。がっかりした記憶が残っています。

普通は国語科の教員である以上、言葉の使用に対する認識は自覚的であるものです。その授業は、生徒とのやりとりの中で教材を読解していきながら主題について考えていくものでした。個人的には気になるものではなかったし、生徒とやりとりをする言葉遣いとして生徒の側の世界の言葉を使うことは、生徒から言葉を引き出す際に効果的であると思うのですが、そうした事情は無視しているような感じを受けました。その授業では生徒の学びがあると感じていただけに、そんなことに引っかかるなんて、授業のどこを見ているのだろうかと、そして同業者なのに……とがっかりしたのです。

授業はライブですから、授業者自身の言葉遣いも即興的なものになっていきます。生徒が発した言葉をそのまま受けて、教室に広げていくことはよくあることです。むしろ、こうした生徒の側の言葉を使いながら、生徒の世界にくさびを打つことも授業ではよく起きることです。

一方、言葉は規範的な側面も強いので、そうした言葉の規範を体現しているのが国語科の教員だということで、国語科教員はかくあるべしという点で、「正しい日本語」や「美しい日本語」という伝統的な言葉を使うこともたしかに必要だと思います。

しかし、たとえば「それな！」だとか「ディスる」等の若者言葉やネットスラングを用いた言葉遣いをすることは、駄目なのでしょうか。むしろ、生徒の側からすれば、教員が自分たちのテリトリーにスッと入り込んでくることに、意外さとも愉悦ともいえないものを感じているのではないかと思える節があります。

「正しい日本語」はまだしも、「美しい日本語」という言葉には慎重でありたいものです。言葉に美しさや醜さを感じるのは、個人的な感性によるものです。そして、こうした感性はこれまで生きていた中の「国語教育」の場、もっといえば社会的文化的な言説のシャワーを浴びた結果です。

私としては、こうした感性のレベルにまで侵食してくる言葉の「恐ろしさ」

1章 授業の前に

2章 授業中のこと

3章 授業の後に

4章 ヒント集

5章 根本問題

6章 事例編

7章 文献ガイド

を問題にしていく方がよいのではないかと思っています。

　つまり、ともすれば「言葉の美しさ」を無批判に受け入れて、そのことを前提としていく授業より、そのように思わせていく「言葉の恐ろしさ」を批判的に捉えていくこと、そのような言語観をもって言葉と人の認識とを考えていくことの方が、中等教育、少なくとも高校生の授業においては必要になるのではないかと考えています。

　道徳的に許せない、あってはならない言葉や考えがあります。「死ね」だとか「チビ」、「ハゲ」、「デブ」という、人の存在を否定したり、身体的な側面から中傷したりする言葉が代表的ですし、LGBTの問題や人種や国籍による差別などもあるでしょう。

　授業外で、ある生徒が他の生徒に「死ね」という言葉を発していたとしたら、それは指導の対象になる可能性があります。しかし、授業中の意見や感想文にこのような言葉（「死ねばいいのに」）があったら、同じように指導の対象とすべきことでしょうか。あからさまに差別的な表現があったとしたら、それは生徒を指導する方がよいのでしょうか。

　この問題は正直難しいと思います。基本的に人は何を考えても罪ではありません。誰かを嫌悪する、極端な形で言えば「消えてしまえばいいのに」と思うこと自体は問題ではありません。何を考えるにしても、そこには内心の自由があるはずです。しかし、問題になるのはそれを行動として起こしてしまうことです。

　授業の場では、生徒の発言や書いたものを見ると、かなり問題の表現があります。登場人物の行動に「バカだと思った」などはまだよい方ですが、もっと過激なものもあります。授業の場でもし指導をしてしまうと、それからは生徒は身構えて素朴な言葉を表現することができなくなる危険性があります。あえて「危険性」といいますが、良くも悪くも教育というのは生徒に何らかの構えを要求してしまいます。学校は集団で生活する1つの社会ですから、そこにはルールが存在しています。授業中に言ってはならない言葉や考

えが飛び出してきてそれを指導したら、もしかすると生徒は「授業中に言ってはならない言葉や考えを表現しない」主体となって、演じるかもしれません。逆に「授業中に言ってほしい言葉や考えを表現する」主体を演じることも考えられます。「悪い子」の振りができずに、「良い子」の振りをするというわけです。

　国語の授業は道徳ではありませんから、なるべくならあらゆる言葉や思想が飛び交う空間、あるいはそのようなことが許される空間を保っておきたいと個人的に思っていることの１つです。ただし、「素の姿」があると思うこともまた問われる必要があるでしょう。

　ところで、ここまで「国語」という言葉を何の説明もなく使ってきました。この言葉も「国民国家論」の文脈の中で問題になってきましたが、桜井哲夫の説明をみてみましょう。

　　国民国家（Nation-State）という概念は〈近代〉が生みだしたイデオロギーである。同一の言語を話し、同一の国籍を有し、同一の法の支配のもとにおかれる存在を国民とよぶとするなら、国民の存在はそれほど古い歴史を持つものではない。たとえば、フランス革命は、地縁ないし職能的な社会的結合関係で結ばれていた社会を否定して、個人を国民として直接的に国家に結びつける原理をうみだした。法のもとでの平等な市民からなる国民国家論というここから生みだされた考え方は、しかし、決して全般的に貫徹されたわけではなかった。そもそもフランス革命期に全人口の三分の一から四分の一がフランス語を話してはいなかったばかりか、十九世紀半ばをすぎてもまだ五分の一はフランス語を話してはいなかったのである。
　　かりに民族（ネーション、ナツィオン、ナシオン）を文化的概念としてとらえるなら（地球上に全く純粋の民族などというものは存在しない。それがあくまでつねに観念のレベルで設定されてきたことを思え）、民族を「言語共同体」（言

1章　授業の前に

2章　授業中のこと

3章　授業の後に

4章　ヒント集

5章　根本問題

6章　事例編

7章　文献ガイド

語の共有）として考えることができよう。支配的な民族語による地域的な民族語の吸収・征服によって民族国家が形成されるのである。そして、そこにいる「国民」という理念が生みだされるのであって、国民とは単なる国家の民のことではない。したがって、言語的統一が成立することが国民国家形成の前提条件となるはずである。

フランスの場合でも、オック語、ブルトン語などの地域の民族語の征服・吸収を通じて近代的国民国家の完成が生みだされた。そしてこの言語的統一にあたって無償・義務の公教育が最大の役割をはたしたという点では各国とも共通するといってよい。さらに、学校教育は、社会的上昇の道を提示することによって、個々人を国家へと直接的に結びつける役割をはたしたのである。国民国家形成の根幹は、様々な諸制度の整備（公教育、労働組合法、選挙法改正）を通じての国民の受益者意識の形成にあったといえるのである。

（桜井哲夫「国民国家」、今村仁司編『現代思想を読む事典』講談社［講談社現代新書］、1988 年、213-214 頁）

近代という時代において、「国語」は「一体化」「連帯感」「単一」などの目的（もちろん無自覚であったところもあるでしょう）に即して、「日本という地域に住む人」と「日本という地域に住む人」とを結びつけていきました。また、「日本という地域以外に住む人」をも包括していった歴史もあります。

山元隆春はこのような事情と「国語教育」について次のように説明しています。

「国語教育」は一人一人が就学前にそなえていた言葉の多様性を「単一の」ものへと統一していくものでもある。しかし、それだけでよいのか。私たちはもう少し、私たちの言葉の持つ多様性を生かしていく方向で「国語教育」を考えなくてはならないのではないだろうか。（…中略…）

私たちが各々の生活のなかで用いていることばは「単一」ではない。

もちろん、相互に理解することは大切なことなので、「共通な何か」を共有しあうことは大事である。私たちが日々用いている通貨はその「共通な何か」の代表である。「国語教育」は通貨としての「国語」を普及させるために営まれている。が、それは裏返して言えば、生活のなかで各々が用いている「複数の言語」に「介入」していくことでもある。

　そのことが招く「痛み」を国語教育は引き受けなくてはならないだろう。「複数の言語」が用いられている状況を画一的に捉えようとすることは、たくさんの「痛み」を招く営みである。「最後の授業」のアメル先生はその「痛み」を覚えた側の人のように書かれているが、実は「痛み」を生み出した側の人間でもある。

　私たちは「国語文化」を支配者の側の文化に限定して捉えてはならない。「伝統」といったときに、ある一部分の「語ることのできる」存在の作り上げた伝統のことだけを考えてしまいがちなのだが、そうではなくて、「語ることのできない」存在の担った伝統にも目を向けていくことである。どのような作品も、けっしてそこに描かれていることだけがすべてというわけではない。

（山元隆春「第1章中学校・高等学校国語科のめざすもの　第1節　なぜ「国語」を学習するのか　第2項　アルフォンス・ドーデ「最後の授業」と国語教育」、山元隆春（編）『教師教育講座　第12巻　中等国語教育』協同出版、2014年、10-11頁）

　山元のここで述べている「痛み」、この「痛み」をどこまで考えていけるのか、そしてその上でどう臨んでいくのか。たとえば、私は「日本人」という言葉を授業で使用する時には「日本という場所に住んでいる人たち」という言い方にすることが多い（もちろん、この言い方にも問題はあります）。様々なルーツをもつ児童・生徒が多い教室空間においては、私はこうした何気ない言葉の使用にできる限り自覚的でありたいと思っています。

　また、いろいろな文章の中で「国語」「日本」「日本語」「日本人」等の語を括弧書きしていくものが多いのは、こうした事情を背景に抱えていると考

1章　授業の前に

2章　授業中のこと

3章　授業の後に

4章　ヒント集

5章　根本問題

6章　事例編

7章　文献ガイド

えてみるとよいでしょう。

⑤古典観と古典教育観

　「古典」とは何か。直接的にせよ間接的にせよ古典を享受してきた人には
それぞれ古典についての感想や印象や、好悪があることでしょう。そして、
この問題はこれまでにも数多くの論者が述べてきました。とりわけ、「古典」
観に関わるものとしては、さきに④「「美しい日本語」と国語科の授業」で
取り上げた国民国家論との関わりの深い、「カノン（聖典）」としての「古典」
の問題をまずは述べておきたいと思います。

　　カノンを形成してきた個々のテクストは、ある倫理的ないし美的価値
　を含有するとともに、ジェンダー化された作者性も含め、形態上のある
　特徴を備えており、こうした特徴がさまざまな価値性と結びついて、カ
　ノンや伝統の構築、再構築の過程に大きなインパクトを与えてきたので
　ある。
　　反基本主義の立場をとるジョン・ギロリーは、カノン内のテクストの
　イデオロギー的ないし文化的価値はテクスト自体にではなく、これらテ
　クストに価値を付与する過程および制度の機関になる、と論じている。
　「カノンにふさわしいという資質（canonicity）は作品自体に固有なもので
　はなく、その伝達に固有なものである」、学校などの制度・機関との関
　係に固有なものである、というのだ。ギロリーがその中心理論を依拠し
　ているピエール・ブルデューは、生産には二つの基本的形式があること
　を指摘している。つまり作品の生産と、テクストの価値の生産である。
　実際、ブルデューにとって、「芸術作品についての（批評的、歴史的、など
　の）言説の産出は、作品が生産されるにあたっての条件のひとつである」。
　この意味で、カノン内のテクストは恒常的に「再」生産されるのである。

このように、カノン形成の愛は作品の直接の生産者（作者、書写者、印刷者など）のみならず、テクストの価値を生産ないし「再」生産し、またその価値を認識し手に入れたがるような消費者や聴衆をつくり出す、関係者や制度・機関（たとえば注解者、パトロン、寺院、学校、博物館、出版社、政治団体など）にも関わるものである。ここで重要な問題となるのは、こうした価値は誰によって、何の目的で、どのように生みだされ、保存され、伝えられるのか、ということである。

　カノン形成は終わりなき過程である。カノンとしての地位を得たテクストも、結局は再＝評価を受け、変形され、ないしは排除される運命にある。

（ハルオ・シラネ、鈴木登美編『創造された古典―カノン形成・国民国家・日本文学』新曜社、1999 年、15-16 頁）

　この問題は、古典だけの問題ではなく、夏目漱石、芥川龍之介などのテキストをカノン化していくこととともつながりますし、「文学」という制度を支えているのは何かという問題にもつながっています。特に、教科書というメディアや学校という教育機関において、「再生産」されていきます。ここでの「再生産」は作品の価値の「再生産」であるとともに、そのような価値を支えていく主体を「再生産」しているともいえます。

　もちろん、「古典の中身」「古典の価値」はあるのだ、という反論はあります。「古典は面白い」、確かにそういう人もいるでしょうし、私自身も読みながら面白いと感じる古典はたくさんあります。しかし、問題となるのはこうした「面白い」という素朴な感想そのものも「再生産」の関与していることですし、それが無自覚になされることが多いということです。

　それを踏まえた上で、「古典の価値」をどこまで批評の対象としていき、相対化をしていくことができるのかを考えてみましょう。松尾葦江は生徒に古典を教えていた日々のことを次のように回想しています。

1章　授業の前に
2章　授業中のこと
3章　授業の後に
4章　ヒント集
5章　根本問題
6章　事例編
7章　文献ガイド

その頃定時制職業高校には、人数は少なくてもじつに多様な生徒が在籍した。(…中略…) そんな環境の中で、青い「平等」意識の教師は、生徒からは迷惑な存在だったかもしれない。私が最もこだわったのは、古典文学を「教訓」にしない、ということだった。手っ取り早く読もうとすると、しばしば文学を教訓的寸言に要約しがちになる。文学は文学として読まれるべきで、手垢のついた教訓には還元できないものを背負っている。授業は、その未知の部分を理解するための能力をつけるものだ。受験技術を教えるかどうかは問題ではない。ふかぶかと読めるかどうかは、知識量で決まるわけではなく、各人各様に「わかる」こととわからないことがあるのだ、と考えていた。

めざした授業が実現できていたかどうか自信があるわけではないが、定時制では教える内容、憶えさせる知識をぎりぎりに絞り、授業中に書き込むワークシートを作って、各自の思考過程を可視化しながら、なるべく対話形式でやろうとした。教訓になりやすい『徒然草』などは特に、とりあげる章段に留意した。いっぽう進学校では予習を課し、生徒の発表形式にした。彼等は無邪気に、大胆なことをやってのける。他クラスの同じ授業に潜り込んで偵察する生徒もいたし、中学で同級だった生徒が他の進学校から偵察に来ることもあり、偵察される方は指名して発問し、迎え撃つこともあった。毎回、全員で授業を批評し合っているような緊張感に満ちていた。一年後、学年末のアンケートにこう書いた生徒があった——「予習は必要かもしれないけれど、初めて出会う悦びがなくなる」。その時は、何を贅沢言ってるんだ、授業と個人の読書はちがう、と思っただけだったが、いま省みれば文学の魅力の核心は出会いにある。授業で習ったばかりにその作品とは衝撃的出会いの機会を喪う、それが残念だというのも、一面の真実かもしれない。

(松尾葦江「教師の宿題—あとがきに代えて」、松尾葦江（編）『ともに読む古典—中世文学編』笠間書院、2017 年、333-334 頁、傍線筆者)

松尾は安易な「教訓」を避けました。その作品を既に批評している他者の言葉を借りずに、その作品と生徒が出会った時に生じる価値を信じたともいえますし、教員の関与や意味づけを極力回避しようと自重したともいえるでしょう。

しかし、「文学は文学として読まれるべきで」あると言った場合の「文学として読まれるべき」という発話に1つの文学観が垣間見えます。こうした前提とされた文学観とは何か、それはどのような古典教育につながっていくのか、そして古典を教室で学ぶ時にはそれで十分なのか、問わない方がいいのか、私にはそれらが気になります。もちろん、杞憂に過ぎない、考えすぎだ、そんなことは問題ではないという意見はあるでしょうし、私自身も古典を教室で学ぶ時にはこの問題を抱え込まないことの方が多いですし、それ以上に生徒が「古典って面白いですね」という発話をすべて問題視することには抵抗はあります。

それでも、私は小嶋菜温子のいう「モラル」の問題は授業者として持ち続けたいと考えています。

> 小嶋―だから一番の根源は、宮廷社会の差別構造、天皇を頂点とするヒエラルキーの身分階層の構造が一番の根源・原因であって、やはりモラルとして必ずそれは避けてはいけないところで問われるべきではないですか。文学的表現として差別・被差別的な言葉が表現手法として効果的である、価値があるということは、それでいいと思うんですけれども、やはりそれを包みこむ大きな差別構造があり、差別表現があることを認定したうえで、その差別構造を物語がどこまで否定していったり、覆したりしえたかを問うていかねばならない。言説内容と言説のあり方のほうからモラルを問いただしていくべきではないでしょうか。
> 高橋―そのモラルって何のモラル？
> 小嶋―読み手の問題として私のモラル。
> （…中略…）

小嶋—表現化された作家像を、生身の作者に還元してはいけないというのは確かにその通りでしょう。くりかえしますが、差別を描くことそのものがよくない、というわけではない。でもやはりそれを読む現代人の私たちのモラルは、それとは別にあっていいわけで、テクスト分析して、それでハイおしまいというのはどうも腑におちません。

高橋—だけど、そこでどうしてモラルにこだわるの？

小嶋—別に声高にいいたいわけではないですけれど、それが全然不必要だとは思わない。

高橋—不必要だとは思わないが、あまりこだわりたくないな、正直なところ。

小嶋—私はこだわりたい。やはり、教室における責任があるのではないですか。

土方—読者というよりも教師として？

小嶋—そうですね。ひとりで読む分には、それなりにわかっているつもりだから。

土方—でも、読み手の数だけ誤読があっていいわけなんだから。

小嶋—私たちは大学やカルチャーセンターで文学を教えて、それによって社会と文学の間の橋渡しを結果的にしてしまうわけですね。その場合に、やはりいま生きている社会における自分のモラルを切り捨てるわけにはいかないと思うんですよね。というよりも、むしろすごく大事だと思うんです。それは、たとえば戦時下の特殊な状況のなかでは避けがたい現実問題として出てくるわけですよね。教育者が文学を教えるなかで社会とつながって戦争に荷担してしまうようなことが実際には起こりうるわけですよね。

（…中略…）

土方—高校の古典教育では、『源氏物語』を代表的な教材としてとりあげるけれど、藤壺の密通にかかわる場面などは教科書に採らないから、教科書でしか知らない読者にとっては、谷崎の旧訳と同じレベルでしか

受容できていないともいえますね。また不敬な場面の裏返しとして、戦前のテキストでは、須磨巻の「恩賜の御衣」の場面などが採られている例があります。皇国史観にとって都合のよい場面だと曲解されて、正成・正行の桜井の別れの場面などとともに教えられたのですね。

　いまの古典の教科書はそのどちらもしないで、たとえば夕顔巻のような当たり障りのない場面だけとりあげるという傾向がはっきりとある。現代において教材化されているのは、毒性を希釈された『源氏物語』でしかありません。学校という場はしょせん体制的な場だから、『源氏』の有毒な部分は避けて通ろうとするし、心ある教師はそこをあえて掘り崩そうとしているでしょうし、そこに歩み寄る余地はないようにも思えるのだけれど、小嶋さんのモラルの問題というのは、意図的にちゃんと読まない、読ませない人がいるということを想定してのことですか。

小嶋—はい。ちゃんと読ませないようにしようという動きが起こりうるということで、そういう場合の対抗策も考えておかないといけない。生徒たちは、そういう意図に操作されてしまう弱い立場の一般人ですよね。権威あろうがなかろうが、私たち学者もそういうのに巻きこまれる可能性はもちろんあるわけだけれど。だからこそ、そうした情報を対抗策として常に用意して送りこんでおかないといけないと思うのです。そこが私のいうモラルです。

土方—『源氏物語』をみやびな世界であり、洗練された美意識がここに表現されているんだという言説を意図的・戦略的に流通させようとする人に対して、どう対抗したらいいのかという話ですね。ああ、わかった、わかった。

小嶋—具体的にはそういうことです。ただそれは、やはり解釈のうえできちっとやるべきだし、論理的にこういう根拠でいっているんだといえることが大切だと思うんですね。『源氏物語』の表現に即しての解釈でありテクスト批評でありつつ、社会的な多様なイデオロギーに対する自らのスタンスを鮮明にしていければと考えているわけです。敬語や差別

1章　授業の前に

2章　授業中のこと

3章　授業の後に

4章　ヒント集

5章　根本問題

6章　事例編

7章　文献ガイド

の問題を考えるなら、どうしてもそういう視座をもあわせもつ必要はあるのではないかしら。

　よくいわれることですが、語り手の視点を通して、何らかのバイアスがかかった世界として、物語は読者に提供されている。そしてさらにその外側に、書く主体は隠れている。私たち読み手と書き手との隔たりは、はなはだしいものであって、モラルとはシンパシィとかの交換も簡単にいかないのがあたりまえですね。でも、そこを何とかなしとげたいというのが、大きな声ではいえませんが（笑）、私の物語批評の本当の願いです。

（高橋亨・小嶋菜温子・土方洋一『物語の千年―『源氏物語』と日本文化』森話社、1999 年、127-133 頁、傍線筆者）

　たとえば、『竹取物語』では語り手は何の前提もなしに月世界の住人に敬意を示しており、その月世界の住人は地上世界を「きたなき所」だと述べています。『伊勢物語』は女性に厳しいテキストです。『源氏物語』もそのような場面が多々ありますし、田舎者を蔑視する場面もあります。『枕草子』にもそれは見られますし、田舎者（無教養の人）として笑われた人物には他にも『平家物語』の木曽義仲がいます。

　古典テキストは、差別構造を前提とした表現世界といえます。授業者としてはこの問題にはできる限り自覚的でなければ、先にも述べましたが古典世界の差別構造をそのまま「再生産」していくことになります（「差別」という否定的なものばかりではなく、「美意識」にも同じことがいえます）。『伊勢物語』の「筒井筒」は、女の親が亡くなってから男は河内の高安にいる別の女のもとに向かい、しかし「もとの女」の振る舞いに心を動かされていきますが、生徒がこの話を読んで、「もとの女」の姿に感動したらそれはどのような意味を持つでしょうか。生徒に古典教材を何の説明や配慮のないままに差し出していき、それが受容されていくことの怖さはあると思います。

　しかし、同時に大切なことはこの差別構造を否定していったり削除してい

くのではなくて、積極的に用いていき、その物語がそのような差別構造に対してどのように向き合い、対話をしているのか、それが問える場を教室空間に持ち込み、慎重に批評をしていくことです。古典をア・プリオリに「価値あるもの」として受け入れずに、それを批評していくことです。古典を継承することには、現代の読み手である私たちがその価値を更新していく営みとして捉える視点が必要だと思います。

　もちろん、これらは非常に困難なことですし、そこまでする必要があるのかは考えすぎのところもあるでしょう。しかし、言葉の恐ろしさというのはこのようなところにあるのだと思います。

　以上が、私が古典テキスト／古典教材を扱っている時に気をつけていることです。▶注58

　さて、「古典」観とは別に、古典教育観、古典教育の意義について次に考えてみたいと思います。古典教育の意義とは何か、これについても多くの考えがあります。それらの一つひとつには納得できるものもありますが、おそらく全ての人が納得しうる普遍的な理由を見いだすことは困難のように思います。

　よくある「古文でしか学べないこと」、「漢文でしか学べないこと」という風に、「○○でしか学べない」というこの型には「詩歌」「小説」「文学」等を当てはめることができますが、本当にそれらはあるのか、そしてそれが発見できたとして、それをそのまま教育内容や教育目標にスライドさせることができるのか、どのように関わらせていくのかという問題もあります。むしろ、「○○という問題について参照できる教材」「○○という力の育成に寄与しうる教材」の１つとして用いていくことの方が、現実的であるように思います。古典を読むことがどのような問題を切り開き、そこではどのような力の育成や認識が深まっていくのか、しかも生徒が多くの他者とともに読む場において堪えうる古典、このような問いの条件に合う形の古典を発掘し、編成していくことの方が大切なのではないかと思います。

　冨安慎吾は、「漢文テキストの性質」を踏まえた上で、漢文教育の意義を

1章　授業の前に

2章　授業中のこと

3章　授業の後に

4章　ヒント集

5章　根本問題

6章　事例編

7章　文献ガイド

次のようにまとめています。

「訓読」から考える意義
　　・音読み・訓読みについての理解を深める意義
　　・日常的に用いている熟語についての理解を深める意義
　　・「訓読」＝「翻訳」＝「解釈」行為を意識することができる意義
「読みつがれてきたテキスト」から考える意義
　　・日本語や日本の言語文化の来歴についての理解を深める意義
　　・様々な時代に応じた読みの蓄積についての理解を深める意義
　　・自分自身がそこに読みをつけくわえるということの意義
「現代の日本語テキストとの距離」から考える意義
　　・理解できない他者性のあるテキストを読むことの意義
　　・共感することについて考える意義
　　（冨安慎吾「Ⅰ　国語科教育における漢文教育の意義」浜本純逸（監修）／冨安慎吾（編）
　　『ことばの授業づくりハンドブック　中学校・高等学校漢文の学習指導―実践史を踏
　　まえて』渓水社、2016年、5-9頁、傍線筆者）

　とりわけ、傍線部の「理解できない他者性のあるテキストを読むことの意義」「共感することについて考える意義」について、冨安は次のように説明しています。

　　「理解できない他者性のあるテキストを読むことの意義」
　　　漢文テキストに表現される内容は、現代を生きる学習者にとっては共感しにくいものでもある。現在でも使う漢字であっても、その示す意味内容が異なることも珍しくない。そのようなテキストを読み解いていくことは、簡単には理解できない他者を理解していく仕方の学びとなる。その時代の常識や流布している言説、価値観、言葉に込められた意味など、異なる時代・文化のコンテキストを踏まえて理解していく姿勢を育

むことになる。(9頁)

「共感することについて考える意義」
　一方で、学習者たちは漢文テキストの内容に共感することもある。しかし、そこに見られる共感は、あるいは、漢文テキストを鏡として、自分自身を眺めている（投影している）だけかもしれない。時代や状況が異なる文章に対して、現代を生きる自分が共感する、というそのこと自体をふりかえることは、テキストに相対していく際の姿勢について学ぶことにもつながるだろう。(9頁)

　これは漢文についてのことですが、「漢文テキスト」を「古文テキスト」、「漢字」を「言葉（古語）」などのように置き換えてみると、この整理は古文テキストにも通じるところが多くあります。この2つの意義については、現実的に到達することが難しいともいえますが、これは古典と出会うこと、古典という他者とのコミュニケーション、古典との距離の取り方の問題ともいえるでしょう。

　先に引いた松尾の「古典文学を「教訓」にしない」という言葉は、安易な他者理解を避けるともいえますし、小嶋のいう「モラル」も、共感する際の危うさに警鐘を鳴らすものとして受け取れます。古典テキストの多くが現代のテキストではないからこそ、生徒と古典との隔たりが大きく、それゆえに「他者」を眺めることが「自己」の問題を切り拓いていくことにもつながるのです。そしてまた、そのような「他者」を「翻訳」していく行為は、他者理解ともいえますし、文化の翻訳ともいえます。冨安の「異なる時代・文化のコンテキストを踏まえて理解していく」という言葉は、このように理解することもできます。▶注59

　もちろん、その試みがすべて上手くいくとも限りません。なぜならそれは他者なのですから。▶注60　むしろ、その試みが失敗すること、他者を理解できないかもしれないという経験自体が、1つの学びとして意味あることなのではないかと思います。

1章　授業の前に

2章　授業中のこと

3章　授業の後に

4章　ヒント集

5章　根本問題

6章　事例編

7章　文献ガイド

とはいえ、実際に古典を読むことは困難の連続です。評論文や小説以上に言語に関する知識や読解の経験の多寡に左右されます。古文の場合では、助動詞や助詞、敬語の問題は避けては通れません。▶注61　また、古文読解の際の背景知識、いわゆる古典常識の問題もあります。▶注62　古典常識とは、古典世界の作者と読者との依存関係を前提としたテキスト状況に対して参加していくための知識です。誰に向けて書かれているのかによっても読むことの難易度は変わっていきますが、参加資格として古典常識を学ぶ必要があります。もちろん、これがなくても読めますし、意味は生じます。ただ、その世界の実態を少しでも知るためには、この知識は必要です。問題はこのような古典常識を集めた書籍等が、実際の読解の時に活かされているのかどうか、もっといえば、多くは単なる知識の寄せ集めであって読解の利便性の問題はあまり考慮されていないのではないかということです。▶注63　ある振る舞いに対して、なぜ笑い、なぜ泣き、なぜ怒ったのかなどの古典世界の人々の感性を支えている文化コードを実際に読む教材に、どこまで生徒や授業者に開かれているのかが判然としないということでもあります。もちろん、現代からみてこの「なぜ」が授業の中心になっていくこともあるので、すべてを説明する必要はないでしょう。

　生徒の実態や個々の教材毎に事情は異なりますが、カリキュラムの問題としてこのようなことは考えてみてもよいのではないかと思います。

１章　授業の前に

２章　授業中のこと

３章　授業の後に

４章　ヒント集

５章　根本問題

6章　事例編

７章　文献ガイド

第**6**章

授業の作り方・事例編

　この章では、いくつかの教材を授業として扱う場合にどのような流れになるかを部分的にシミュレーションをしたものを作ってみました。その際に注意する点や支援上問題になる点などにも触れています。

　これらはすべて私の授業記録や記憶に基づくものですが、一部省略したり改変したりしています。「香炉峰の雪」は第１章でも扱ったものですから、これを例として詳しくみていきます。また最後の「蜘蛛の糸」についてはほぼ授業記録通りになっています。

①中学３年生○『枕草子』「香炉峰の雪」
（学校図書『中学校国語3』）

【原文】

　雪のいと高う降りたるを、例ならず御格子まゐりて、炭びつに火おこして、物語などして集まりさぶらふに、「少納言よ、香炉峰の雪いかならむ。」と仰せらるれば、御格子上げさせて、御簾を高く上げたれば、笑はせたまふ。

　人々も、「さることは知り、歌などにさへ歌へど、思ひこそよらざりつれ。なほ、この宮の人には、さべきなめり。」と言ふ。

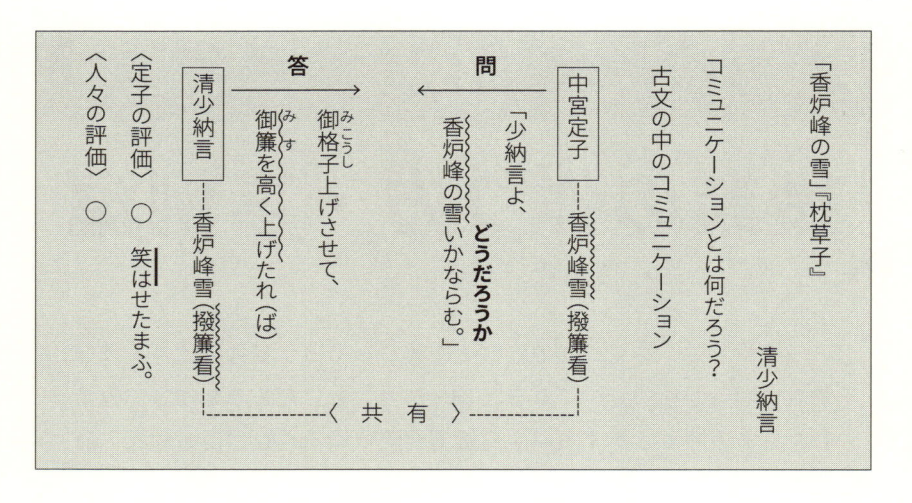

「香炉峰の雪」『枕草子』　清少納言

コミュニケーションとは何だろう？
古文の中のコミュニケーション

問

中宮定子　──香炉峰雪〈撥簾看〉

「少納言よ、
香炉峰の雪いかならむ。」

どうだろうか

答

清少納言　──香炉峰雪〈撥簾看〉

御格子上げさせて、
御簾を高く上げたれ（ば）

〈共有〉

〈定子の評価〉　○　笑はせたまふ。

〈人々の評価〉　○

第1章で作成したのがこの板書でした。授業の目標を「コミュニケーションについて考える」と大きく設定し、古典世界のコミュニケーションの一例、中宮定子と清少納言とのやりとりを1つの参考にして、考えることにつなげていきます。

これを達成するためにどのように授業過程を構想していけばよいのかを考えてみたいと思います。

【導入】

いきなり、「それでは教科書を読んでいきます」というのは素っ気ないので、コミュニケーションについての話題を取り込んでみましょう。この導入がその後の授業の方向性を、そして教材と生徒とを結びつけていき、生徒たちがより主体的に読もう、読みたい、考えたいと思わせるものになるのです。

導入では、たとえば次のようなことを問えるでしょう。

・生徒の中のコミュニケーションの具体（いつ、だれと、どのような場所で行われるものなのか）
・コミュニケーションの条件（何がコミュニケーションで必要になるのか）

・コミュニケーションの目的（なぜコミュニケーションが必要であるのか）

　具体的な例から始めていくのは、授業の基本のように思います。具体から
はじめて、授業の中で抽象化していく、より普遍的な問題につなげていくこ
とが大切です。

　そして、最初は生徒の問題意識、認識のレベルを確認していくことも必要
となるでしょう。コミュニケーションについて、どのような認識まで問いを
深めることができたらよしとするのか、これは授業者がコミュニケーション
をどこまで考えたことがあるのかによりますから、生徒に聞く前に自分の中
で考えていかないといけないでしょう。

　この時点で授業者の想定を越える深い認識を持った生徒がいることもあり
ます。この場合は難しい問題ですが、テキストとの出会いや仲間との交流の
中で、新しい発見が1つでも生まれることを期待しながら授業を進めていく
しかありません。

　以上のことを考えながら、コミュニケーションについて生徒とやりとりを
して、その後に「現代のコミュニケーションがどんなものかを考えてみまし
た。もっと考えるために、昔の文章を参考にしていきましょう。それでは千
年前のコミュニケーションがどんなものだったのかを見ていきましょう」と
いう流れで実際の教材を読んでいくことになるでしょう。

　そもそも「言葉とは何か」「言葉とはどのようなものであるか」、そのよう
な問いかけから入っていくこともよいでしょう。

【展開】

　教材の読解の開始です。古文教材は中学生にとって（高校生にとってもです
が）、内容の読解以前に声に出して読むことの困難さがつきまといます。そ
のため、初期の段階では授業者による範読が望ましいといえます。歴史的仮
名遣いや言葉の分かれ目など、これらを授業者が読むことによって示範とす
るのです。

1章　授業の前に

2章　授業中のこと

3章　授業の後に

4章　ヒント集

5章　根本問題

6章　事例編

7章　文献ガイド

授業者が読むのをただ聞くだけではなくて、読むのを聞く時の注意点を述べておきましょう。指示についてはいくつか考えられます。

- 読めない漢字、わからない語句を確認する。
- 誰が出てきたのかを確認する。（登場人物の確認）
- 何が起きたのかを確認する。（出来事の確認）

　この指示（あるいはこの中から任意に選んだもの）をもとに、範読後の授業が始まります。

　いきなり、「どのようなコミュニケーションでしたか」と聞くのは無謀です。しかし、全く答えられないわけでもありません。上手く答えられる生徒もいるでしょう。ここではそのことはひとまず置いておき、もう少し無難な授業にしてみたいと思います。

　範読前に確認した「誰が出てきましたか」と聞くのもよいでしょう。その場合には、中宮定子、清少納言、人々（女房）が出てくるでしょう。ただし、板書に即してみると、それを聞いた後にどのように板書化していけばいいでしょうか。できれば最初の「清少納言」→←「中宮定子」という大きな枠組みから入っていきたいところです。この場合、せっかく聞いた「人々」が浮いてしまいます。

　そこで、「『少納言よ…』と発言しているのは誰ですか」という問い方にしてみると、どうなるでしょうか。「少納言」が清少納言のことですから、清少納言と答える生徒はいないでしょう。いたとしても、「では、この少納言って誰なの？（自分に向けて話をしているの？）」と聞くことで読み間違いを訂正できます。

　その後に、「誰に向けて話しているのですか」と続けるとよいでしょう。もちろん、中宮定子の発言に触れる時に、「これは誰が誰に向けて話しているのですか」と聞くと一石二鳥ですが、これは生徒の実態によるでしょう。もちろん、人物確認をして、その後に中宮定子の発話に触れることもよいで

しょう。この場合、かなり丁寧な授業だと思います。

　次に、中宮定子の「いかならむ」に触れて、ここの意味を教科書で確認をします。「『いかならむ』というのはどういう意味ですか」と聞くとよいでしょう。その後に、「それでは、これに対して清少納言はどのように答えたのですか」と聞くことになるでしょう。生徒によっては本文を読むかもしれませんし、現代語訳で、あるいは生徒自身の言葉で説明するかもしれません。

　板書では、漢詩に対応する語は「御簾を高く上げたれば」なのだから、「御格子上げさせて」まで書く必要がないのではないかと思われた人もいるかもしれません。しかし、「御格子」の読み方もそうですが、「御格子」がどのようなものなのかを確認するためにも、板書の形で示した方がよいと思います。また、「上げさせて」とありますから、使役「させ」に注目させると、誰かにさせている、つまり他にも誰かいるらしいということが暗に示されていることがわかります。このようなアプローチを積み重ねることによって、現代からはなかなか想像ができない古典空間の具体的なイメージを作ることができると思います。ともすれば、古典世界の登場人物はフィクショナルな存在であるように感じられますが、確かにその時代には人がいたのです。わずかな言葉を手がかりに、テキスト内の人物、場、時間などを詳細にイメージしていくことが詳細な読解だといえます。

　その次に、どうして清少納言がこのような答えをしたのか、あるいは中宮定子が「香炉峰」という場所を指定したのかを問うてみましょう。察しのよい生徒は教科書の注などを見て、この発話の裏には白居易の詩が踏まえられていることに気づくでしょう。ここで、このコミュニケーションにはある前提となる知識（漢詩）があることに注目できます。

　そして、最後には「人々」の反応に移ります。ここで「なぜ清少納言は「人々」の反応を書き加えたのですか」とか「この「人々」の反応を書き加えることと、書き加えないこととでは何が異なりますか」という問い方もできます。清少納言が自身の振るまい方を自讃しているという反応が出てくることもあるで

1章　授業の前に

2章　授業中のこと

3章　授業の後に

4章　ヒント集

5章　根本問題

6章　事例編

7章　文献ガイド

しょう。あるいはまた、中宮定子の周りにはこのような文化的な空間に満ちあふれているという反応も出てくるかもしれません。実はこれも大切な問いにはなりますが、ここでは授業の目標に即して、部分的な取り扱いにしていくことも可能でしょう。

【まとめ】

最後に、授業の目標に戻って、「これはどのようなコミュニケーション」だといえるのかを再度問うことができるでしょう。もちろん、漢詩に触れた時にこの問いは行えます。重要なのは、その後の問い、すなわち「このようなコミュニケーションは現代にはありますか（ないですか）」ということでしょう。古典作品の場合は、現代との距離や隔たりもあります。それを埋めていくか、隔たりを強調していくかは教材にもよります。

また、発問に「ありますか（ないですか）」と書いたのは、「ありますか」と問われる場合と「ないですか」と問われる場合とでは、微妙に異なります。イントネーションにもよりますが、場合によっては「ある」ことが前提だと感じられる問い、「ない」ことが前提だと感じられる問いになります。説明が難しいのですが、「（あまりよくない行動をした生徒に対して）私はそんなことは絶対に……」と言ったら、「許さない」という予測ができることに似たようなものといえばいいでしょうか（もちろん、ここで「許す」という言葉を使って意外性を狙うことはできます）。これは文字だけの問題ではなく、実際の言葉の含みが生徒に及ぼす影響でもあるので、些細なことのように思えますが、確実に発問の方向性を定めていきます。特に誘導して「この言葉を出させたい」という時には丁寧に問うた方がよいと思います。

■授業の流れ

本文の範読／音読

1 「『少納言よ…』と発言しているのは誰ですか」

2 「これは誰に向けて話しているのですか」

1章　授業の前に

2章　授業中のこと

3章　授業の後に

4章　ヒント集

5章　根本問題

6章　事例編

7章　文献ガイド

3　「『いかならむ』の意味は何ですか」

4　「『いかならむ』に対する答えは何ですか」

5　「この清少納言の答えは正解ですか？（定子の評価はどうですか？）　なぜそれがわかるのですか」

6　「二人は今どこにいますか」

7　「なぜ日本にいながら中国のことを話題にしているのですか」

8　「漢詩は二人にとって、どのような意味を持っていると考えられますか」

9　「他の人の反応はどうですか」

10　「これはどのようなコミュニケーションだといえますか」

11　「このようなコミュニケーションは現代にはありますか（ないですか）」

②中学 2 年生○『枕草子』「九月ばかり、夜一夜降り明かしつる雨の」
（東京書籍『新編　新しい国語 2』）

【原文】

　九月ばかり、夜一夜降り明かしつる雨の、今朝はやみて、朝日いとけざやかに差し出でたるに、前栽の露はこぼるばかりぬれかかりたるも、いと①をかし。透垣の羅文、軒の上などは、かいたる蜘蛛の巣のこぼれ残りたるに、雨のかかりたるが、白き玉を貫きたるやうなるこそ、いみじうあはれに②をかしけれ。

　少し日たけぬれば、萩などの、いと重げなるに、露の落つるに、枝うち動きて、人も手触れぬに、ふと上ざまへ上がりたるも、いみじう③をかし。と言ひたることどもの、人の心には、つゆ④をかしからじと思ふこそ、また⑤をかしけれ。

【訳】

九月のころ、一晩中降って夜明けを迎えた雨が、今朝はやんで、朝日がぱっ

185

とあざやかにさしはじめた時に、庭の植込みの露は、こぼれるほどに濡れて草木に置いているのは、とても①おもしろい。透垣の羅文や軒の上などは、張りめぐらしてある蜘蛛の巣が切れ残っているところに、雨の降りかかったのが、まるで白い玉を貫き通してあるようなのは、たいへんしみじみとした感じがして②おもしろい。少し日が高くさしのぼってしまうと、萩などが、ひどく重たそうなのに、置いた露が落ちると、枝が動いて、人も手を触れないのに、さっと上の方へはねあがったのも、とても③おもしろい。とわたしが言っているいろいろなことが、ほかの人の気持としては、少しも④おもしろくあるまいと思うのが、また⑤おもしろい。

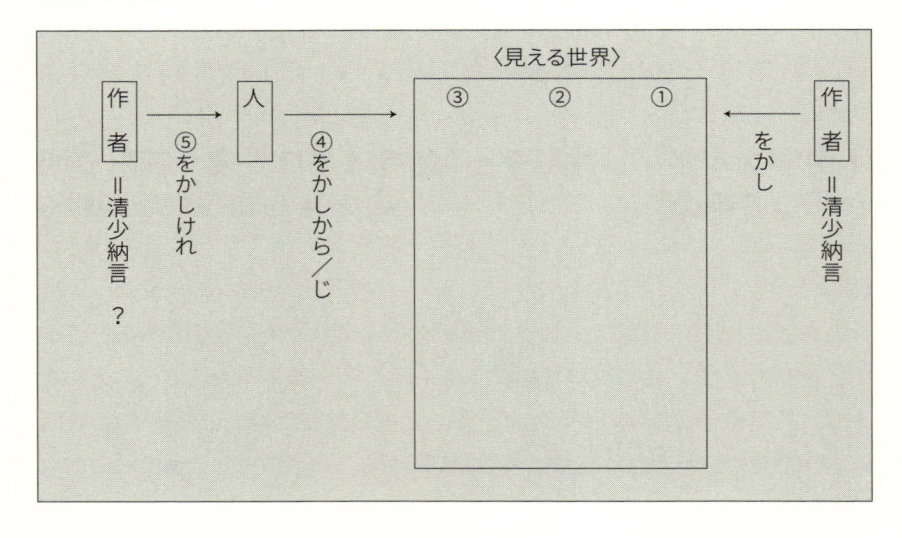

自然描写が中心の章段です。野呂俊秀は次のようにこの段を読み取っています。

　第百二十四段は、淡彩で書かれた短い文だ。テーマは季節感ということになろうか。
　季節の移り行きに極めて敏感であること、それは他国に例を見ないわれわれ日本人の民族的な特質だとされている。文学に限っても『万葉集』

以来現在に至るまでの数々の作品に、たとえば春の梅、桜、うぐいす、秋のもみじ、澄み切った青空や独特の寂寥感など、挙げ始めるときりがないほど多くの美しさが描かれてきた。清少納言もまた季節感をとても大切にする人であったに違いなく、枕草子にはそれをテーマとする文が多い。

　この段で目につくのは描写の繊細さだろう。「女性特有の」と言ってもいいだろうか、繊細な感受性。ほんの小さな事象に特色を見つけ、見つめる観察力。そして見たものを簡潔な文章にまとめあげる卓抜した文章力。

　実際は、誰でも日々、ここに描かれたような情景は見ているのだと思う。和風の庭の晩秋の秋のひととき。誰しも見れば一瞬、感動する。晴れ上がった秋の朝、雨後の爽やかな空気、庭から見わたす紅葉した木々や池など……。いいなあ、と。しかしわれわれはそんな感動はすぐ忘れる。そのまま日常雑事の多忙に戻り、その多忙に埋没して過ごすことになる。同じことの繰り返しの平凡退屈な毎日、というわけである。

　この段の優れているところ、すなわち枕草子という作品の素晴らしさに直結する特色、それは、普通の人ならすぐに忘れ去ってしまうようなふとした情景をしっかりと眼の底に焼きつけ、それを印象深い出来事として文章化し、書き残すことができるという才能によると思われる。▶

注64

（野呂俊秀『枕草子を読み直す』幻冬舎［幻冬舎ルネッサンス新書］、2015年、26-27頁）

　この説明を読んで、あらためて『枕草子』は繊細な文学だなと思う人もいるかもしれませんし、特に何も感慨が湧かないという人もいるでしょう。しかし、まず考えなければならないことは、この教材は中学2年生が読むということです。そして、中学2年生がこの文章を読んだ時に、授業者は「面白いと思ってくれるだろう」と思うのか、「つまらないだろう」と思うのか、まずここを考える必要があるように思います。私の推測では、おそらく後者

1章　授業の前に

2章　授業中のこと

3章　授業の後に

4章　ヒント集

5章　根本問題

6章　事例編

7章　文献ガイド

の生徒の方が多い。この教材に限らず、どのような教材を扱うにしても、「この教材を読んだ時に生徒は面白いと感じるのかどうか」を考えること、もっといえば教材を読んでもあまり興味を抱かずに面白くないと感じる生徒が多いのだと思ってから授業を組み立てていく方がよいように思います。このような発想を持つことが大事なのは、授業者だけが面白いと感じて、それに取り残されていく生徒たちという（よくある）状況を少なくとも改善していける余地があるからです。小説教材の場合には、物語世界の面白さを感じることはありますが、評論文や古文や漢文などは硬い文体や言語抵抗などの理由によって読みづらさとともに内容への共感や違和感自体を生む段階までにいかないこともあります。逆に、面白いと思った小説も一度ストーリーを把握すれば同じ面白さを味わうことはおそらく稀ですから、別の工夫が必要となります。

　内容自体に興味が惹かれないと思われる場合には、1つには生徒たちが理解しやすい具体例を出していってそれを教材の内容と結びつけていくことがあります。あるいは結びつけた時に「古典世界も同じだったのか」と思うかどうかです。もちろん安易につなげることは問題をはらんでいることもありますが、これは教材によります。

　そして、もう1つには内容自体ではなくその内容をどのように語ろうとしているのか、その表現の局面を問題にしていくことです。理論について触れたところがありましたが、ここでは「作者」でもあり、「語り手」でもある清少納言の表現のレベルを問題にしてみたいと思います。これについては、武久康高の分析を参考にしています。▶注65　武久も述べているように、ここには自己と他者との関係の問題があります。問題はそれをどのように授業化していけばいいかです。

　分析の際には、『枕草子』は「をかし」が多用されていますのでそこを押さえたいと思います。全部で「をかし」が5つ使用されています。通読の後に「何度も使われる言葉は何ですか（いくつありますか）」のように問うてもよいでしょう。このように文章全体に意識を向けさせるためには、「〇〇はい

くつありますか」のように数を問うことが効果的なことがあります。▶注66

　しかし、最初の3つと最後の2つの「をかし」はややレベルが異なります。私はすっきりさせるために、「見える対象に使われている「をかし」は何か」と問うたり、「絵に描ける「をかし」はどれか」と問うことにしています。もちろん、この問いには「すべて当てはまる」と答える生徒も出てくるでしょう。その場合には、「対象がちょっと異なる「をかし」はどれか」と問うこともできるでしょう。また、範読や音読の後に「をかし」がそれぞれどういう対象を示しているのかを出してみて、そこでの対象を図示（板書のように）してみるのもよいでしょう。

　この授業では、実際に絵を描くことにしてみました。それぞれ個別に描いて、そして机間指導をしている時に「この生徒に描いてもらおう」と考えて3人の生徒に「をかし」①〜③を描いてもらいます。絵の上手い下手は関係ありません。むしろ、本文で語られている世界をどこまで表現ができるのかを本文の記述と対応させていくことが目的です。①と②はまだしも、③については動きが加わっているので絵を描く時には工夫が必要です。これは生徒に任せてみました。そして描いてもらった後に、それぞれこれでよいのか、意見を求めます。これは絵を描く生徒を指名する時にどの生徒を指名するかにもよります。早くこの場面を済ませたいのであれば、比較的問題のない生徒を指名することもあるでしょうし、もう少しじっくりと考えたい時には少し本文の記述が抜けている絵を描いた生徒を指名することもあるでしょう。

　いずれにせよ、その過程が終わった後、いよいよ自己と他者との関係の問題に移っていきます。実質ここからが授業の核となるところです。これは実は範読／音読後に問うてもいいのですが、「誰が出てきていますか」と聞いて、作者以外の人を出していくことができます。ただし、「出てくる」といっても実際にその場にいて動いているのか、それとも表現上出てきているのか、問い方によっては難しい問いです。とりあえず、④の「をかし」の場合は、「①〜③の「をかし」とどう違うの?」と聞いたり、「この「をかし」って具体的にはどのような「をかし」なの?」と聞いたりするといいでしょう。こ

1章　授業の前に
2章　授業中のこと
3章　授業の後に
4章　ヒント集
5章　根本問題
6章　事例編
7章　文献ガイド

れは⑤の「をかし」も同じようにできるでしょう。こうして、板書のように、④と⑤の「をかし」を出せたとします。

　ここで、板書の右と左に書いてある「作者」のところに注目させて「最初と最後の作者は同じ人物ですか」と問うてみました。実は私が考えるのに一番苦労した問いです。この問いに対しては、「当たり前ではないか」と考える生徒は多いですし、もしかしたら今読んでいる方もそう思われるかもしれません。このような問い方をすると、つまり「同じ人物ですか」という問いが「同じ人物ではない」という授業者の意図をさりげなく生徒にメッセージとして伝えていることになりますし、生徒の中にもその意図を読み取っていく場合があります。ここも問い方の調子次第によって、単なる問いとして受け取られるのか、授業者の隠れた意図が伝わることになるのか、慎重になるところです。生徒の意見を利用しながら、しかし授業者の意図に移行させていく行為です。実際に授業では、授業者の指示が「自由な生徒の声」をゆるやかにある方向に向かわせていくことが多くあります。ここには自覚的でありたいものです。

　実際に生徒に聞いてみると、何人かの生徒が「うーん」と違和感を抱いている様子でした。このような反応を見逃さずにつかみ、「何か違う」と考えた生徒の声を踏まえ、「その何かというのは何か」をこの場での学習課題として、考えることにしました。その後、実際に生徒から出てきた意見は「なんか、上から見ている感じがする」というものでした。そしてそれについてさらに詳しく聞きます。「「上から見ている」ってところ、もう少しみんなに説明してみて」という風にです。その後、「別の人が話しているような感じ」となったり「別の人って誰？」などのやりとりがあったりしました。どこまで深めるかにもよりますが、対象が中学2年生ということもあったので、ひとまずは「主体は1つではないのかもしれない」と気づけたところで次に進みました。中学2年生という対象にどこまで主体の問題を問うのかは正直難しいところです。私はこの問題は別の教材でもいずれ扱うことになるので、とりあえず『枕草子』の「九月ばかり」の教材ではこのような学習をしたの

だという記憶を持たせ、いつでも思い出せるようにしていきました。つまり、これから先に別の教材を読む時に、「前に読んだ『枕草子』ではどういうことが書いてあった？　どういうことを授業で話題にした？」と想起させて関連づけていけばいいと思ったのでした。

　ここで授業を終わってもよいのですが、最後に「自分が○○はいいと思っていることを他人は良くない、という他人を良いと思う」ことがあるか聞いてみました。これは、生徒の体験を作品に代入していく試みです。

　また、授業では触れませんでしたが、①〜③の「をかし」で「見える世界」を板書としてまとめました。これは「見えない世界」についての問題領域（心や心情など）について深めていく伏線として設定したものです。これは時間が余った時に触れることができたら考えてみようとしたことです。授業の主要なもの以外に、いくつかの切り込んでいける伏線を張っておくことも、余裕があればやってみるとよいと思います。

■授業の流れ

　　本文の範読／音読

1　「何度も使われる言葉は何ですか（いくつありますか）」

2　「「をかし」の意味や訳は何ですか」

3　「絵に描ける「をかし」はいくつありますか」

4　「この絵は本文ときちんと対応していますか」

5　「誰が出てきていますか」

6　「最初と最後の作者は同じ人物ですか」

7　「「自分が○○はいいと思っていることを他人は良くない、という他人を良いと思う」ことがありますか」＝学習者の体験の代入

1章　授業の前に

2章　授業中のこと

3章　授業の後に

4章　ヒント集

5章　根本問題

6章　事例編

7章　文献ガイド

③高校2年生○『枕草子』「村上の先帝の御時に」

（第一学習社『高等学校　古典B　古文編』）

【原文】

　村上の先帝の御時に、雪のいみじう降りたりけるを、様器に盛らせ給ひて、梅の花をさして、月のいと明かきに、「これに歌よめ。いかが言ふべき。」と、兵衛の蔵人に給はせたりければ、「雪・月・花の時」と奏したりけるをこそ、いみじうめでさせ給ひけれ。「歌などよむは世の常なり。かく、折に合ひたることなむ、言ひがたき。」とぞ仰せられける。

　同じ人を御供にて、殿上に人候はざりけるほど、たたずませ給ひけるに、火櫃にけぶりの立ちければ、「かれは何ぞと見よ。」と仰せられければ、見て帰り参りて、

　わたつ海のおきにこがるる物見ればあまの釣りしてかへるなりけり

と奏しけるこそをかしけれ。蛙の飛び入りて焼くるなりけり。

【訳】

　村上の帝の御代に、雪がたいへん深く降ったのを、様器にお盛らせになって、それに梅の花を挿して、月がたいへん明るい時に、「これについて歌を詠みなさい。どういうふうに詠めるか」と兵衛の蔵人にお下しになったところが、「雪月花の時」と奏上したのを、主上は非常に御賞賛あそばしたのだった。「こういう場合、歌など詠むのは、世間ありきたりなことだ。こんなふうに、その時にぴったりなことは、なかなか言えないものだ」と仰せになった。

　同じ兵衛の蔵人をお供として、村上の帝が、殿上の間にだれも伺候していなかった時に、立ち止っておいでになると、火鉢に煙が立ちのぼったので、「あれは何の煙か、見てきなさい」と仰せになったので、見て帰っておそばに伺って、

わたつ海の……（海の沖に漕がれる物を何かと見ると、海士が釣をして帰るのでした。―燠火に焦げる物を何かと見ると、蛙なのでした）

と奏上したのはおもしろい。蛙が飛び込んで焼けていたのだった。

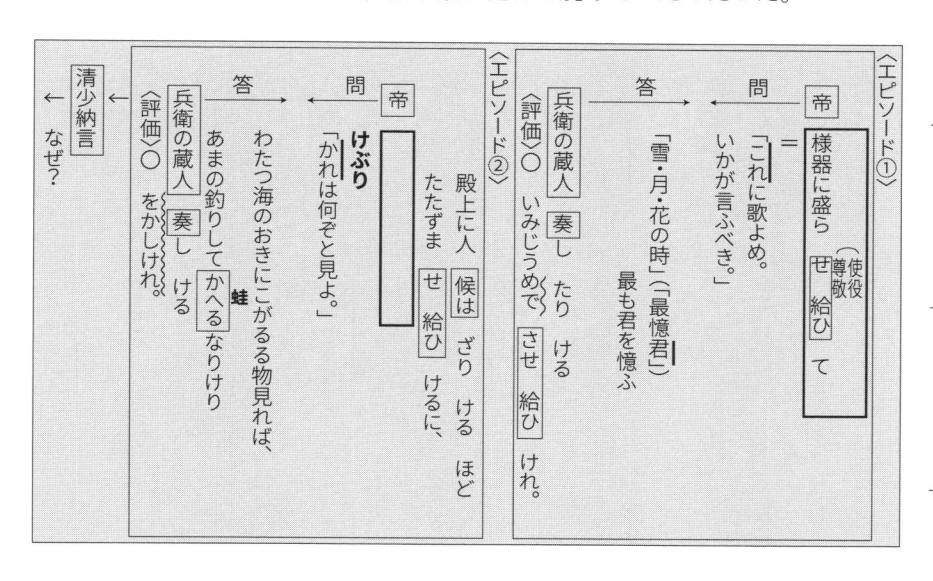

『枕草子』の中でも比較的有名な章段です。ここでは稲賀敬二の分析を参考にしています。▶注67

村上天皇の時代に、「兵衛の蔵人」と天皇との間に知的なやりとりがあったことを清少納言が伝え聞いて語った場面です。ここでは、村上天皇が兵衛の蔵人を「試験」していたことを軸として授業を組み立てていきました。

「香炉峰の雪」の時にも使いましたが、「問」と「答」で構成されるエピソードが２つあります。そして、エピソード①には「香炉峰の雪」の場合とはやや異なったやりとりもあり、その行為の評価も語られています。また、これは高校生が対象ですので、二重敬語については押さえておく必要はあるでしょう。分かりやすく四角で囲ってあります。敬語については、エピソード

1章　授業の前に
2章　授業中のこと
3章　授業の後に
4章　ヒント集
5章　根本問題
6章　事例編
7章　文献ガイド

①では「盛らせ給ひて」というところに注目してもよいでしょう。「せ（す）」には使役と尊敬の意味がありますが、このどちらが適切かどうかを考えていくことも重要な学習です。使役の場合では村上天皇が自分で盛ったのではなく、誰かにさせたということがわかります。しかし、この場合、村上天皇に対して「給ひ」という敬語しか用いられていないことになります。一方、「尊敬」の場合だと天皇に対する敬語としては適切であっても、天皇自らがそのような行為を自分でするのかどうかが問題となります。このあたりは一旦保留にして、「いみじうめでさ・せ・給・ひ・けれ」やエピソード②の「たたずま・せ・給・ひ・ける」に触れる中で考えてみるのも面白いと思います。

　エピソード②は、「蛙（かへる）」の謎解きです。すぐにこの謎を解く生徒もいますが、最後に「蛙の飛び入りて焼くるなりけり」とあっても気づかない生徒も多くいます。ここについては、「兵衛の蔵人の答えは適切なのか」と問う中で、その理由とともにこの謎を解いていくのがよいでしょう。以前、実習生がこの教材を扱った時に、さらっとこの謎を説明していました。こうした謎はできる限り生徒が解くように仕向けていくことが大切だと思います。

　問題はこれは自然発生的に蛙が飛び込んだのかどうかです。稲賀敬二は村上天皇が投げたと「空想する」と述べていますが、今回はこの説を採用しています。そして、この説に生徒自身がたどり着くためにはどうすればよいでしょうか。これまでの授業と異なって、今回は「犯人は誰だ？」という一種の謎解きのようなものですから、「これは村上天皇が投げたんですよ。だってほら……」と説明せずに、少しずつ解決に向かわせていくためにどういう工夫が必要になるかを考えないといけません。

　私は次のような流れを考えました。矢印は実際の生徒の反応です。「わからない」が多いですが、「わからない」ことが前提となって進んでいく授業です。

　　1　蛙はどこにいたのか？　　　　　→わからない

1章　授業の前に

2章　授業中のこと

3章　授業の後に

4章　ヒント集

5章　根本問題

6章　事例編

7章　文献ガイド

2　自然に火櫃に入ったのか？　　→わからない

3　この場には誰がいるのか？　　→帝と兵衛の蔵人

4　帝は蛙だと知っていたのか？　→わからない

5　エピソード①ではなぜ帝は問いかけをしたのか？

→兵衛の蔵人を試すため

6　エピソード①と②は同じ章段に含まれているが、それを踏まえると、エピソード②はどんな話になりそうか？　　→兵衛の蔵人を試す

7　それでは、帝は②ではどうやって試したのか？

→あ、もしかして、蛙を自分で…？

8　①の帝なら、②でもやりそうかどうか、どうだろう？

　ここでは、エピソード①とエピソード②の関係を押さえていくことで、エピソード①の村上天皇の兵衛の蔵人の実力を測っていることから、エピソード②でも同じように村上天皇は試しているのではないかと思わせていく流れになっています。ここもかなり誘導的なものになっています。

　ただし、ここでは村上天皇が投げ入れたことを明言していません。あくまでも「村上天皇ならやりそうかどうか？」と問うことだけにとどめています。これは授業者次第というところもありますが、明確な解釈ができる場合ならばそれもよいですが、ここはあえてオープンエンドの形にしていく方がよいのではないかと判断したためです。

　そして、最後に「…という話を、なぜ書いているのでしょうか？」と問いました。反応はこれまで『枕草子』の話をどこまで読んできたかにもよります。昔の知的なやりとりが面白かったからというものも出てくるでしょう。うらやましかったということもあるかもしれません。村上天皇時代の文化的なレベルと、中宮定子の文化的サロンとを同一視していくという狙いもあったかもしれません。『枕草子』についていえば、近年では、山本淳子『枕草子のたくらみ─「春はあけぼの」に秘められた思い』(朝日新聞出版［朝日選書］、2017年)という非常に興味深い書籍が刊行されました。清少納言は中宮定子

が亡くなった後も『枕草子』を書き続けていきました。そして、テキストは読まれ続けていきました。清少納言の「意図」がどのようなものかはわかりませんが、中宮定子との記憶、献身、祈り、鎮魂……、そしてそれはしばしばライバルとして言われる紫式部にとっては乗り越えられない壁としてこのテキストは作用していったように思われます。その理由の1つとして中宮定子側にはあの村上朝が二重化されているようになって、なおさら乗り越えられないからこそ紫式部の有名な「清少納言こそ、したり顔にいみじう侍りける人」などのような言葉がでてきたのではないかと、最近思うようになりました。

④高校2年生○『徒然草』「ある者、子を法師になして」
（第一学習社『高等学校　古典B　古文編』）

【原文】

　ある者、子を法師になして、「学問して因果の理をも知り、説経などして世渡るたづきともせよ。」と言ひければ、教へのままに、説経師にならんために、まづ馬に乗り習ひけり。輿・車は持たぬ身の、導師に請ぜられんとき、馬など迎へにおこせたらんに、桃尻にて落ちなんは、心憂かるべしと思ひけり。次に、仏事ののち、酒など勧むることあらんに、法師のむげに能なきは、檀那すさまじく思ふべしとて、早歌といふことを習ひけり。二つのわざ、やうやう境に入りければ、いよいよよくしたくおぼえて、たしなみけるほどに、説経習ふべきひまなくて、年よりにけり。

　この法師のみにもあらず、世間の人、なべてこのことあり。若きほどは、諸事につけて、身を立て、大きなる道をも成じ、能をもつき、学問をもせんと、行く末久しくあらますことども心にはかけながら、世をのどかに思ひてうち怠りつつ、まづさしあたりたる目の前のことにのみ紛れて月日を送れば、ことごとなすことなくして、身は老いぬ。つひにものの上手にもならず、思

ひしやうに身をも持たず。悔ゆれども取り返さるる齢ならねば、走りて坂を下る輪のごとくに衰へゆく。

　されば、一生のうち、むねとあらまほしからんことの中に、いづれかまさるとよく思ひくらべて、第一のことを案じ定めて、そのほかは思ひ捨てて、一事を励むべし。一日のうち、一時のうちにも、あまたのことの来たらん中に、少しも益のまさらんことを営みて、そのほかをばうち捨てて、大事を急ぐべきなり。いづ方をも捨てじと心に取り持ちては、一事もなるべからず。

【訳】

　ある人がその子を法師にして、「学問して因果応報の道理も知り、説経などして生活する手だてにもせよ」と言ったので、教えに従って、説経師になろうがために、まず馬に乗ることを習った。輿や牛車は持たない身で、法事の導師として招かれるようなとき、馬などを迎えによこすようなら、すわりの悪い尻で落ちてしまうようでは、つらかろうと思ったのであった。次に法事の後、酒など勧めることがあるような場合、法師でまったく芸のないのは、施主が興ざめに思うだろうと思って、早歌というものを習ったのであった。二つのわざが、ようやく熟達の境に入ってきたので、ますますりっぱにやりたいと思って、心を入れて稽古している間に、説経を習うはずの時間がないまま、年をとってしまった。

　この法師ばかりでもなく、世間の人々には、おしなべて、これと同じことがあるものだ。若いうちは、いろいろなことに関して、立身し、大きな事業をも成し遂げ、芸能も身につけ、学問もしようと、将来まで遠く思いめぐらす諸事を、気にはかけながらも、一生をのんびりしたものと思って、つい怠けては、まず、さしあたっている目前のことだけに、まぎれて月日を送るから、どれもこれも完成することがなくて、わが身は年をとってしまう。とうとう一つの道に上達することもできず、思ったように立身出世もせず、後悔しても、取り返すことのできる年齢ではないので、走って坂を下る車輪のように、どんどん衰えてゆくのだ。

1章　授業の前に

2章　授業中のこと

3章　授業の後に

4章　ヒント集

5章　根本問題

6章　事例編

7章　文献ガイド

だから、一生のうちに、主として望ましいようなことのなかで、どれがまさっているかと、よくよく考えくらべて、いちばん大事なことを考え定めて、そのほかは断念して、その一つのことだけに精励すべきである。一日のうち、また一時の間でも、多くの為すべきことがやってくるであろうなかで、少しでも利益の多いようなことを励み行い、そのほかのことを打ち捨てて、大事なことを急ぐべきである。どちらをも捨てまいと、心に執着するならば、一つの事も成就するはずがない。

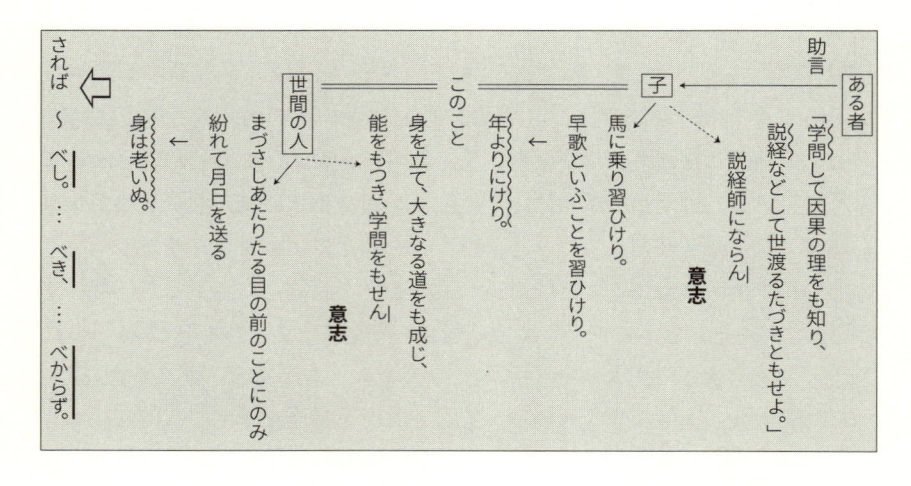

「ある者、子を法師になして」は『徒然草』の中でも比較的有名な章段であり、教科書にも多く載せられています。「ある者」の「子」の話の例から世間の人々へと一般化し、それについて最後に教訓めいた「されば」以降の文章が続いていきます。実際にはこの後も本文は続いています。

　具体例→一般化→それを踏まえての主張というのは評論文でもよくある型です。基本的には上の板書もその形にしています。

　この例では、いくつかアプローチはできますが、ある程度読むことができる場合には、全体を踏まえた問いかけからはじめていくことも有効です。普通の授業の場合では、「子」の例、次に「世間の人」の例を順番に読んでいくと思いますが、この両者をつなぐ「このこと」に注目していってもよいで

しょう。つまり、「「このこと」とは何か」という問いからはじめるわけです。あるいは、「この文章を 2 つに分けるとすればどこか、そしてそれはどういう根拠からか」という問いでもよいでしょう。これは古典教材の場合はなかなか全体を読んでから考えるということが少ないように思うからです。最後まで読みきるというのも大切なことです。さすがに森鷗外の『舞姫』レベルの難解で、ある程度の分量のある文章ではなかなかできないかもしれませんが、授業で読む際には最初から最後までを、意味がわからないところがあってもなんとなく全体像をつかむという読み方をしていく必要があるのではないかと思います。▶注 68　ここではそのような狙いがあります。もちろん、生徒のレベルによっては「このこと」の意味をつかめない場合もあるでしょうから、その場合は「それでは「このこと」を明らかにするために本文を読んでいこう」という流れにしていくこともできるでしょう。

　ここで、助動詞について確認をしてみます。「説経師になら<u>ん</u>」「学問をも<u>せん</u>」の「ん（む）」ですが、2 つとも意志の意味です。意志を確認する必要があるのは、この章段は意志の弱さ、意志が変わっていくことの問題や原因を述べているので、ある種のキーワードでもあるからです。

　また、「べし」や「ん（む）」のようにいくつかの意味がある助動詞については、生徒が自分で考えて訳出させることが望ましいと思います。当たり前のことですが、自力で読んでいくためです。この場合は、いきなり「この一文を訳してください」と言ってみるのがよいのですが、▶注 69　それに対して上手に訳せた場合はすぐ次に行くのではなく、なぜそのような訳になったのかを問うてみるのも 1 つの手です。その生徒は分かっていても、他の生徒は分かっていないこともあるからです。そして、訳せたとしても実際に前後の文脈を当てはめてそれが妥当かどうかの検証も必要です。また、訳せない場合は、「学問／を／も／せ／ん」のように単語に分けていって、文法書を使って「ん」の意味をその都度確認していくこともよいでしょう。なお、「ん（む）」については、「主語が一人称の時には意志の意味」（二人称は勧誘・適当、三人称は推量）と言われることがありますが、これは逆で「意志の意味の時には主語が一人

1 章　授業の前に

2 章　授業中のこと

3 章　授業の後に

4 章　ヒント集

5 章　根本問題

6 章　事例編

7 章　文献ガイド

称」です。▶注70

　また、助動詞の学習の際には、意味・活用・接続の三点セットだと思われるのですが、少なくとも接続については古文を読み始めたばかりの生徒には覚える必然性がわからないことが多い。「来なむ」(きっと来るだろう)、「来なむ」(来てほしい) などのいわゆる識別問題の時には必要となりますが、最初の段階ではなかなかこのような文を読むことが少なく、せっかく覚えたのに上手くそれを活かせません。これは古文の教材が用言や助動詞、助詞、敬語を中心に配列されているからともいえるのですが、これについては悩ましいところです。ただ、最初は「せ／ん (む)」や「あり／けり」などのように上接する「せ (サ変動詞未然形)」「あり (ラ変動詞連用形)」などの用例を少しずつ頭に入れていくことが必要ではないかと思います。

　さて、助動詞の話が続きましたが、最後の段落の「べし」についても触れてみたいと思います。最後の段落の文には 3 文すべてに「べし」が使用されています。先に「この文章を 2 つに分けるとすればどこか、そしてそれはどういう根拠からか」と問いましたが、これは「されば」という言葉が根拠となります。ここのところはもう少し掘り下げていって、「「されば」よりも前と後の文章 (段落) はどのような関係があるか」と問うてみると、事例・一般化とそれに対する教訓・主張となります。すぐには出てこないこともあるかもしれませんが、仮に出されたとして、「教訓や主張の時には、どのような言葉が多く使われるか」とさらに問うことができます。「〜すべきである」「〜しなければならない」「〜する方がよい」などが出されるとすれば、「それではそれに当たる言葉は最後の段落では何か」と問うと、「べし」が出てきやすいと思います。▶注71　これは教訓や主張の文脈ではどのような言葉がセットになっているのかに意識を向けさせることにもなりますし、このような「べし」が多用されている部分があったら注意する必要があると考えることにもつながります。そして、さらにこのように「「〜すべきである」という言葉が多用される場面や状況はどこか」ということを現代社会の中で問うていくこともよいでしょう。

これで読解は終えてもいいのですが、これまで生徒が読んできた『徒然草』の他の章段と関連させていくことを最後に述べておきたいと思います。「ある者」の「子」の例も、「世間の人」の例もそうですが、『徒然草』には思い通りにはいかない人間やその心理が語られている章段が意外と多いのです。「仁和寺にある法師」は早合点して失敗してしまった話ですし、「猫また」の話もそうです。「名を聞くより」は心の不思議さを説いたものですし、「高名の木登り」も心についての章段です。▶注72 失敗してしまう話が『徒然草』には多いのですが、このような現実があるからこそ、「べし」と言わざるをえない状況があるのだと考えられます。つまり、「ある者、子を法師になして」では「されば」で教訓や主張をしていますが、一方にはこのように「されば」以降のことを貫徹できない人間を語っているともいえます。したがって、逆にこの章段を読んだ後に、「猫また」などの話に戻ってきた時に「書き手はこの人（失敗した人）を馬鹿にして笑っているのでしょうか」などの問いを加えると、書き手の立場を少し考えることにもつながっていきます。

このように、他の章段と読み合わせることによって、別の視点から考えられることもあります。▶注73 何と何とを組み合わせていくのかは作品全体を読まなければわからないので、できる限り取り扱う作品については通読をしておくとよいでしょう。

⑤高校2年生○樊噲、頭髪上指す『史記』「鴻門之会」
（第一学習社『高等学校　古典B　漢文編』）

【原文】

　於是張良至軍門、見樊噲。樊噲曰、「今日之事何如。」良曰、「甚急。今者項荘抜剣舞。其意常在沛公也。」噲曰、「此迫矣。臣請、入与之同命。」噲即帯剣擁盾入軍門。交戟之衛士、欲止不内。樊噲側其盾、以撞衛士仆地。

　噲遂入、披帷西嚮立、瞋目視項王。頭髪上指、目眥尽裂。項王按剣而跪曰、

1章　授業の前に

2章　授業中のこと

3章　授業の後に

4章　ヒント集

5章　根本問題

6章　事例編

7章　文献ガイド

「客何為者。」張良曰、「沛公之参乗樊噲者也。」項王曰、「壮士。賜之卮酒。」
則与斗卮酒。噲拝謝起、立而飲之。項王曰、「賜之彘肩。」則与一生彘肩。樊
噲覆其盾於地、加彘肩上、抜剣、切而啗之。

【読み下し】

　是に於いて張良軍門に至り、樊噲を見る。樊噲曰はく、「今日の事何如。」
と。良曰はく、「甚だ急なり。今者項荘剣を抜きて舞ふ。其の意常に沛公に
在るなり。」と。噲曰はく、「此れ迫れり。臣請ふ、入りて之と命を同じくせん。」
と。噲即ち剣を帯び盾を擁して軍門に入る。交戟の衛士、止めて内れざらん
と欲す。樊噲其の盾を側てて、以つて衛士を撞きて地に仆す。
　噲遂に入り、帷を抜きて西嚮して立ち、目を瞋らして項王を視る。頭髪
上指し、目眥尽く裂く。項王剣を按じて跪きて曰はく、「客何為る者ぞ。」と。
張良曰はく、「沛公の参乗、樊噲といふ者なり。」と。項王曰はく、「壮士な
り。之に卮酒を賜へ。」と。則ち斗卮酒を与ふ。噲拝謝して起ち、立ちなが
らにして之を飲む。項王曰はく、「之に彘肩を賜へ。」と。則ち一生彘肩を与
ふ。樊噲其の盾を地に覆せ、彘肩を上に加へ、剣を抜き、切りて之を啗ふ。

【訳】

　（事態が切迫してきたので）そこで張良は（部下の待機している）陣営の入り口ま
で行き、樊噲に会った。（心配していた）樊噲は、「今日の会見の様子はいかが
ですか。」と尋ねた。張良が言うには、「（事態は）非常に切迫している。今、
項荘が剣を抜いて舞っているところが。彼の心は絶えず沛公（を殺すこと）に
おかれている。〔すきあらば沛公を殺害しようとしている。〕」と。樊噲が（そ
れを聞いて非常に驚いて）言うには、「これは危ない。わたしは中に入って彼〔項
荘〕と生死を共にしよう。〔項荘と刺しちがえて死のう。〕」と。（そう言うと）
噲はすぐに剣を身につけ、盾をかかえて陣営の入り口から中に入ろうとした。
（入り口で）矛を交えて立っていた守備兵たちは、（噲を）止めて中に入れまい
とした。（そこで）樊噲は（持っていた）盾をはすに構えて、突き飛ばした。（す

1章　授業の前に

2章　授業中のこと

3章　授業の後に

4章　ヒント集

5章　根本問題

6章　事例編

7章　文献ガイド

ると）守備兵たちは（バタバタと）地上に倒れた。噲はそのまま中に入っていき、とばりを（手で）押し開くと西に向いて立ち、（カッと）目を見開いて項王をにらみつけた。（噲の）髪の毛は上を向いて逆立ち、まなじりは裂けんばかりであった。（驚いた）項王は（とっさに）剣のつかに手をかけ、立てひざをして身構えて言うには、「おぬしは（いったい）何者だ。」と。張良が言うには、「沛公の参乗〔警護官〕を務める樊噲という者です。」と。項王が言うには、「勇壮な男だ。彼に酒を振る舞ってやれ。」と。そこで（項王の臣下の者が樊噲に）一斗〔約二リットル〕入りの大杯の酒を与えた。噲は拝礼をして立ち上がり、立ったままで（一気に）この大杯を飲みほした。項王が（ついで）言うには、「彼に（酒のさかなとして）豚の股の肉を振る舞ってやれ。」と。そこで（臣下の者が）一塊の生の豚の股肉を与えた。樊噲は持っていた盾を地面に裏返して置き、豚の股肉をその上に載せ、剣を抜いて切りながらこれを食った。

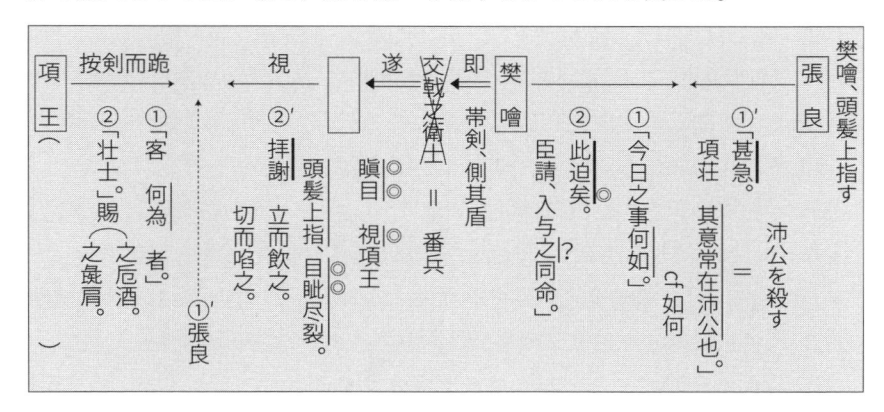

　項羽（項王）と劉邦（沛公）の話として有名な『史記』（「項羽本紀」）です。いろいろな事情により、項王は沛公を殺害しようとしますが、会談をきっかけに誤解は解かれ、その後宴を開きました。しかし、ここでも沛公は暗殺されようとしています。この直前は「剣の舞」と呼ばれる場面で、項王の配下である項荘は剣をもって舞いながら沛公を殺そうとしますが、項伯も同じく剣をもって舞いながら沛公を守ります。危険を察した沛公の部下の張良が外に出て、樊噲に話をするのがこの場面です。

この場面では、張良と樊噲との対話、そして樊噲と項王との対話の2つがあります。最初の対話については、これまで見てきたように→←という構造があります。樊噲から先に「今日之事何如」と尋ねます。そのまま張良の「甚急」に進んでもよいのですが、「樊噲はこの時どのような心情であったか」という問いを間に入れることもできます。「様子はどうだ」という言葉にしても、緊張感のない場合もあるでしょうし、心配している場合もあるでしょう。これまでの経緯を踏まえて、主君である沛公が命を狙われていたこと、また張良と二人だけで宴に参加をしていること、その他様々な状況から考えることも可能でしょう。

　そして、実際に危機的状況です。問いとしては「どういう状況なのか」「それはどこから分かるか」となります。最初に「どういう状況なのか」と確認をしていきますが、それが直接分かるのは「其意常在沛公也」という張良の言葉です。しかし、他にも「甚急」や「此迫矣」という短い文があります。これなどは、現代でも緊急時での言葉の使用について考えてみることから注目させていくこともよいでしょう。さらに、言葉のやりとりが短い場面にはどのようなものがあるかなどを聞くこともできるでしょう。

　張良から事情を聞いた樊噲は「即」動きます。この行動の素早さがどういう理由か、沛公との関係から考えることもできます。そして、番兵を倒して「遂（そのまま）」会場に乗り込んでいきます。「即」や「遂」はここでは樊噲の心情や性格に即しており、効果的に用いられていると思います。

　板書には樊噲が当てはまるべきところを空欄にしています。これは誰か、ということです。そして、この疑問を抱いたのは項王です（「客何為者」）。それでは項王は何を見たのでしょうか。それが樊噲の描写である「瞋目視項王、頭髪上指、目眦尽裂」という姿です。この描写の特徴を問うていくと、「目」が分かりやすいですし、そうした目で項王を「視」ています。▶注74　また、目だけではなく、このような身体的な表現がどのような感情と結びついているかにも触れることになるでしょう。このような目をし、感情を抱いている見知らぬ男が入り込んできたのです。ここで、「みんなだったらどんな行動

をとるか」と聞いていくのもよいでしょう。その後、実際にはどのような行動をとっているかというと、それが項王の「按剣而跪」という行動です。まさに一触即発です。「何が起きるか」と聞くと「殺し合い」ということになるでしょうか。でも、そうならなかったのはなぜかというと、ここで張良が項王の「客何為者」に対する返答（「沛公之参乗樊噲者也」）をしたからです。板書ではこの両者の間に入り込むように図示しています。

　身元、正体が分かって、項王は「壮士」と言い、酒と肉を振る舞います。ここで、項王は何を考えていたのかを想像していく方法もあります。これは酒と肉を振る舞う行為の裏には、どのような感情があったのかを問うことでもあります。全ての行動に動機があるとは限りませんが、教材の中には行動とその裏側にある感情や心情の関係を問うていくことが有効であることもあります。

　項王から賜った酒と肉を樊噲は豪快に平らげます。ここで、樊噲の人物像をあらためて確認していくこともできます。主君思いの、直情径行な人間、このあたりが出てくるでしょう。しかし、一方で感情に任せた行動だけではなく、「拝謝」という礼を守ることも同時に書かれています。この点を押さえておくと、この後に行われる樊噲の項王への説得の場面でも活かされることにもつながることでしょう。この記述を見落とす生徒もいますから、「「拝謝」ってどういう意味か」と聞いて、このことも踏まえながら樊噲について考えてみましょう。

　また、最後に板書の「立而飲之／切而啗之」や「（賜）之卮酒／之彘肩」などの並びを見ることで、繰り返しや対句表現などに注目させていくこともできるでしょう。

⑥高校2年生○夏目漱石『こころ』　　（三省堂『現代文B』）

【原文】

①私は猿楽町から神保町の通りへ出て、小川町の方へ曲がりました。私がこ

1章　授業の前に

2章　授業中のこと

3章　授業の後に

4章　ヒント集

5章　根本問題

6章　事例編

7章　文献ガイド

の界隈を歩くのは、いつも古本屋をひやかすのが目的でしたが、その日は手擦れのした書物などを眺める気が、どうしても起こらないのです。私は歩きながら絶えず宅のことを考えていました。私にはさっきの奥さんの記憶がありました。それからお嬢さんが宅へ帰ってからの想像がありました。私はつまりこの2つのもので歩かせられていたようなものです。その上私は時々往来の真ん中で我知らずふと立ち止まりました。そうして今頃は奥さんがお嬢さんにもうあの話をしている時分だろうなどと考えました。またある時は、もうあの話が済んだ頃だとも思いました。

② 私 はとうとう万世橋を渡って、明神の坂を上がって、本郷台へ来て、それからまた菊坂を下りて、しまいに小石川の谷へ下りたのです。 私 の歩いた距離はこの三区にまたがって、いびつな円を描いたとも言われるでしょうが、 私 はこの長い散歩の間ほとんどKのことを考えなかったのです。今その時の 私 を回顧して、なぜだと自分に聞いてみてもいっこうわかりません。ただ不思議に思うだけです。 私 の心がKを忘れ得るくらい、一方に緊張していたと見ればそれまでですが、 私 の良心がまたそれを許すべきはずはなかったのですから。

③ Kに対する私の良心が復活したのは、私が宅の格子を開けて、玄関から座敷へ通る時、すなわち例のごとく彼の室を抜けようとした瞬間でした。彼はいつものとおり机に向かって書見をしていました。彼はいつものとおり書物から眼を放して、私を見ました。しかし彼はいつものとおり今帰ったのかとは言いませんでした。彼は「病気はもういいのか、医者へでも行ったのか」と聞きました。私はその刹那に、彼の前に手をついて、あやまりたくなったのです。しかも私の受けたその時の衝動は決して弱いものではなかったのです。もしKと私がたった二人曠野の真ん中にでも立っていたならば、私はきっと良心の命令に従って、その場で彼に謝罪したろうと思います。しかし奥には人がいます。私の自然はすぐそこで食い止められてしまったのです。そうして悲しいことに永久に復活しなかったのです。

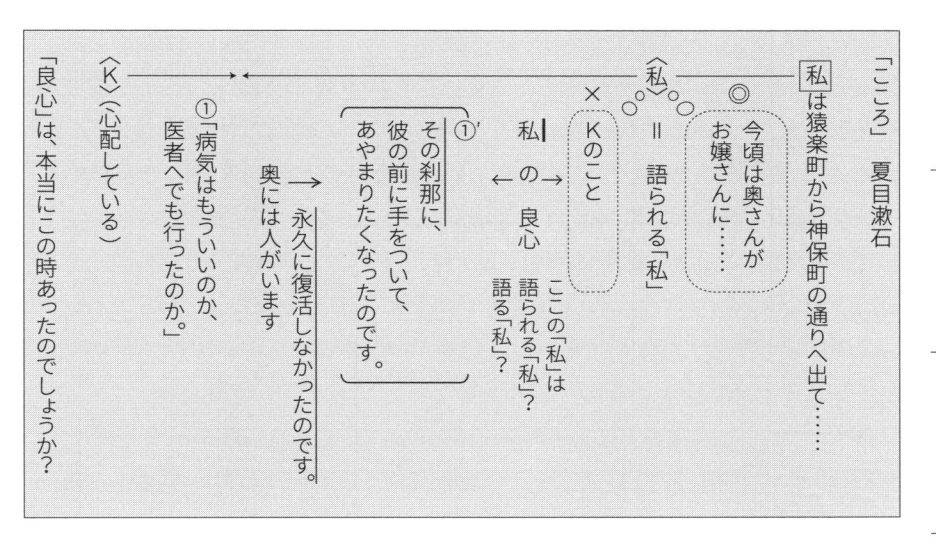

1章 授業の前に

2章 授業中のこと

3章 授業の後に

4章 ヒント集

5章 根本問題

6章 事例編

7章 文献ガイド

　「こころ」は多くの高校で読まれている小説です。そのため、実践報告も多く、様々な点で参考になることと思います。ここでは、「こころ」の一場面をとりあげてみたいと思います。「私」である「先生」が「奥さん」に「お嬢さん」との結婚を懇願する後の散歩の場面です。

　これまで語りについての文脈で「私」の問題を述べてきましたが、ここではそれについて関連させた授業案を用意してみました。

　最初に、2段落目のところで「この段落の「私」はすべて同じ意味か」と問うてみます。既にこの前の場面でも、「先生と遺書」や「こころ」の語りの構造を確認していれば、「語る私」と「語られる私」の2つのレベルの「私」が出てくるかもしれませんし、確認していなくても「現在の私」と「過去の私」という2つの「私」が出てくるかもしれません。

　「先生」は散歩の時にKのことはほとんど考えなかったとあります。ここでは「語られる私（過去の私）」のことです。それはお嬢さんとのことで頭がいっぱいであったからでしょう。しかし、その時の自分＝「語られる私」を不思議に感じます。なぜなら「私の良心がまたそれを許すべきはずはなかったのですから」。ここでは本来であれば「私の良心」がKのことを考える構

図になっていることを板書で示しています。そして、その「良心」はＫの「病気はもういいのか、医者へでも行ったのか」という発話（①）によって、「その刹那（①′）」に謝罪の気持ちがあふれ出てきたことが語られています。ここではＫがどのような心情だったのかを押さえることで対比的にできるでしょう。そして、この後に他の人の存在によって、その気持ちもなくなっていきます。これは自己と他者の問題として考えてみても興味深いことですし、このような経験があるかないかを生徒に聞いてみてもいいでしょう。また、自分の感情の発露や行動の始まりは、他者との関係性の中から生じていくものでもある、ということの確認もできるでしょう。

　いずれにしても、「私」の謝罪したい気持ちはなくなってしまったわけですから、板書では括弧で表示して、それが消えてしまったことを表現しています。

　これで授業を終えてもよいのですが、もう少し「語る私」と「語られる私」との関係について考えてみます。ここで、「「私の良心」の「私」とは、どのような「私」なのか」、このような問いを投げかけてみます。もちろん、「語られる私」のことだ、それは当然だ、という読み方もできます。ただし、もしここでの「私」が「語る私」だと考えた場合、「語られる私」（過去の私）には、「良心」が本当にあったのかどうかという問題につながってきます。すなわち、これは「語る私」が「語られる私」という他者を作っているともいえます。「過去の私」は、あるいは「私の良心」を語ることを通じて創造しているということです。もしそうなると、Ｋのことを考えてはいなかったかもしれない理由も理解できますし、謝罪したい気持ちというのもこの遺書の読み手を意識して「先生」がそのような「私」を作り上げた可能性もあります。実際に授業をする時には言葉を慎重に使用しなければいけませんが、思い切って「「私の良心」の「私」について、「語る私」の場合と「語られる私」の場合と、それぞれ考えてみよう」という課題にすることもできるでしょう。40人いて、一人でもこのことについて疑問や違和がある反応を感じたら、その生徒の意見を全体に投げかけていくこともできます。もちろん、誰も何も考えつかな

いこともあります。このようなことは実際の授業では起きることですが、もちろんこのこと自体が1つの目標ではないこともありますし、曖昧なままに次に移っていくこともあります。大切なことは、何回もこのような授業をしていくことを通じて、「語り」の問題を自覚していくことなのだろうと思います。

野家啓一は、「歴史叙述」と「物語行為」について次のように述べています。

ここまでくれば、「歴史的出来事（geschichte）」と「歴史叙述（Historie）」との古典的二分法が、そのままでは維持しがたいことは明らかであろう。過去が想起と不可分であるように、歴史的出来事もまた歴史叙述から独立に論じることはできないのである。歴史的出来事は、物語行為によって語り出されることによってはじめて、歴史的事実としての身分を確立することができる。物語行為は、想起されたさまざまな出来事を時間系列にしたがって配列し、さらにそれらを一定の「物語」のコンテクストの中に再配置することによって、歴史的事実を構成する。それ以外の場所に、つまり物語行為によって語り出される事柄の外部に、「客観的事実」や「歴史の必然性」が存在しているわけではない。英語の ”history”と ”story” とが共にギリシア語の「ヒストリア」に由来する語源を同じくする言葉であることからもわかるように、「歴史」と「物語」とは「事実」と「虚構」のように対立するものではない。むしろ歴史叙述の原型である「口承」や「伝承」のあり方を見ればわかるように、両者は表裏一体のものなのである。それゆえ、物語行為こそは、われわれの歴史意識を構成する最も原初的な言語活動だと言わねばならない。ここでわれわれは、冒頭のウィトゲンシュタインを模したテーゼに立ち返って今一度こう言うことができる。「物語りえぬことについては、沈黙せねばならない」と。

（野家啓一『物語の哲学』岩波書店［岩波現代文庫］、2005 年、123-124 頁）

1章　授業の前に

2章　授業中のこと

3章　授業の後に

4章　ヒント集

5章　根本問題

6章　事例編

7章　文献ガイド

ここでは歴史的事実の認定をめぐる物語行為の役割や関係について述べられていますが、これを授業に利用していくこともできるでしょう。

　中学3年生では魯迅の「故郷」を多くの生徒が読みます。この教材の扱いにくさは、最後の「希望」についてのくだりにあるように思います。

　　　まどろみかけた私の目に、海辺の広い緑の砂地が浮かんでくる。その上の紺碧の空には、金色の丸い月が懸かっている。思うに希望とは、もともとあるものとも言えぬし、ないものとも言えない。それは地上の道のようなものである。もともと地上には道はない。歩く人が多くなれば、それが道になるのだ。

　「希望」はあるのかないのか、どちらとももいえません。「歩く人が多くなれば」道になるでしょうし、「歩く人がいなければ」道にならないのでしょう。この「希望」についての曖昧な言い方ゆえに、授業の着地点をどこに持っていくのがいいのかが困難なのです。

　しかし、「希望を言えば、彼らは新しい生活を持たなくてはならない。私たちの経験しなかった新しい生活を」のように、「私」が「希望」について語ること自体が1つの希望という見方をしてもいいのではないかと思います。なぜなら、「私」以外の人物は、語れないからです。閏土もその子の水生も、甥の宏児も楊おばさんも、語る言葉がありません。「私」だけが「希望」について語ることができ、そして「希望」について語ったのだと考えてみるとどうでしょう。語ることには「騙（かた）る」もあるにせよ、何かを創造する点があることを踏まえながら授業を作っていくこともよいのではないかと思います。

1章　授業の前に

2章　授業中のこと

3章　授業の後に

4章　ヒント集

5章　根本問題

6章　事例編

7章　文献ガイド

⑦高校2年生—李白「独坐敬亭山（独り敬亭山に坐す）」

（第一学習社『高等学校　古典B　漢文編』）

【原文】	【読み下し】

衆鳥高飛尽　　衆鳥高く飛びて尽き

孤雲独去閑　　孤雲独り去つて閑かなり

相看両不厭　　相看て両に厭はざるは

只有敬亭山　　只だ敬亭山有るのみ

【訳】

ひとりで敬亭山に対して

（空を騒がしていた）多くの鳥たちが飛去って何もなくなり、

（空に浮かんでいた）一つの雲も流れ行き、雲に静寂が戻る。

相手を見つめて飽くことがないのだ、

（私にとって）ただ敬亭山があるだけである。

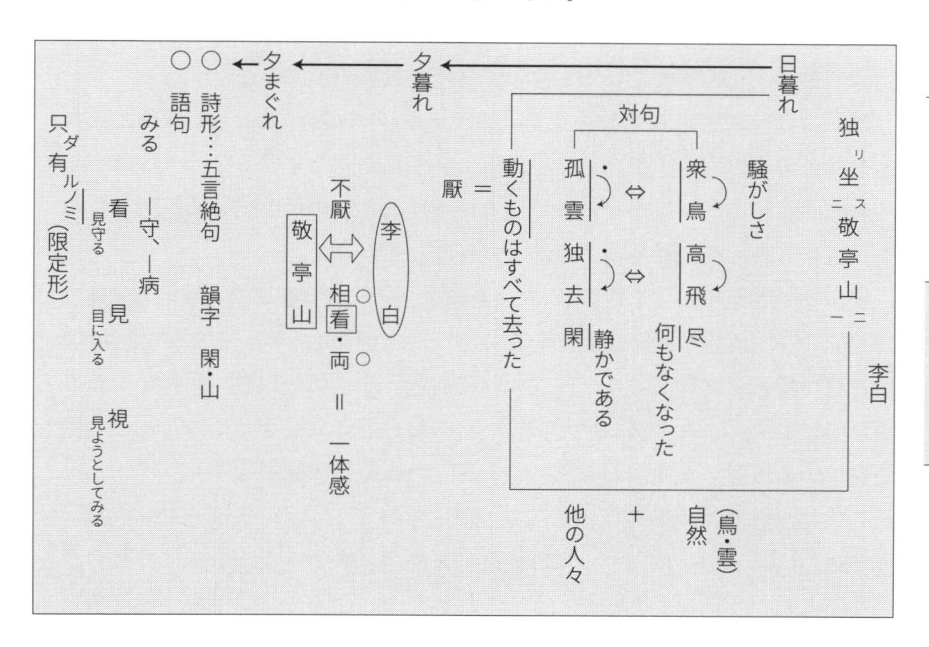

211

この授業例は勤務校の同僚であった岡本惠子の実践を参考にして、私が手を加えたものです（広島大学教育学部附属中・高等学校『国語科研究紀要』42号、2011年、118-119頁）。

　漢詩は、中学校では杜甫の「春望」や王維の「送元二使安西（元二の安西に使ひするを送る）」等を学びます。「詩（漢詩）とは何か」という問題は非常に厄介な問題です。少なくとも授業で触れる詩は散文とは異なる何かとしか言いようがありません。しかし、たとえば幼児が「今風が走った」という発話は詩でしょうか。そうだとすれば、何が詩を成り立たせているのか、単に散文と韻文の違いだけでは解消されません。これについてはどこかで考えたい問題です。

　漢文もそうですが漢詩を学ぶ時間数は減り、そんなに多くの詩を読めるわけではありません。このような状況で、漢詩を学ぶ意義をどこに見いだすのかは正直難しい。そのため、一つひとつを生徒の心に残るように工夫をする必要があります。「詩とは何か」を一旦は棚上げして、テキストと出会って生徒はどのように考えたのかを優先するのが現実的です。

　漢詩は一般的に最初に詩の形式（「独坐敬亭山」では五言絶句）を押さえることが多いように思います。韻や平仄については訓読をしてしまうと抑揚やリズムを感じることができないので、漢詩を推定音か現代中国語で朗読したのを一度でも聴く機会を持つことができればと思います。

　安田女子大学中国文学研究会『唐詩の学習―『中国学論集』特輯号』（2002年、5-14頁）では、漢詩の教材研究をするにあたって留意すべき点を、①作詩背景、②一首の構造、③場面のイメージ化、④典故、⑤語句の用例、⑥対句の6点挙げています。これらについては、教材を解説した本によってほとんど指摘されていると思います。とりわけ、②一首の構造、③場面のイメージ化、⑥対句への注意を向けることができるかが大切のように思います。①作詩背景、④典故、⑤語句の用例については、教科書の注にあるか、あるいは授業者が差し出していく情報になるでしょう。これらをどこまで説明するかは授業に

よります。

　②一首の構造は、一句の構造、そして起句・承句・転句・結句の構造を考えることです。

　一句の構造についてですが、漢詩も文ですから文の構造があります。したがって、文を読むための方法もあります。一般には漢詩の一句の構造は五言詩の場合は「2字＋3字」、七言詩の場合は「4字（2字＋2字）＋3字」と考えることができます。これは⑥対句とも関係がありますが、「衆鳥高飛尽」と「孤雲独去閑」は対句です。ただし、板書をして、「起句と承句が対句です」と説明するのではなく、「起句と承句を見て、何か思うことはない？」と聞いてみるのがよいかと思います（特に対句についてまだ理解が定着していない場合）。漠然とした問いで授業者の意図を摑みづらいと感じたら、「起句と承句で似ているところはない？」と具体的に聞いてみるのがよいでしょう。その際に、何が似ているのかを考え、文の構造（品詞等）に注目させることができればしめたものです。

　また、起句と承句はたいてい情景を示す詩が多いのですが、その情景の背景にある作者の心情を想像していくこともあります。「どのような印象を受けるか」と聞いてみると、「孤」や「独」、あるいは「尽」や「去」や「閑」の字に注目することになるでしょう。この問いで難しそうであれば、「この詩は楽しそう？　それとも悲しそう？」と具体的に方向付けをしてみると答えやすくなります。「楽しそう」「悲しそう」といずれの回答が出た場合も、「それはどこからわかる？」と詩の言葉に立ち返っていき、具体的な言葉を指摘させていき、「なぜその言葉を？」とさらに問うていくことも必要となるでしょう。

　これは漢詩に限りませんが、最後の結句まで読んで、最初に戻っていく読み方もあります。最後まで読むことで、最初に読んだところがさらに深まるというわけです。漢詩には限らないといいながらも、漢詩の場合は特にそれが顕著であるように思います。

　書き手は何かを感じた時に表現をしますが、読み手の側は表現を読んで書

1章　授業の前に

2章　授業中のこと

3章　授業の後に

4章　ヒント集

5章　根本問題

6章　事例編

7章　文献ガイド

き手が感じた何かを感じます。たとえば、杜甫の「春望」では書き手が「人（の世）のはかなさ」を感じて「国破れて山河在り」と表現をしたと考えられますが、読み手としては「人（の世）のはかなさ（の深さ）」を感じるのはたいてい最後を読んでからです。つまり、表現と理解が書き手と読み手とではたいてい逆のことが多い。しかし、それがわかってから最初の「国破れて」に注目すると、すでに「国＝人為」が移ろいゆくものとして表現されていることに気づくことにもなるでしょう。表現行為の追認、ともいえるでしょうか。長い文章の場合には感じることは難しいのですが、漢詩や和歌等の短いものは表現の工夫、言葉の選択等に気づかせていく授業を行うことが比較的容易です。

　漢詩の特徴は短いことです。しかし、1つの、あるいは複数の世界が表現されます（④典故や、和歌の本歌取りや本説取り）。世界が表現されながらも、その世界を想像していくには文字数が少ないことが、漢詩の面白さでもあり難しさでもあります。したがって、漢詩の世界を理解するための③場面のイメージ化が重要となります。具体的には、誰がいるのか、時間はいつか、どこにいるのか等を丁寧に詩の言葉を確認しながら、具体的なイメージを作っていくことが必要になります。

　この詩では、人物は敬亭山にいるわけではありません。また、時間も推移しています。場合によっては簡単な絵を描かせてみて、確認していくのも1つの手です。言葉からすべてをイメージすることは不可能なのですが、あらゆる手段を用いてできる限り想像して空所を埋めていくことは、漢詩や和歌、物語の基本ではないかと思います。

　さて、漢詩の場合には対比がよくあります。ここでは「不厭」とありますから、反対に「厭」の対象もあるはずです。「不○」とあったら「○」の部分を探していくことも学習活動になりえます。これは漢詩に限らず、評論文や説明文でも二項対立、対比構造に注目して読んでいくことと同じことです。これは、もう一方が明示されていないものを前景化させる学習でもあります（もちろん、二項対立だけでは解消されえない場合もあります）。なお、駒田信二『新

1章　授業の前に

2章　授業中のこと

3章　授業の後に

4章　ヒント集

5章　根本問題

6章　事例編

7章　文献ガイド

編　対の思想―中国文学と日本文学』（岩波書店［岩波同時代ライブラリー］、1992年）という興味深い本があります。

　また、「看」は「みる」と読みますが、たとえば「看」を含む熟語（「看守」「看病」）を挙げていって、この語がどのような意味を持っているのかを顕在化させることも授業ではよくあることです。これは現代文の漢字学習でも、熟語の中の漢字の意味を類推していく学習としてもありえます（たとえば「報道」はなぜ「道」か）。

　ところで、この詩の面白さは転句・結句のように、敬亭山以外のものには興味を抱かず（「厭」）、そして擬人法を用いて敬亭山と李白とが「相看両」関係になっているところです。もちろん、ここから教材研究で知った謝朓の詩に触れたり、山と詩人との関係の歴史について触れたりすることもあるかもしれません。気にかかるのは、それで生徒は興味を抱くかどうかということです。おそらく「へぇ」というくらいで終わります。

　私はこの詩は自己と他者との関係の問題について触れているので、他者論について触れたものを併読することが多い。教材自体の面白さを副教材によって促進させるのです。

　エトムント・フッサール、浜渦辰二・山口一郎（監訳）『間主観性の現象学その方法』（筑摩書房［ちくま学芸文庫］、2012 年）の訳者解説（浜渦辰二）に、「他人」と「他者」との違いを述べた箇所があります。

　　そもそも、「他者」とは何なのか。それは、おそらく日常生活のなかであまりよく使う言葉ではない。似た言葉で、ふだんよく使っているのは、「他人」という言葉だろう。しかし、「他者」という語の用法は必ずしも「他人」のそれとは重ならない。例えば、自分の祖父母、両親、兄弟姉妹、妻、子ども、孫といった家族のことをふつう「他人」とは呼ばない。それでも、妻はもともとは「他人」だったし、離婚してしまえば「他人」になる。兄弟は「他人」の始まりと言われ、おじ・おば、姪・甥、いとこ、またいとこ、あるいは義理の両親など、どこまでが「他人」ではないと言え

るのか、その境界には曖昧なところがある。それに比べ、妻や子どもという自分のもっとも身近な家族といえども、自分とは違う（身体が分離している）という意味では「他者」と呼ぶことができる。この意味では、「他者」は曖昧なところがなく、「私」以外はすべて「他者」と呼ばれる。

他方、「他者」にはもう少し別の用法もある。自分あるいは自分たちと異なる（異質な）人あるいは人びとを「他者」と呼ぶような用法である。例えば、男にとって女は「他者」であるし、大人にとって子どもは「他者」であるし、若者にとって高齢者は「他者」であるし、日本人にとって外国人は「他者」であり、その逆もすべて同様に「他者」である。例を広げれば、教師にとって学生は「他者」であるし、医師にとって患者は「他者」であるし、ケアする人にとってケアされる人は「他者」であるし、等々その逆も同様、ということになる。この意味では、男同士や女同士は「他者」ではなく、大人同士や子ども同士も「他者」ではなく、という具合に、さきほどのように「私」とそれ以外の「他者」とのあいだで線が引かれるのではなく、さまざまな意味での集まりである「私たち」とそれ以外の人たちの集まりである「他者」とのあいだで線が引かれることになる。

あるいはまた、「他人」という語は、それで呼ばれるのが人間であることを前提しているが、「他者」というのは、必ずしも人間でなくてもいいように思われる。人間にとって動物は「他者」と言ってもいいし、動物を主体として考えるなら、例えば野生のクマにとって人間は「他者」かもしれないし、猿にとって犬は「他者」かもしれない。人間とは限らない何かにとっても、それを異なる異質な何かは、それにとって「他者」と呼ばれるだろう。

このように「他人」と「他者」とは似ているようでいて必ずしも重ならず、「他人」ではないのに「他者」である場合（例えば、妻）もあれば、「他人」なのに「他者」ではない場合（例えば、親友）もある。

さらにもう少し言えば、私たちは日常生活のなかで、多くの「他人」と接しており、ふだん何気なく彼らと挨拶をかわし、仕事や勉強の話をし、一緒

1章　授業の前に

2章　授業中のこと

3章　授業の後に

4章　ヒント集

5章　根本問題

6章　事例編

7章　文献ガイド

にどこかに行ったり、一緒に何かをしたりしているとき、彼らが「他人」だと分かってはいるが、彼らを「他者」とは考えてみたこともないだろう。そこには、おそらく「他者」というような言葉が入り込む余地はない。ところが、あるとき、突然、こうした関係が一転するときがある。親しくしていた（親しいつもりでいた）「他人」が、突然、疎遠な、見知らぬ、なじみのない、何を考えているのか分からない「他者」となって現れてくる。まわりの人たちが異邦人になってしまったのか、私が異邦人になってしまったのか、いずれにしても、隣人だった「他人」が突然「他者」となって現れることがある。例えば、うつ状態になったり、若年性認知症になったり、がんで余命半年と宣告を受けたりした時のことを想像してみるといい。日常生活のなかでは無縁だった「他者」という言葉が、突如として、日常生活のなかに入り込んできて、そこにくさびを打ち込み、裂け目を作ってしまう。

　こうして、日常生活のなかで当たり前の事実としてある「他人」に対して、「他者」は日常生活のなかにはなかった非日常的なものをもちこむ言葉とも言えよう。このように日常的な「他人」から非日常的な「他者」へと広がる現象に関わる問題を、ここでは「他者」論と呼びたい(533-536頁)。

　たいていこの文章を読んだ後に、「この文章で述べられている「他者」と、この詩の中の「他者」とはどのような関係なのでしょうか」と問います。このような学習展開（しかもこの詩の軸に関わる学習展開）を作ることで、活動だけではなく、明確な目標をもって読ませていきます。

　その後、併せ読みで用いた副教材の内容にスライドしていき、生徒の実体験や感想を交流させ、様々な自己と他者関係について触れた後、最終的にこの詩に描かれている人と山（「他者」）との関係について考えていきます。最後は必ずしも教材に戻る必要はありませんが、「この文章を読んだ」という経験は積み重ねてもよいのではないかと思います。

　さて、最後に板書について触れておきます。以前に勤務校の同僚である朝倉孝之の板書を目にする機会がありました。教材は王維の「送元二使安西」

217

でした。多少省略していますが、次のような板書です。語句の意味等は黒板の左側に書き、教材の構造については真ん中〜右側に書きますが、ここでは「安西」が語句の説明かと思いきや、最終的につながった例です。板書のテクニックにはいろいろとありますが、このように最後にあっと驚くことをしてもよいでしょう。

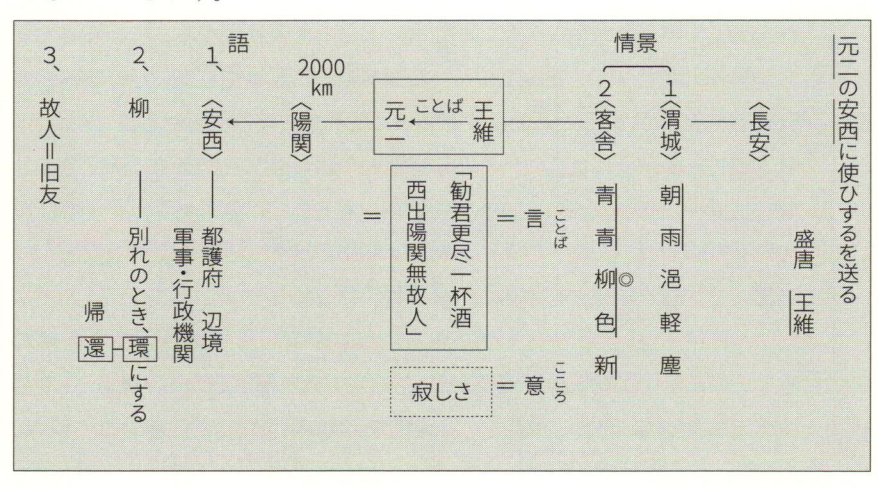

⑧高校2年生─『平家物語』「忠度の都落ち」

（第一学習社『高等学校　古典B　古文編』）

【原文】

　薩摩守忠度は、いづくよりや帰られたりけん、侍五騎、童一人、わが身ともに七騎取つて返し、五条の三位俊成卿の宿所におはして見給へば、門戸を閉ぢて開かず。「忠度。」と名のり給へば、「落人帰り来たり。」とて、その内騒ぎ合へり。薩摩守、馬より下り、みづから高らかにのたまひけるは、「別の子細候はず。三位殿に申すべきことあつて、忠度が帰り参つて候ふ。門を開かれずとも、このきはまで立ち寄らせ給へ。」とのたまへば、俊成卿、「さ

218

るることあるらん。その人ならば苦しかるまじ。入れ申せ。」とて、門を開けて対面あり。ことの体、何となうあはれなり。

　薩摩守のたまひけるは、「年ごろ申し承つてのち、おろかならぬ御ことに思ひ参らせ候へども、この二、三年は、京都の騒ぎ、国々の乱れ、しかしながら当家の身の上のことに候ふ間、疎略を存ぜずといへども、常に参り寄ることも候はず。君すでに都を出でさせ給ひぬ。一門の運命はや尽き候ひぬ。撰集のあるべきよし承り候ひしかば、生涯の面目に、一首なりとも御恩をかうぶらうど存じて候ひしに、やがて世の乱れ出で来て、その沙汰なく候ふ条、ただ一身の嘆きと存ずる候ふ。世静まり候ひなば、勅撰の御沙汰候はんずらん。これに候ふ巻き物のうちに、さりぬべきもの候はば、一首なりとも御恩をかうぶつて、草の陰にてもうれしと存じ候はば、遠き御守りでこそ候はんずれ。」とて、日ごろよみ置かれたる歌どもの中に、秀歌とおぼしきを百余首書き集められたる巻き物を、今はとてうつ立たれけるとき、これを取つて持たれたりしが、鎧の引き合はせより取り出でて、俊成卿に奉る。

　三位、これを開けて見て、「かかる忘れ形見を給はり置き候ひぬるうへは、ゆめゆめ疎略を存ずまじう候ふ。御疑ひあるべからず。さてもただ今の御渡りこそ、情けもすぐれて深う、あはれもことに思ひ知られて、感涙おさへがたう候へ。」とのたまへば、薩摩守喜んで、「今は西海の波の底に沈まば沈め、山野にかばねをさらさばさらせ。浮き世に思ひ置くこと候はず。さらばいとま申して。」とて、馬にうち乗り甲の緒を締め、西をさいてぞ歩ませ給ふ。三位、後ろをはるかに見送つて立たれれば、忠度の声とおぼしくて、「前途ほど遠し、思ひを雁山の夕べの雲に馳す。」と、高らかに口ずさみ給へば、俊成卿いとど名残惜しうおぼえて、涙をおさへてぞ入り給ふ。

　そののち、世静まつて、千載集を撰ぜられけるに、忠度のありしありさま、言ひ置きし言の葉、今さら思ひ出でてあはれなりければ、かの巻き物のうちに、さりぬべき歌、いくらもありけれども、勅勘の人なれば、名字をばあらはされず、故郷の花といふ題にてよまれたりける歌一首ぞ、「よみ人知らず」と入れられける。

1章　授業の前に

2章　授業中のこと

3章　授業の後に

4章　ヒント集

5章　根本問題

6章　事例編

7章　文献ガイド

さざなみや志賀の都は荒れにしを昔ながらの山桜かな

　その身、朝敵となりにしうへは、子細に及ばずといひながら、うらめしかりしことどもなり。

【訳】

　薩摩守忠度は、どこから帰られたのであろうか、侍五騎・童一人を連れ、自分と共に七騎で引き返し、五条の三位俊成卿の家にいらっしゃって御覧になると、門の扉を閉めて開かない。「忠度」と名のられると、「落人が帰って来た」といって家の内ではみんな騒いでいる。薩摩守は馬から降り、自分自身で声高く言われるには、「特別のわけはありません。三位殿に申したいことがあって、忠度が帰って参っております。門をお開きにならないにしても、この近くまでお寄りください」と言われると、俊成卿は、「帰って来られることもあるだろう。その人ならばさしつかえあるまい。お入れ申せ」といって、門を開けてお会いになる。様子はなんとなく哀れである。

　薩摩守が言われるには、「ここ何年もの間、歌のことについてお教えいただいて後、疎略にお思いすることはありませんでしたが、この二、三年は京都の騒ぎ、国々の反乱など、すべて当平家の身の上のことでございますので、歌道をなおざりに考えていたのではありませんけれども、変らずにお伺いすることもできませんでした。わが君（安徳天皇）はすでに都をお出になりました。一門の運命はもう尽きてしまいました。勅撰集の撰集があるだろうとのことを承りましたので、生涯の名誉に一首でもご恩をこうむり、入れていただこうと存じておりましたのに、間もなく乱が起って、その沙汰もなく中止になりましたこと、私にとって全く大きな嘆きと存じております。世が治まりましたならば、勅撰のご沙汰がございましょう。ここにあります巻物の中に適当なものがありますならば、一首でもご恩をこうむり、入れていただき、草葉の陰ででもうれしいと存じましたなら、遠いあの世から末長くあなたをお守りすることでしょう」といって、日頃詠んでおかれた多くの歌の中で、秀歌と思われるのを百余首書き集められた巻物を、いざ出発という時に、

これを取って持たれていたが、それを鎧の合せ目から取り出して、俊成卿に差し上げた。

　三位はこれを開けて見て、「このような忘れ形見を頂きました上は、決していい加減には思いますまい。お疑いなさいますな。それにしてもただ今のお越しは、風情も非常に深く、しみじみとした思いも特に感ぜられて、感涙をおさえきれません」と言われると、薩摩守は喜んで、「今は西海の波の底に沈むのならば沈んでもよい、山野に屍をさらすのならばさらしてもよい、この世に思い残すことはありません。それではお暇申して」といって、馬にうち乗り、甲の緒を締め、西に向って馬を進められる。三位は後ろ姿を遠くまで見送って立っておられると、忠度の声と思われて、「前途程遠し、思いを雁山の夕の雲に馳す」と声高らかに口ずさまれたので、俊成卿はますます名残惜しく思われて、こみあげる涙をおさえて邸内に入られる。

　その後、世が治まって、三位は千載集を撰ばれたが、忠度のあの時のありさま、言い残したことばを、今あらためて思い出して感慨が深かったので、あの巻物の中に、勅撰集に入れてもよさそうな歌はいくらもあったけれども、勅勘の人なので、名字を公にされず、「故郷の花」という題で詠まれた歌一首だけを、「読人知らず」としてお入れになった。

　　さざなみや……（志賀の旧都は荒れてしまったが、長等山の山桜は昔そのままだなあ）

　その身が朝敵となってしまったからには、とやかく言えないことながら、悲しい残念なことであった。

1章　授業の前に

2章　授業中のこと

3章　授業の後に

4章　ヒント集

5章　根本問題

6章　事例編

7章　文献ガイド

【板書】

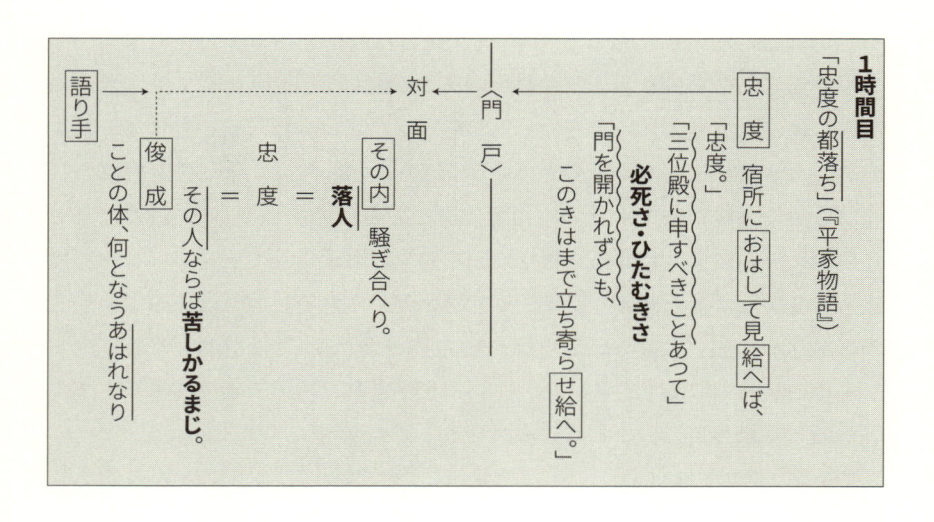

1時間目

「忠度の都落ち」(『平家物語』)

忠度　宿所におはして見給へば、
「忠度。」
「忠度。」
「三位殿に申すべきことあつて
必死さ・ひたむきさ
「門を開かれずとも、
このきはまで立ち寄らせ給へ。」

〈門戸〉

対面

〈門戸〉

その内　騒ぎ合へり。
落人
忠度　＝
＝
その人ならば**苦しかるまじ。**

俊成　＝
ことの体、何となうあはれなり

語り手

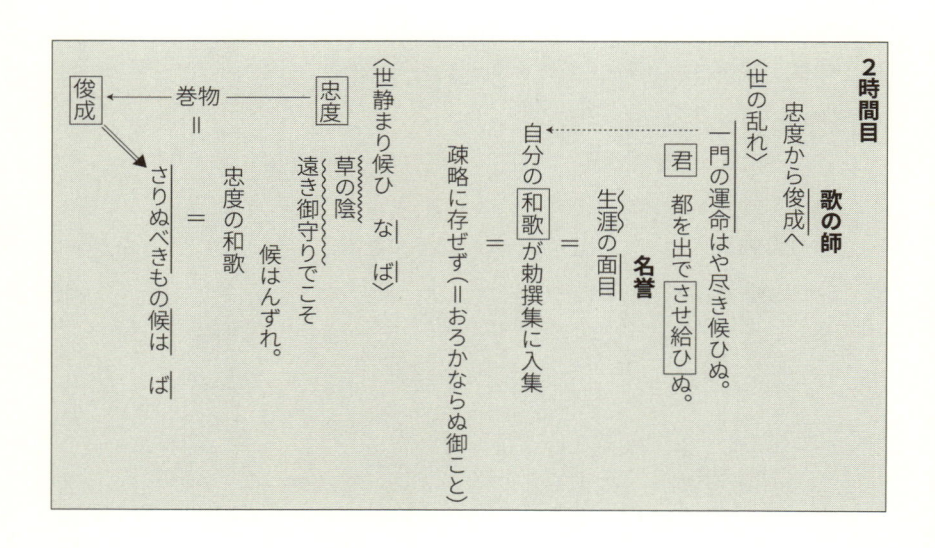

2時間目

歌の師

忠度から俊成へ

〈世の乱れ〉

一門の運命ははや尽き候ひぬ。
〈君〉都を出で**させ給**ひぬ。
生涯の面目　**名誉**

自分の**和歌**が勅撰集に入集
＝
疎略に存ぜず(＝おろかならぬ御こと)

〈世静まり候ひ|な|ば〉
草の陰
遠き御守りでこそ
候はんずれ。

忠度

巻物
＝
忠度の和歌
＝
さりぬべきもの候は|ば|

俊成

222

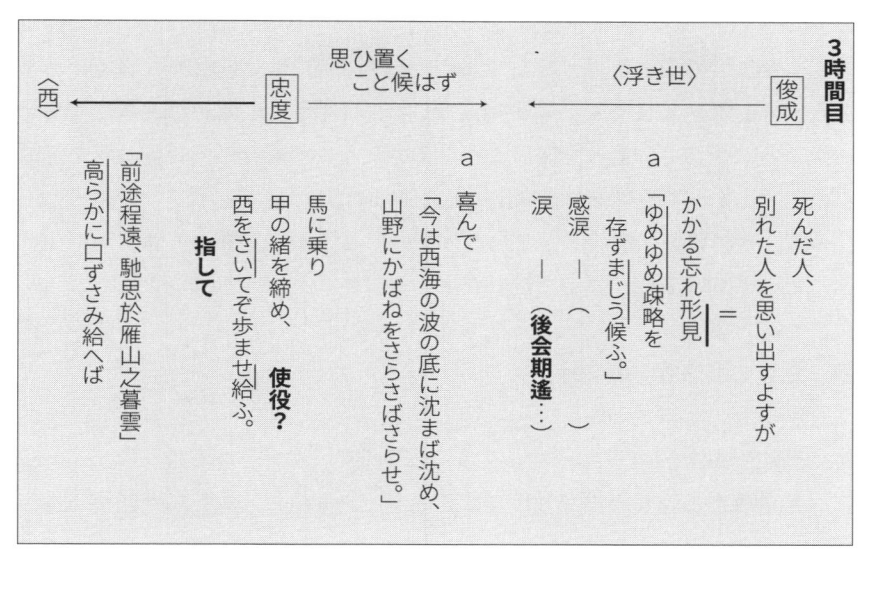

3時間目

俊成

〈浮き世〉 ←

死んだ人、別れた人を思い出すよすが

かかる忘れ形見 ＝
「ゆめゆめ疎略を存ずまじう候ふ。」

a

感涙 — （　　）

涙 — （後会期遙…）

思ひ置くこと候はず

忠度

〈西〉 ←

a
喜んで
「今は西海の波の底に沈まば沈め、山野にかばねをさらさばさらせ。」

馬に乗り
甲の緒を締め、
西をさいてぞ歩ませ給ふ。　**使役？**

指して

「前途程遠、馳思於雁山之暮雲」
高らかに口ずさみ給へば

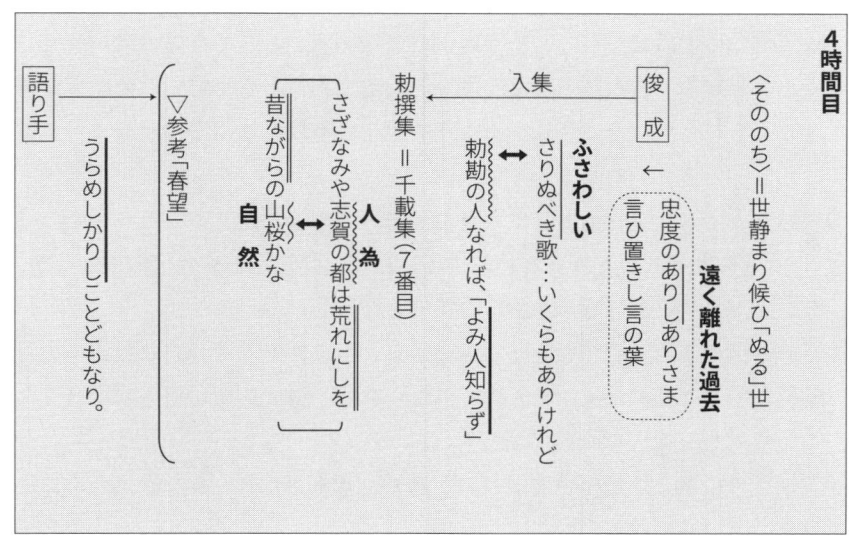

4時間目

〈そののち〉＝世静まり候ひ「ぬる」世

俊成 ←

忠度のありしありさま
言ひ置きし言の葉

遠く離れた過去

ふさわしい
さりぬべき歌…いくらもありけれど
勅勘の人なれば、「よみ人知らず」

入集 ←

勅撰集 ＝ 千載集（7番目）

さざなみや志賀の都は荒れにしを
昔ながらの山桜かな

人為 ↔ **自然**

語り手 →

▽参考「春望」

うらめしかりしことどもなり。

223

この授業は 2016 年 10 月 15 日に行った研究授業の報告です。全 6 時間の授業のうち、4 時間目までを通常の読解、5 時間目には登場人物や物語についての感想や意見、疑問点などを書き、6 時間目にはその意見や感想を踏まえながら授業をしました。この授業では、5 時間目に生徒が記述した言葉をどのように分類し、それを用いながらどのように授業をしていくのかを意識しました。1 〜 4 時間目の板書は上述の通りです。

次に、5 時間目に生徒が書いたものを引用します。傍線などは、私が注目したところで、実際に授業で触れたところです。

■ 「忠度の都落ち」の感想

A　忠度について

①一門の滅亡と自らの死を覚悟してまでも、勅撰集の入集を果たしたいがために俊成のところを訪ねるということは、よっぽど歌人としての願望が忠度は強い人だなと思った。

②都落ちして朝敵となっても、死ぬ前に最後の願いとして自分の歌を載せて欲しいと頼み、歌が載ることが生涯の面目であると考えているのは大変趣深いことだと思った。これからもうすぐ死ぬ身であるのに失望せず、思いは残ると考えている。

③朝敵となり、死を目前としてもなお、自分の生きた証を残したかったのだろうか、和歌のことを考えている忠度には現代の私から見ればあきれるが、そこまで入れ込めるものがあるのはうらやましい。

④自分の武人としての身を危険にさらしながら歌人としての誇りを持って行動をしていた様子が文中から強く感じられた。俊成と話し終えた後は武人として生きる覚悟を決めたと思う。

⑤武士なのに歌を詠むのが上手いのが意外。せっかく良い歌を詠んだのに後世まで歌で名が残らずかわいそうだ。

B　俊成について

①勅勘の人である忠度の歌を（よみ人知らずという形ではあるが）勅撰集に入れた
のは**勇気がいることだ**と思った。忠度の行動に二度も涙するなど**心優しい人**
なのかなと思う。

②忠度を受け入れたのが**寛容**でいいと思う。弟子が自分の歌を入れてほしい
という一心でやってきたことを心から喜んでいると思った。忠度にはもう
会えないだろうと思って最後に接しているのがよく分かった。勅撰和歌集
に忠度の歌を入れたのは、よほどの**覚悟**があってのことだと思う。

③忠度が落人になったとしても、何もとがめず家にあげた俊成と忠度の間に
は**深い絆**があったんだろうと思った。また、都落ちした忠度にとって、人
に会うのは、歌を和歌集に入れてもらいたいという強い思いがあっても、
とても恥ずかしいことなのに、会おうと思える俊成は、忠度がそれだけ
信頼して慕っている証拠だと思いました。

④落人であり、朝敵である忠度を信用して家に入れてくれて、優しい人だと
思った。突然忠度が訪ねてきて、形見になるような歌を書いた巻き物を渡
され、今生の別れを告げられたようなもので**辛かった**だろうと思った。

⑤弟子のことを大切に涙もろい（？）　忠度の歌の才能を認めているため、「よ
み人知らず」で和歌を残していることをとても**残念**がっている。

⑥特に何も感じませんでした。和歌には非常に思い入れがあったんだろう
なぁ。忠度みたいに、戦で消えていく才能や作品のことを惜しく思ってい
たんでしょうか。当時の人だからそうでもないんでしょうか。「感涙」っ
て書いてあったら、なんかただの熱い男だけど、たぶん忠度の姿が生き様
と、これからの行く末に対して、**切なく**感じたり、**辛かった**りしたんだろ
うなと思います。歌集に載せることはできたけど、名前を書けないことを
一番**うらめしく**思っていたのは彼だったのかなぁ。

⑦人生のどん底にいる忠度に対して自分ができることを頑張ってやっている
姿、素敵だなあと思った。さすが忠度の歌の師。歌だけでなく人間性も優

1章　授業の前に

2章　授業中のこと

3章　授業の後に

4章　ヒント集

5章　根本問題

6章　事例編

7章　文献ガイド

れていらっしゃる。だからいい歌が詠めるのだ。

C　物語全体について

①一番不思議に思ったのが、<u>忠度は主役として登場し続けているのに、忠度のその後が全く気にならない</u>ところだった。思い入れがないわけでも、簡単にだいたいの予想がつくわけでもないのに、なぜか気にもしようとしなかった。<u>忠度がいさぎよすぎるのか</u>……

②どんなに名歌を詠んでも平家という社会的立場によって千載集に名前を残せなかった忠度は残念だと思った。忠度と俊成の二人に共通する「和歌への強い思い」が印象的だった。

③和歌に対する愛情がこんなに人の心を動かすんだなと思った。忠度と俊成のつながりは師弟関係というよりはむしろ、「和歌への愛」なのではないかと思った。平家の人は優雅だというが、平敦盛が笛をもって戦に出てきたのとまたちがい、和歌派の平氏もいるのだなと思った。

④忠度が命をかけて、願って来たことに対し、師である俊成がその願いに対して、真摯に向き合いかなえているのは、<u>2人の大人が本気でやっている</u>という点で素晴らしいと思う。

⑤忠度は平家の一門で武士でありながら歌の才能があった。が、朝敵となってしまったためにせっかくの歌が名前が残ることなく載ることになってしまった。時代が時代とはいえ、良い物が正当に評価されないのは<u>むなしい</u>なと思った。

⑥どれほどの文化人でも事情によってはそれを捨てなくてはならない時があること。また、文化人同士では彼らの状況にかかわらず、その間には共通して愛するもののもとでは敵味方は関係ないということ。

⑦忠度と俊成卿の話だが、とても諸行無常ということを表現していると思った。平家物語といっても源氏側に味方するような書かれ方をしたものもあるが、<u>こちらは平家に同情するような書き方</u>だと感じた。

⑧今と昔の考え方の違いを実感した。歌に対する情熱、厳しい戦い、身分の

1章　授業の前に

2章　授業中のこと

3章　授業の後に

4章　ヒント集

5章　根本問題

6章　事例編

7章　文献ガイド

重要性等、今では想像もつかないような考え方も多かった。しかし、平家物語が書かれた頃には、その一つ一つがとても大切で、かけがえのないものだったのだろうと思った。

⑨忠度が大友皇子と自分を重ねて詠んだのかはわからないが壬申の乱に負けて自害した大友皇子と自身を重ねて詠んでいるのはとても文学的だと思う。またそれを俊成の功績により今も私たちがこれを読めていると考えると、大事なことは消えずに残ることなのだなと考えさせられた。

D　疑問点等

①武士は誇りや名誉を一番大切にするっていうのがまさに、という感じの話だった。死んだら何の意味もねえよって思うんですけど、でもやっぱりそういうのかっこいいなとも思います。

②よみ人知らずで入集した歌の作者が忠度であることが広まったのはこの平家物語だけのおかげなのか？（「山桜詠み人知らぬ者はなし」という川柳があるらしいのですが）

　どの生徒の次にどの生徒に指名をしていくとより深くなるのか、そしてこちらからどのような問いを投げかけることで新しい問題について考えていけるのか等、生徒の意見や感想を踏まえて事前に考えました。以下は考えた問いや授業の流れに加えて、実際の授業でどのような反応があったのかを追加しています。また、→が実際の生徒の意見です。

　「忠度の都落ち」を読んで感想を書いてもらったが、みんなの感想をもとにしながら、今一度物語を振り返っていこう。

〈忠度について〉

1　忠度にとって和歌とは何であるのか？
　　　　　→願望―勅撰集への入集（A①）　／　**生涯の面目**（A②）　**自分の生き**

　　　　た証（A③）

2　では、どうすれば人は「自分の生きた証」が残せるのか？

　　　→誰かの存在、受けとめてくれる人　＝　「自己、他者」の語を使用（問題領域の設定）

　　忠度の場合はどうか？　　→**俊成が入集してくれること**

3　入集した後の忠度について見てみよう。

　　　→武人として生きる覚悟を決めた（A④）

　　忠度はこれで満足したのでしょうか？（A④の生徒へ）

　　　→「歌人」としては満足した。

　　ここで、面白い意見があるからみてみよう。

　　　→主役なのにその後が気にならない（C①）

　　この物語の主人公は、誰なんだろう？＝視点を俊成へ切り換える発問（俊成への伏線）

〈**俊成について**〉

次は俊成を主人公として物語を考えてみよう。

4　なぜ俊成は忠度の和歌を入集したのだろうか？

　　　→**心の優しさ、勇気**（B①）／**寛容、覚悟**（B②）／**深い絆、信頼**（B③）

5　絆とあるけれど、絆が生まれるためには何が必要か。

　　　→**和歌への想い**（C②）／**和歌への愛**（C③）

6　それでは、忠度と同様に俊成は満足しているのか？

　　　→**辛かった**（B④）／**残念がっている**（B⑤）／**切ない、一番うらめしく**（B⑥）

　　この俊成の気持ちを、忠度は受けとめているだろうか？

7　「一番」とあるけど、物語を読んできて「うらめしく」思ったのは誰？（B⑥の生徒へ）

　　　→語っている語り手が「**うらめしかりし**」と感じている。（語り手への伏線）

　　生徒の「辛い」「残念」という発話が語り手のレベルであることに着目。

8 　忠度がもし生きていたら、「うらめしく」思ったか？

〈語り手について〉

9 　少し視点を変えて、今出てきた語り手について考えてみよう。

　　　　→平家に同情するような書き方（C⑦）

　　どのようなところが「同情するような書き方」か？（C⑦の生徒へ）

　　　　→その一つ一つが大切、かけがえのないもの（C⑧）

　　　　→大事なことは消えずに残る（C⑨）

　　「大事なこと」とは何か？（C⑨の生徒へ）

　　　　→忠度の想いなど

　　その「大事なこと」は「消えずに」、どこまで残っているといえるの？

　　　　→今　＝　約800年後

10 　「大事なことが消えずに残る」ためには、何が必要なのだろうか。

　　　　→この平家物語だけのおかげなのか？（D②）…古典を語り継ぐ読者

　　　層への注目

　　この物語では、誰が「大事」「かけがえのない」と考えている？

　　　　→語り手　語り手から読者へ＝語り続けて残っている、残されている。

11 　この「忠度の都落ち」に似た物語って読んだことない？＝既存の物語の

　　類推を促す発問

　　　（時間経過）

　　誰かが、誰かに、何かを託し、それを受け取る物語って読んだことない？

　　　　→「初冠」（『伊勢物語』）＝　生徒の読みのモードが古文に限定されて

　　　いる問題発見

　　「初冠」だったら、「昔男」が「女はらから」に、和歌を送ったけれど、「女

　　はらから」が受け取ったって書いてあったかな？

　　　他には？

　　　（さらに時間経過）

　　　　→山月記

1章　授業の前に

2章　授業中のこと

3章　授業の後に

4章　ヒント集

5章　根本問題

6章　事例編

7章　文献ガイド

「山月記」の場合、忠度にあたるのは？　俊成にあたるのは？　何を託し、それをどうした？

12　李徴の「生きた証」は、どうなったのか？

13　全体のまとめ　語り手や作者、登場人物から「他者」としての私たちが受け取った物語。

　「あなた」たちが「他者」として物語や忠度の和歌やその想い、李徴の詩やその想いを受け取ったように、「自己」の物語を、自分が生きた証を残せるためには、何が必要だろうか？

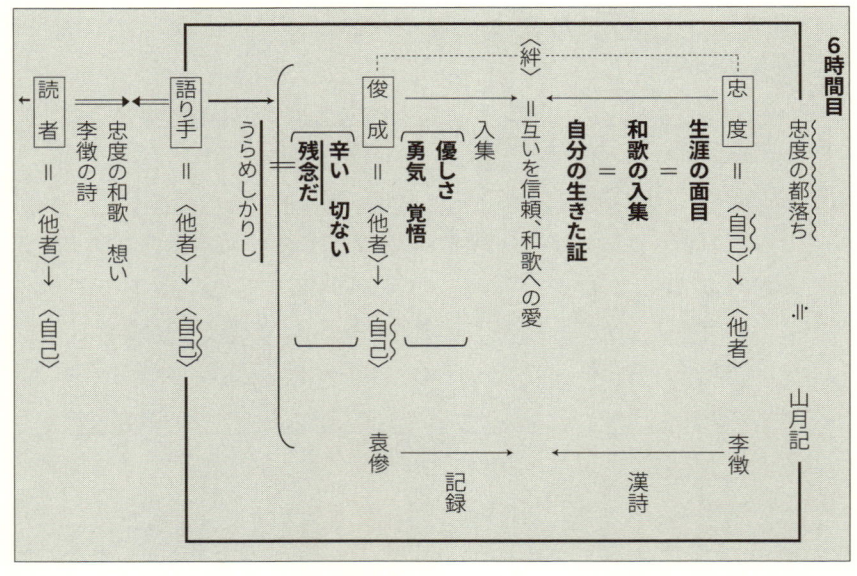

　この授業では、忠度が和歌を俊成に託すことの意味、そして和歌を託されることの意味、そしてそれを語り継いでいくことの意味について考えることが目的でした。実は当初の予定では、最後に広島の「被爆者」や「戦争体験者」がなぜ語り続けるのか、という問題にも踏み込もうか迷いました。これは語りを受けとめる他者の不在の問題です。そして記憶の継承という問題領域に踏み込むことになります。時間と実際の生徒の反応によって、そこには触れないことにしました。

1章 授業の前に

2章 授業中のこと

3章 授業の後に

4章 ヒント集

5章 根本問題

6章 事例編

7章 文献ガイド

⑨中学1年生◯芥川龍之介『蜘蛛の糸』

（教育出版『伝え合う言葉　中学国語1』）

　この授業は、2015年9月に教育実習生のために示範授業として行ったもの
です。いくつかの狙いはあるのですが、教育実習生のために見せる授業とし
て「発問だけで作り上げていく授業」を意識して授業作りをしました。

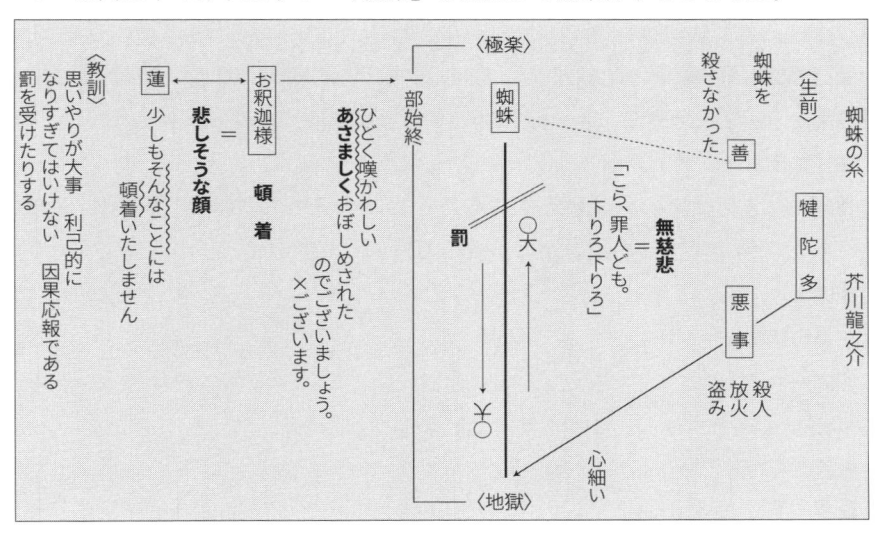

　　号令

　　出席の確認

教師——はい、えっと、今日は昨日話した通り、「蜘蛛の糸」を読みますけ
　　れども、今日はね、詳しく読んでいきます。昨日書いてもらったプリント
　　をまず返却します。

　　　（プリント返却）

　　　（板書1「蜘蛛の糸」「芥川龍之介」）

教師——教科書は138ページです。

　　　（生徒は教科書を開く）

教師——教科書忘れた人。

（生徒が前に教材のコピーを取りにいく）

教師——昨日書いてもらったものを見ましたが、やっぱほとんど多くの人はこの話はね、読んだことがあるんだと書いてくれました。まあ、おんなじような話なんですが、またね、数年経ってから読み直すのは、ちょっと違うかなと思いますので、この際あらためて読んでいきたいとおもいます。最初に、まあいくつかね、設定、物語の設定を確認していきたいと思いますが、この物語には世界って何があった？

生徒の反応——極楽と地獄、地獄、天国……。

教師——極楽と地獄？　んー、極楽ってどこにあるん？

生徒の反応——上、天国。

教師——まあ極楽は上にどうやらあるらしい。（板書2「〈極楽〉」、「〈地獄〉」）ほんとに極楽は上にあるのかは、調べてみてください。

生徒1——それ死ねってことですか？

生徒の反応——（爆笑）

教師——えっ？　いや、死ねってことですかって、……あっそうねぇ……そうねぇ、いやいろんな本とかでね。

生徒1——あ、そういうことかあ。

教師——一応、極楽は上らしい。まあ大きくこの2つの世界ですね。まあただ、これよりも前の世界、これもあるわけだけど、カンダタってね、……（板書3「〈生前〉」、「犍陀多」）。

教師——生きてる時にカンダタって何をしたん？

生徒の反応——放火。

教師——放火。

生徒の反応——盗み。

教師——盗み。

教師——そういうのまとめて何ていうん？

生徒の反応——罪人。

教師——罪人？

生徒の反応——犯罪、悪。

教師——犯罪？　悪？

教師——悪事しかなかった？

生徒の反応——蜘蛛を助けた。

教師——蜘蛛を助けた？

生徒の反応——蜘蛛を助けたというより…殺してない。

教師——殺さんかったんですね。まあ結果として助けたということになるかな。

生徒の反応——なんで殺さんかったんだろ。

教師——まあ大きく2つのことをやりました。

（板書4「善」、「悪事」）

教師——悪事が何だったっけ？　悪事は？

生徒の反応——殺人。

教師——殺人。

生徒の反応——放火。

教師——放火。

生徒の反応——泥棒。

教師——泥棒。まぁ盗みだね。

（板書5「殺人」、「放火」、「盗み」。「悪事」を黄色チョークで囲む）

教師——この中でやったことあるものあるかね？

生徒の反応——（ざわざわ）

教師——まあ右2つは特にあっちゃだめですね。

生徒の反応——盗みは？　（ざわざわ）　盗みは？

教師——盗みは？　はい、唯一の善っていうのは蜘蛛を殺さなかった、結果としては蜘蛛を助けたということかな。

（板書6「善」を赤色チョークで囲む。「蜘蛛を殺さなかった」）

教師——まあ、この2つのことをやったということです。で、このあと、カンダタはね、地獄に行ってしまいました。そんなに悪いことかね、これは？

1章　授業の前に

2章　授業中のこと

3章　授業の後に

4章　ヒント集

5章　根本問題

6章　事例編

7章　文献ガイド

生徒の反応——悪いこと。

教師——悪いことだと思う人？

生徒の反応——（ほぼすべての生徒が挙手）

教師——悪いことじゃないと思う人？

生徒の反応——（なし）

教師——まあ、物語の展開上は、こういうのが縁となってね、地獄へ行きます。

　　　（板書7「犍陀多」から「〈地獄〉」へ矢印を引く）

教師——地獄ってどんな場所でしょうか。地獄にいたら、どんな風に人は思っ
　てしまうのでしょう。

生徒の反応——助かりたい。

教師——ん？

生徒の反応——助かりたい。

教師——助かりたい？　なんて書いてある？

教師——もし地獄におちたら、みんなだったらどんな感情を持つだろうね。

生徒の反応——心細い。

教師——ん？

生徒の反応——心細い。

教師——なんて書いてある？

生徒の反応——心細い。

教師——心細い。心細いって、どこに書いてあるん？

生徒の反応——139。

教師——139の？

生徒の反応——下。

教師——下。

生徒の反応——3行目。

教師——3行目。この心細さといったらございません。針の山とかいろんな
　ものがあるんだけど、心細い、そんな場所らしい。

　　　（板書8「心細さ」）

教師——まあ、地獄に行ったことがある人はいないですか？　行きそうな人はおるかもしれんけど。

生徒の反応——（ざわざわ）　行けや、お前行けや。

教師——行ったらまた教えてください。

生徒の反応——（ざわざわ）

教師——ここでまあ、カンダタは地獄暮らしになっていくわけですが、ずっとそのまんま地獄なんですか？

生徒の反応——天国に行く。

教師——うーん、天国に行けそうなんですよね。なんで天国に行けそうなん？

生徒の反応——蜘蛛を助けたから。

教師——蜘蛛を助けたから？　（地獄を指しながら）ここにいまカンダタおるわけよね。

　　　　（板書9「犬」）

教師——何が出てきたん？

生徒の反応——蜘蛛の糸。

教師——蜘蛛の糸。見たことある？　蜘蛛の糸、っていうのが下りてきました。

　　　　（板書10「蜘蛛———」）

教師——なんで蜘蛛の糸が垂れてきたん？

生徒の反応——（ざわざわ）

教師——生徒2さん、なんで蜘蛛の糸が垂れてきたん？

生徒2——お釈迦様が垂らした。

教師——うん、なんでお釈迦様は垂らしたんかね？

教師——まだ死んでないと思ったから。蜘蛛を殺そうとしたけど、思い直して助けたから……。

教師——思い直して助けたから？

生徒2——良い行いだから。

教師——良い行いだから？

1章　授業の前に

2章　授業中のこと

3章　授業の後に

4章　ヒント集

5章　根本問題

6章　事例編

7章　文献ガイド

235

生徒2——思って、チャンスって。

教師——チャンス。ここの「善」よね。

（板書11「善」から「蜘蛛」まで赤色で点線）

これが、つながってくるわけです。

教師——カンダタさあ、この蜘蛛の糸発見した時、どう思ったんだろうね。

生徒の反応——あやしい。

教師——あやしい。あやしい？　うーん、どう思うかね生徒3くん。

生徒3——うれしい。

教師——うれしい。なんでうれしいん？　地獄の方がいいかもしれんじゃん。

生徒3——とりあえず、その場からは離れてみたいから。

教師——うん、じゃあ、登ってったら助かるんかな。まあいろんな思いがあるかもしれんかもね。じゃあ、極楽に行けたかというとどうなんでしょう。生徒4くん。

生徒4——行けんかった。

教師——なんで行けんかったん？

生徒4——糸が切れた。

教師——どういう時に糸が切れたん？　……どのタイミングで糸が切れたん？

生徒4——カンダタが自分だけ助かろうと、糸に群がっていた人たちをどなりつけた。

教師——どなりつけた。なんていってどなりつけたの？

生徒4——「こら、罪人ども。この蜘蛛の糸は俺のものだぞ。」

教師——うん、そこの場面よね。141ページ、こんなこと言っています。「こら、罪人ども。この蜘蛛の糸は俺のものだぞ。おまえたちはいったい誰に聞いて、上ってきた。下りろ。下りろ。」とわめきました。こんなことを言っている時のカンダタの気持ちっていうのはどんなものでしょうね。生徒5くん。

（板書12、糸の途中に「人̥」「こら、罪人ども下りろ。下りろ」）

236

生徒5――自分が助かればいい。

教師――自分が助かればいい。他には？　生徒6くん。

生徒6――自分は助かりたい。

教師――自分は助かりたい。うん、そういう気持ちはあるだろうね。で、この台詞の直後に、切れたんだね。どこが切れたん？　今からこうピンと切りたいんだけど、どこ切りゃいいかな？

生徒の反応――カンダタの脚のところ、手の上。

教師――手の上？　ここ？　ここ？

生徒の反応――そこらへん。もっと下。真ん中の頭。

教師――真ん中の頭？

生徒の反応――カンダタの頭。

教師――ああ、ここらへんかな。（板書13「／」黄色チョーク）切れました。

教師――糸切れてどうなった？

生徒の反応――落ちた。

教師――どこに？

生徒の反応――地獄。

教師――うん、落ちたね。落ちましたと。（板書14「夭」）　ルートとしては、こういって、あーって。

　　　　　（板書15「矢印」）

教師――まあ、これでカンダタの物語というのは終わってしまいました。登場人物がもう一人いるよね。誰？

生徒の反応――お釈迦様。

教師――お釈迦様。この蜘蛛の糸を垂らしたとされるお釈迦様は見ていたんだよね。一部始終見てました。「一部始終」ってどんな意味？　辞書的な意味で言ったら？

生徒の反応――すべて。

教師――はい。第一部、第二部ってやつだね。

　　　　　（板書16「一部始終」「お釈迦様」）

1章　授業の前に

2章　授業中のこと

3章　授業の後に

4章　ヒント集

5章　根本問題

6章　事例編

7章　文献ガイド

教師——これ見て、お釈迦様はどう思っとるんかね？　生徒7くん。

生徒7——あさましいと思っている。

教師——うん、「あさましく」？　うん、「おぼしめされた」。「あさましくおぼしめされた」ってどういう意味でしょうか？

　　　（板書17、黄色チョークで「あさましく」、白色チョークで「おぼしめされたのでございましょう」）

　「あさましい」ってどんな意味？

生徒の反応——ひどく嘆かわしい。

教師——ひどく嘆かわしい。

　　　（板書18「ひどく嘆かわしい」）

教師——みんな「あさましい」って言葉は使ったことある？　ない？　言われたことは、あるね？

生徒の反応——（ざわざわ）

教師——けっこうあるよね。「お前はひどく嘆かわしい」と言われるかな。ここではいったい何が「あさましい」のでしょう。生徒8さん。

生徒8——自分のことばかりだけ考えて……せっかく蜘蛛の糸を垂らして助けてあげようと思ったけど、なんか自分のことばっかり考えて……カンダタが……良くない。

教師——良くない。うん、カンダタのことをどんな言葉で表現している？

生徒8——「自分ばかり地獄から抜け出そうとする、犍陀多の無慈悲な心が…」

教師——うん、「無慈悲な心」です。「無慈悲」って教科書のところに意味書いているね。「思いやりや憐れみの心がないこと」。まあ考えてみたら、こんな言葉がいえるのも「無慈悲な心」から出てきたのかもしれません。

　　　（板書19、黄色チョーク「＝無慈悲」）

教師——まあ、そういうのも「あさましい」と思ったのかもしれませんが、昨日はね、そのことを踏まえた上でこの話ってどんな教訓があるんかねぇという話をちょっと聞いてみたいと、答えてもらって出してもらいましたが、生徒9さんはなんて書いた？

生徒9──思いやる心が大事。

教師──思いやる心が大事です。

　　　　（板書20「〈教訓〉」、「思いやる心が大事」）

教師──生徒10くん、なんて書いた？

生徒10──利己的になりすぎてはいけない。

教師──利己的になりすぎてはいけない。なったらどうなるん？

生徒10──悪いことになる。

教師──うん、それなんか四字熟語で書いてあったじゃん。

生徒10──因果応報。

教師──因果応報って何？

生徒10──良いことをしたら良いことがかえってきて、悪いことをしたら悪
　　　いことがかえってくる。

教師──まあ、そんな感じでもいいでしょう。ほんとはもうちょっと意味が
　　　違うのもあるんだけど、まあいいでしょう。

　　　　（板書21「利己的になりすぎてはいけない」、「因果応報である」）

教師──生徒11さん。

生徒11──自分のことだけを考えていたら、損をしたり罰を受けたりする。

教師──うん、損をしたり罰を受けたりする。

教師──（板書が）狭いね。

　　　　（板書22、「罰を受けたりする」）

　　悪いことをしたら罰を受けたりする。このお話からはメッセージとして
　そういうことが伝わるかもしれません。

教師──お釈迦様の考えの中に、こういう教訓的なものっていうのはあるか
　　　ね、ないかね？　お釈迦様の頭の中に、思いやる心は大事だよ、利己的に
　　　なってはいけないよ、悪いことしたら悪いこと受けるよ、罰受けるよって、
　　　そういう気持ちはあるん？　生徒12くん。

生徒12──うーん……。ほんとに助けようとしたんかどうかわからない。

教師──なんでそう思うん？

1章　授業の前に

2章　授業中のこと

3章　授業の後に

4章　ヒント集

5章　根本問題

6章　事例編

7章　文献ガイド

生徒 12──何万人なのに、全部登り切れるとはわからない。

教師──全部登り切れるとはわからない。なのに蜘蛛の糸を出したん？　お釈迦様って、そのへんどうなんかね。うーん、実は感想文のところにそういうことを書いてくれた人っていうのは結構おったんだけどね。お釈迦様って何なんだろうって考える人もおるのだが、ここで最後にもう一人の登場人物を見てみたいと思います。この小説の中に、罪人はいるが、罪人以外でね、意志をもったものがあるね。意志をもったものがあるよね。

生徒の反応──蜘蛛、蓮。

教師──蜘蛛？　蓮？　どっち？　うーん、じゃあちょっと蓮をみてみよう。なんで蓮が登場人物だと思うん。今蓮って答えた人がいたけど、根拠があるでしょ？

生徒 13──お釈迦様のところに、作者がそのことを書いている。

教師──そのことってどのこと？

生徒 13──だから最後の、なんか「お釈迦様のおみ足のまわりに」とか書いてあるし、蓮とか転がっているから…。

教師──うーん、こういう表現方法ってなんていうん？

生徒の反応──擬人法。

教師──うん、擬人法よね、擬人法ってなに？

生徒の反応──物を人のように。

教師──うん、ここでは人のような動作としてはどういうのがあるん？

生徒の反応──頓着いたしません。うてなを動かす。

教師──うん、頓着いたしません、うてなを動かす。うん、たとえばこれを書いた人か語った人なんかな、いろいろとおるかもしれんけど、この蓮っていうのは何か意志を持ってるのかもしれません。

　　　（板書 23「蓮」「そんなことには頓着いたしません」）

教師──蓮って見たことある？

生徒の反応──うん。

教師──食べたことある？

生徒の反応——……。

教師——それでは、1つだけ、動作について1つだけ見てみたいと思います。「頓着」という言葉があるけど、これどんな意味？

生徒の反応——気にする。

教師——気にする。

（板書24、赤色チョーク「気にする」）

教師——気にする？　これも意志です。似たような言葉で何かない？

生徒の反応——執着。

教師——執着。何に執着？　最近執着したものある？　なきゃないでいいけど。

（板書25、赤色チョーク「執着」）

教師——執着っていいこと、わるいこと？　ものによる？

生徒の反応——悪い。

教師——悪い？　悪くない？　どんなものだったら悪い？

生徒の反応——犯罪。

教師——犯罪？　うん、執着、頓着って言葉があるが、蓮の方はそんなことには執着いたしませんってあるんだから、何かは、別の蓮以外の何かは頓着しているものがあるんだよね。

生徒の反応——お釈迦様？

教師——うん、お釈迦様はどうやら何か頓着しているということだけど、じゃあお釈迦様の頓着って何なんでしょう。

（板書26、赤色「頓着」「蓮⇔お釈迦様」）

教師——蓮は頓着していませんが、お釈迦様はどうやら頓着してるらしい。お釈迦様の頓着っていうのは何なんでしょう。生徒14さん。

生徒14——……（20秒）……。

教師——お釈迦様が気にしたり執着していることって何なんだろうね？

生徒14——カンダタが、他の……、じぶんばかりのことをするのを予測して……、罰を……。

1章　授業の前に

2章　授業中のこと

3章　授業の後に

4章　ヒント集

5章　根本問題

6章　事例編

7章　文献ガイド

教師——悪いやつには悪い罰があるべきだってことに執着しているってこと？　うーん、説明がちょっと難しいかな？　生徒 15 くん。お釈迦様の執着って、頓着ってなんなんだろうね。

生徒 15——カンダタの無慈悲な心が頓着によって、元の地獄へおちてしまったこと……じゃないかな。

教師——もうちょっとわかるように説明して。みなさんはいまの「そんなこと」、直接はそんなことっていうのはどんなことっていうのが、お釈迦様の執着ってことだけど、もうちょっとかみくだいて説明してみて。

生徒 15——うーん、カンダタが自分勝手で、自分だけ道が通っていて、結局地獄にまた落ちちゃったていう、なんというか罰みたいな、因果応報っていうか。

教師——因果応報…。

生徒 16——罰かな。

教師——まあ、難しい問題があるね。今二人の意見を聞いてみたら、さっき見た教訓みたいところかな、これに外れるものが許せないとか、そういうものがあるのかな。お釈迦様はいったい頓着していたのはって、この流れにもあるだろうけどね。少しだけ発想を変えてみましょう。生徒 17 さん、生徒 17 さんだったかな、これ（善）とこれ（悪事）って釣り合いが取れてる？

生徒 17——えっと、書いていたのは、カンダタが悪いことをしていたわけで、蜘蛛を助けたとかそういうのも殺そうとした感情をおさえていただけで、別に良いことをしたわけでもないし、それで助けようと思うのはおかしいかなって…。

教師——誰がおかしいん？

生徒 17——えっと、…お釈迦様。

教師——罰が当たるよ、そんなことを言ったら。

生徒の反応——（ざわざわ）

教師——うーん、なんか同じようなことを書いてくれた人もおったんだけど、こんなことをした人がこんなことをしただけでチャンスがめぐってくるん

だろうって。なんでお釈迦様はこんなことをしてあげたんだろうね。お釈迦様が、見せた顔っていうのはどんな顔だった？　お釈迦様の感情がわかる表現って。

生徒の反応──悲しそう。

教師──うん、悲しそうな顔ってあったね。

（板書 27、黄色チョーク「悲しそうな顔」）

教師──厳しい面もありながらも、でもあんまり良いこともないけれど、一個だけ良いことをしたような悪い人を助けていくような、そんな顔を持っている、それがお釈迦様。ここ、「おぼしめされたのでしょう」ってあるけど、「ございましょう」と「ございます」とではどう違うかね。

生徒の反応──予想と事実。

（板書 28、傍線「ましょう」「×ございます」）

教師──予想と事実？　「ましょう」と「ます」。本文では「ましょう」。「ましょう」と語っているのは誰？

生徒の反応──芥川龍之介。

教師──芥川龍之介？　芥川龍之介はこの世界を見たことあるの？　うーん、この世界の語り手だよね。その語り手が、この世界を語っているけれど、こっちの表現とこっちの表現では何が違うんだろう。生徒 18 さん、何が違う？

生徒 18──「ましょう」が予測で、「ございます」だったら確定した事実。

教師──うん、確定した事実。「明日は雨です」「明日は雨でしょう」。天気予報はどっちの言葉を使う？

生徒の反応──でしょう。

教師──うーん、なんで「です」とか「ます」を使っちゃだめなん？

生徒の反応──外れたら困るから。

教師──うん、不確定なことはね。それじゃあ、お釈迦様は何を考えてたんかな。この語り手から見ても悲しそうな顔はしてるんだ、というこういう厳しさだけに執着をしてるのかな、他のことにも頓着してるのか、どうな

1章　授業の前に

2章　授業中のこと

3章　授業の後に

4章　ヒント集

5章　根本問題

6章　事例編

7章　文献ガイド

んだろうね。生徒19さん。

生徒19──人間？

教師──人間？　人間に頓着してるん？

生徒19──カンダタかな。

教師──うん、これって結構な距離だけど、ほんとに登ってくるって信じてたんかな。お釈迦様は。信じてない？　信じてるかな。　信じれんかな。お釈迦様はそういう厳しい人なんかな。まぁ信じられる対象ではないだろうけどね。こういうことも考えてみたら、カンダタっていうのは頓着していないんかな。

生徒の反応──している。

教師──どういうところ？

生徒の反応──助かろうとしているから。

教師──うん、なんでこんな台詞を言ったのかっていうと助かりたかったんだよね。でも、どうなんだろうね。生、まあもう死んでますけど、上へ上へというかな、良い世界に行きたいとか、頓着している人間というのも考えられるのかもしれません。無慈悲というのも、こういう頓着に変わりうるかもしれないという、そんな作品世界かな。まあ、みなさんこんなふうに「蜘蛛の糸」を知っている状態ではありますが、こんなふうに読んでみたらどうかね。「蓮」があるのとないのとでは、どういうふうに違うかね。まぁ考えてみてください。終わります。

号令

　これは私があらかじめ考えていた発問と、生徒から出ると想定された答え（→）を書いたものです。きっちりとした言葉ではなく、自分が実際に使うであろう言葉遣いにしてみました。本当ならば整理した方がよいと思うのですが、参考になるかもしれませんのでそのままにしています。

1　この小説にはどんな世界があるか？

　　　　→極楽、地獄。

　どこにあるかね？

　　　　→上。

2　カンダタが生前に行ったことは？

　　　　→蜘蛛を殺さなかったことと、殺人・放火・盗みなどの悪事

3　カンダタはなぜ地獄へ行ったのか？

　　　　→悪事を働いたから。

　これらは悪いこと？どんくらい悪いこと？

4　それでは、カンダタはもう地獄暮らしになったん？

　　　　→なってない。

　なぜ？

　　　　→蜘蛛の糸が下りてきたから。

5　なぜ蜘蛛の糸が下りてきたん？

　　　　→お釈迦様が下ろしてきた。

　なぜ？

　　　　→善があったから。

6　蜘蛛の糸を発見した時のカンダタの気持ちは？

　　　　→嬉しい。

　なんで？

　地獄ってどんなところよ？

7　カンダタは極楽にいけた？　なんでそのままいけんかったん？

　　　　→糸が切れたから。

　どんな時に切れたん？

　　　　→カンダタの台詞の時。

8　お釈迦様はどう思っている？

　　　　→「あさましく…」。

　どういうところが「あさましい」と思ったんだろう？

　お釈迦様ってどんな人だろう？

1章　授業の前に

2章　授業中のこと

3章　授業の後に

4章　ヒント集

5章　根本問題

6章　事例編

7章　文献ガイド

9 じゃあ、このお話の教訓は？

10 因果応報って？

なにが罰なの？

11 この小説には罪人以外に意志を持ったものがあるが、何？

　　→蓮。

どう書いている？

　　→「そんなことには少しも頓着いたしません」。

12 頓着ってどういう意味、似た言葉はある？

　　→心にかけること、執着。

13 頓着したのはじゃあ誰なん？

14 そんなことってなんだろう？

15 お釈迦様の「頓着」って何？

16 この「蓮」の描写があるのとないのとでは何が違う？

17 「頓着」はお釈迦様だけだろうか？

　　→カンダタ。

　　→カンダタの「頓着」は何？

18 「善」と「悪事」とのバランスってどうなんだろうね？

19 なんでお釈迦様は蜘蛛の糸を垂らしてやったんだろう？

　　→助けたかった。

助けられなかった時のお釈迦様の表情は？

　　→悲しそうな顔。

1章 授業の前に

2章 授業中のこと

3章 授業の後に

4章 ヒント集

5章 根本問題

6章 事例編

7章 文献ガイド

第 **7** 章

教材研究のための文献ガイド

　この章では、教材研究において参考となる文献やウェブサイトを紹介します。

　早稲田大学教育学部国語国文学科のウェブサイトには「国語国文学科で学ぶために」（http://www.waseda.jp/prj-edu-kokubun/zaigaku.htm）という PDF ファイルがあり、幅広い文献が紹介されています。年度毎に改訂されています。この中で紹介されているものについては、大学の講義や演習で用いたものもあるでしょう。以下に挙げるものは、比較的容易に入手しやすく読みやすいものを選んで紹介していますが、一部難しいものも含んでいます。難しいというのは知識や前提のないままに読むことが困難だということです。基本的には新書や文庫は一般向けなので読みやすいのですが、実際に読まないとこればかりはわかりません。

①現代文のキーワード、背景知識

　現代文教材については、古典教材のように逐一注釈のあるものはそんなにありません。基本的にはその教材の中に出てくるキーワードを調べたり、そのキーワードをめぐって問題領域について述べたものを読んでいったりすることが多いように思います。評論文に出てくるキーワードがどのような文脈から出てきたのか、背景を持つのかを知るとよいでしょう。これは実際に扱

う教材の書かれた事情や背景を理解することにつながる可能性があるからです。「この文章は何を伝えようとしていますか」ということだけではなく、「この文章が書かれたのはなぜですか」ということを理解することも大切のように思います。

　手頃なものといえば、**中山元『思考の用語辞典—生きた哲学のために』**（筑摩書房、2000 年［ちくま学芸文庫、2007 年］）や高校生向けの**中山元『高校生のための評論文キーワード 100』**（筑摩書房［ちくま新書］、2005 年）等がありますが、**中村雄二郎『術語集—気になることば』**（岩波書店［岩波新書］、1984 年）、**石原千秋『教養としての大学受験国語』**（筑摩書房［ちくま新書］、2000 年）、**石原千秋『評論入門のための高校入試国語』**（NHK 出版［NHK ブックス］、2005 年）、**麻生博之・城戸淳（編）『哲学の問題群—もういちど考えてみること』**（ナカニシヤ出版、2006 年）、**ジュリアン・バッジーニ、ピーター・フォスル／廣瀬覚・長滝祥司（訳）『哲学の道具箱』**（共立出版、2007 年）、**今村仁司・川崎修・三島憲一（編）『岩波社会思想事典』**（岩波書店、2008 年）、**仲正昌樹『いまを生きるための思想キーワード』**（講談社［講談社現代新書］、2011 年）、**レイモンド・ウィリアムズ、椎名美智ほか（訳）『完訳キーワード辞典』**（平凡社［平凡社ライブラリー］、2011 年）、**大貫隆史・河野真太郎・川端康雄（編）『文化と社会を読む—批評キーワード辞典』**（研究社、2013 年）、**野家啓一・門脇俊介（編）『現代哲学キーワード』**（有斐閣、2016 年）のようなものも参考になるでしょう。

　また、評論文や説明文の中には自然科学で使用される言葉が出てくることがあります。たとえば「ベクトル」や「加速度」、「エントロピー」や「係数」や「微分」等です。科学論の文章も読むことがありますので、**久我羅内『高校生のための科学キーワード 100』**（筑摩書房［ちくま新書］、2009 年）や、講談社のブルーバックスシリーズの高校数学や物理、化学等の内容を知っていると、教材の中に出てくる用語や概念の理解もより深まるでしょう。その他、科学論や科学哲学として、**村上陽一郎『科学の現在を問う』**（講談社［講談社現代新書］、2000 年）や**戸田山和久『科学哲学の冒険—サイエンスの目的と方法をさぐる』**（NHK 出版［NHK ブックス］、2005 年）、**小林傳司『トランス・サイ**

エンスの時代──科学技術と社会をつなぐ』（NTT 出版、2007 年）、**須藤靖・伊勢田哲治『科学を語るとはどういうことか──科学者、哲学者にモノ申す』**（河出書房新社［河出ブックス］、2013 年）等が参考になるでしょう。

②文章構造、文章表現

キーワードだけではなく文章構造、文章表現、効果等も授業中に考えます。**瀬戸賢一『日本語のレトリック──文章表現の技法』**（岩波書店［岩波ジュニア新書］、2002 年）、**森山卓郎『表現を味わうための日本語文法』**（岩波書店、2002 年）、**香西秀信『レトリックと詭弁──禁断の議論術講座』**（筑摩書房［ちくま文庫］、2010 年）、**中村明『日本語のニュアンス練習帳』**（岩波新書［岩波ジュニア新書］、2014 年）、**中村邦生『はじめての文学講義──読む・書く・味わう』**（岩波新書［岩波ジュニア新書］、2015 年）、**馬上駿兵『［文法］であじわう名文』**（新典社［新典社新書］、2016 年）、**中村明『日本の一文 30 選』**（岩波書店［岩波新書］、2016 年）、**栗原文夫『文章表現の四つの構造』**（右文書院、2017 年）や、明治書院から出ている**石黒圭『よくわかる文章表現の技術』**（①表現・表記編、②文章構成編、③文法編、④発想編、⑤文体編）が参考になるでしょう。

具体的な作品を用いて詩の言葉を分析している**西郷竹彦『名詩の世界　西郷文芸学入門講座第 1 巻　文芸の構造　視点と対象・形象の相関』**（光村図書出版、2005 年）、**ねじめ正一『ぼくらの言葉塾』**（岩波書店［岩波新書］、2009 年）や**阿部公彦『詩的思考のめざめ──心と言葉にほんとうは起きていること』**（東京大学出版会、2014 年）、**西原大輔『日本名詩選 3［昭和戦後篇］』**（笠間書院、2015 年）もよいですし、**俵万智・一青窈『短歌の作り方、教えてください』**（角川書店［角川ソフィア文庫］、2014 年）は創作した短歌のどこに注目するか、またその際の指導者である俵万智の評価の言葉を参考にしてもよいでしょう。

1 章　授業の前に

2 章　授業中のこと

3 章　授業の後に

4 章　ヒント集

5 章　根本問題

6 章　事例編

7 章　文献ガイド

③哲学・現代思想

①現代文のキーワード、背景知識と重なるところもありますが、哲学や現代思想を眺めてみるのもよいでしょう。読みやすいものとしては、**竹田青嗣『現代思想の冒険』**（筑摩書房［ちくま学芸文庫］、1992年）、**内田樹『寝ながら学べる構造主義』**（文藝春秋［文春新書］2002年）、**難波江和英・内田樹『現代思想のパフォーマンス』**（光文社［光文社新書］2004年）、**貫成人『哲学マップ』**（筑摩書房［ちくま新書］、2004年）、**小野功生（監修）『図解雑学構造主義』**（ナツメ社、2004年）、**仲正昌樹『集中講義！ 日本の現代思想―ポストモダンとは何だったのか』**（NHK出版［NHKブックス］、2006年）、**熊野純彦『西洋哲学史―古代から中世へ』**（岩波書店［岩波新書］、2006年）、**熊野純彦『西洋哲学史―近代から現代へ』**（岩波書店［岩波新書］、2006年）、**石田英敬『自分と未来のつくり方―情報産業社会を生きる』**（岩波書店［岩波ジュニア新書］、2010年）、**石田英敬『現代思想の教科書―世界を考える知の地平15章』**（筑摩書房［ちくま学芸文庫］、2010年）、**高田明典『現代思想のコミュニケーション的転回』**（筑摩書房［筑摩選書］、2011年）等、これらについてはたくさんあります。なお、**高田明典『難解な本を読む技術』**（光文社［光文社新書］、2009年）には哲学書・思想書の読み方がいくつか紹介されています。他にも、「現代思想」、「構造主義」、「ポストモダン」等の言葉で検索してみて、自分にあったものを読み進めるのがよいでしょう。どのようなものでもよいのですが、基本的には読み通すことのできるものを選んだ方がよいと思います。ただし、国語の授業はこのような考え方を生徒に直接説明するのではなく、考えを整理する時に使いたいところです。なぜなら往々にしてその場合の国語の授業が社会学や哲学の講義になるからです。もちろん必要な場合もありますが、バランスや差し出すタイミングは考えた方がよいでしょう。

④言葉の世界

　言葉の仕組みや人がどのように言葉を認知しているのかを知ることも大切です。**町田健**（編）／**井上優『シリーズ・日本語文法のしくみを探る１　日本語文法のしくみ』**（研究社、2002 年）、**西林克彦『わかったつもり　読解力がつかない本当の原因』**（光文社［光文社新書］、2005 年）、**日本語記述文法研究会**（編）**『現代日本語文法１（第１部総論 第２部形態論）』**（くろしお出版、2010 年）、**今井むつみ『ことばと思考』**（岩波書店［岩波新書］、2010 年）、**森山卓郎**（編）**『日本語・国語の話題ネタ―実は知りたかった日本語のあれこれ』**（ひつじ書房、2012 年）、**石黒圭『日本語は「空気」が決める―社会言語学入門』**（光文社［光文社新書］、2013 年）、**今井むつみ・針生悦子『言葉をおぼえるしくみ―母語から外国語まで』**（筑摩書房［ちくま学芸文庫］、2014 年）、**広瀬友紀『ちいさい言語学者の冒険―子どもに学ぶことばの秘密』**（岩波書店［岩波科学ライブラリー］、2017 年）等があります。

　また、敬語や待遇表現については**菊地康人『敬語』**（講談社［講談社学術文庫］、1997 年）、**菊地康人『敬語再入門』**（講談社［講談社学術文庫］、2010 年）、**福田一雄『対人関係の言語学―ポライトネスからの眺め』**（開拓社［開拓社言語・文化選書］、2013 年）がよいでしょう。

　音や声という観点も重要で、**米山文明**（監修）／**和田美代子『声のなんでも小事典―発声のメカニズムから声の健康まで』**（講談社［ブルーバックス］、2012 年）、**川原繁人『音とことばのふしぎな世界―メイド声から英語の達人まで』**（岩波書店［岩波科学ライブラリー］、2015 年）、**窪薗晴夫**（編）**『オノマトペの謎―ピカチュウからモフモフまで』**（岩波書店［岩波科学ライブラリー］、2017 年）等があります。

　言葉のアンテナを広げていくのもよいでしょう。教室でやりとりされる言葉への感度をビンビンにしていくことは、すぐに消えてしまう言葉をキャッチし、その言葉自体に注目させる契機になるからです。たとえば、**井上ひさし『私家版日本語文法』**（新潮社［新潮文庫］、1984 年）、**ジェームズ・フィンガー**

1章　授業の前に

2章　授業中のこと

3章　授業の後に

4章　ヒント集

5章　根本問題

6章　事例編

7章　文献ガイド

ナー／デーブ・スペクター、田口佐紀子（訳）『政治的に正しいおとぎ話』（ディー エイチシー、1995 年）、アンブローズ・ビアス、西川正身（訳）『新編悪魔の辞典』（岩 波書店［岩波文庫］1997 年）、イアン・アーシー『怪しい日本語研究室』（新潮社［新 潮文庫］、2003 年）、糸井重里（監修）『言いまつがい』（新潮社［新潮文庫］、2005 年）、 阿刀田高『ことば遊びの楽しみ』（岩波書店［岩波新書］、2006 年）、大森洋平『考 証要集—秘伝！ NHK 時代考証資料』（文藝春秋［文春文庫］、2013 年）、増井元 『辞書の仕事』（岩波書店［岩波新書］、2013 年）、今野真二『ことばあそびの歴史 —日本語の迷宮への招待』（河出書房新社［河出ブックス］、2016 年）、いなにわ・ せきしろ『偶然短歌』（飛鳥新社、2016 年）、やや異色ですがタウン情報かがわ 『笑いの文化人講座 REMIX ① お笑い！学校の事件簿』（ホットカプセル、2001 年） 等があります。

　方言については、田中ゆかり『方言萌え!?—ヴァーチャル方言を読み解く』 （岩波書店［岩波ジュニア新書］、2016 年）、大西拓一郎『ことばの地理学—方言は なぜそこにあるのか』（大修館書店、2016 年）が読みやすく、松本修『全国アホ・ バカ分布考—はるかなる言葉の旅路』（新潮社［新潮文庫］、1996 年）もお薦めです。

⑤ライトノベル・ヤングアダルト・アニメ・コミック

　ライトノベルやヤングアダルト、アニメやコミック等の深い理解もあると よいでしょう。大塚英志、ササキバラ・ゴウ『教養としての〈まんが・アニ メ〉』（講談社［講談社現代新書］、2001 年）、東浩紀『ゲーム的リアリズムの誕生 —動物化するポストモダン 2』（講談社［講談社現代新書］、2007 年）、一柳廣孝・ 久米依子『ライトノベル・スタディーズ』（青弓社、2013 年）、西田谷洋『ファ ンタジーのイデオロギー—現代日本アニメ研究』（ひつじ書房［未発選書］、2014 年）、斎藤環『キャラクター精神分析—マンガ・文学・日本人』（筑摩書房［ち くま文庫］、2014 年）、大塚明夫『声優魂』（星海社［星海社新書］、2015 年）等があ りますが、西田谷洋（編）『文学研究から現代日本の批評を考える—批評・小説・

1章　授業の前に

2章　授業中のこと

3章　授業の後に

4章　ヒント集

5章　根本問題

6章　事例編

7章　文献ガイド

ポップカルチャーをめぐって』（ひつじ書房、2017年）はやや難解ですが興味深い論考が数多くあります。検索すればウェブ上のコンテンツは豊富にあるのでそれらに実際に触れることも大切なことでしょう。なお、「キャラ（キャラクター）」という用語が多用されますが、現代の若者のコミュニケーションを「キャラ（キャラクター）」という観点から分析している**土井隆義『キャラ化する／される子どもたち―排除型社会における新たな人間像』**（岩波書店［岩波ブックレット］、2009年）も示唆的です。人間理解において「キャラ」として理解する／理解されている問題について考えることができるでしょう（「あいつのキャラがわからない」等）。なお、同じ若者論の**藤本耕平『つくし世代―「新しい若者」の価値観を読む』**（光文社［光文社新書］、2015年）はよくありがちな悲観的な若者論ではなく若者の可能性を垣間見させてくれる1冊です。また、言葉との関連でいえば、**金水敏**（編）**『〈役割語〉小辞典』**（研究社、2014年）はアニメやコミック等の言葉と「キャラ（キャラクター）」の性格付け・属性とがまとめてあり興味深い。

　コミックの名作を読むことがあってもよいでしょう。**手塚治虫**の**『鉄腕アトム』『火の鳥』**、**萩尾望都『ポーの一族』『トーマの心臓』**や**宮崎駿『風の谷のナウシカ』**、**大友克洋『AKIRA』**等挙げればきりがありませんが、個人的に好んでいるものを挙げると**ゆうきまさみ『機動警察パトレイバー』**、**藤田和日郎『うしおととら』**、**ほったゆみ・小畑健『ヒカルの碁』**、**椎名高志『GS美神 極楽大作戦!!』**、**藤崎竜『封神演義』**、**浦沢直樹『MONSTER』**です。学園ものとしては、**津田雅美『彼氏彼女の事情』**や**かずはじめ『明稜帝梧桐勢十郎』**がお薦めです。

⑥古文・和歌

　古文教材については、代表的な注釈書としては**岩波書店**の**「日本古典文学大系」「新日本古典文学大系」**、**小学館**の**「日本古典文学全集」「新編日本古**

典文学全集」「完訳日本の古典」、新潮社の「新潮日本古典集成」が出ています。角川書店からは有名な作品の「**全注釈**」や「**鑑賞日本古典文学**」があります。**角川文庫のビギナーズ・クラシックス**には教科書にも採られている場面やその解説もあります。**三友社出版の「古典文学解釈講座」**は教育現場での活用を意識して編まれたもので、CD-ROM 版もあります。また、**清水書院の「しっかりと古典を読むための」**シリーズ、**旺文社の「古典解釈」**シリーズ、**三省堂の「新明解古典」**シリーズ、**中道館の「古典新釈シリーズ」**等は高校生向けですが、中には品詞分解がなされているものもあり、研究書に近い注釈書よりも丁寧な解説があるので参考にしてもよいでしょう。他にも、たとえば**柳井滋ほか『源氏物語』**（岩波書店［岩波文庫］、2017 年から刊行中［全九冊］）や**小川剛生『新版徒然草―現代語訳付き』**（角川書店［角川ソフィア文庫］、2015 年）のように文庫本で出された時に研究の成果が反映されているものもあります。

　古典和歌については、**渡辺秀夫『詩歌の森―日本語のイメージ』**（大修館書店、1995 年）、**片桐洋一『歌枕歌ことば辞典増訂版』**（笠間書院、1999 年）、**久保田淳・馬場あき子（編）『歌ことば歌枕大辞典』**（角川書店、1999 年）が和歌に用いられている言葉のイメージがどのようなものかを理解するのに便利です。また、**鈴木日出男『古代和歌の世界』**（筑摩書房［ちくま新書］、1999 年）、**谷知子『和歌文学の基礎知識』**（角川書店［角川選書］、2006 年）、**渡部泰明（編）『和歌とは何か』**（岩波書店［岩波新書］、2009 年）、**渡部泰明『和歌のルール』**（笠間書院、2014 年）、**渡部泰明『古典和歌入門』**（岩波書店［岩波ジュニア新書］、2014 年）、**錦仁（編）『日本人はなぜ、五七五七七の歌を愛してきたのか』**（笠間書院、2016）等も参考になるでしょう。また、**笠間書院の「コレクション日本歌人選」**は歌人個人についてはコンパクトにまとめていて読みやすい。

　古典常識については、やや時代は偏りますが、**山口博『王朝貴族物語―古代エリートの日常生活』**（講談社［講談社現代新書］、1994 年）、**川村裕子『王朝生活の基礎知識―古典のなかの女性たち』**（角川書店［角川選書］、2005 年）、**小川剛生『中世の書物と学問』**（山川出版社［日本史リブレット］、2009 年）、**高木和子『平安文学でわかる恋の法則』**（筑摩書房［ちくまプリマー新書］、2011 年）、川

村裕子『平安女子の楽しい！生活』（岩波書店［岩波ジュニア新書］、2014 年）、河添房江『唐物の文化史──舶来品からみた日本』（岩波書店［岩波新書］、2014 年）、榎村寛之『斎宮──伊勢斎王たちの生きた古代史』（中央公論新社［中公新書］、2017 年）、松田浩・上原作和・佐谷眞木人・佐伯孝弘（編）『古典文学の常識を疑う』（勉誠出版、2017 年）等があります。やや異色のものでいえば、服部敏郎『王朝貴族の病状診断』（吉川弘文館［歴史文化セレクション］、2006 年）、安田政彦『平安京のニオイ』（吉川弘文館［歴史文化ライブラリー］、2007 年）、奈良文化財研究所（監修）『見るだけで楽しめる！平城京のごみ図鑑──最新研究でみえてくる奈良時代の暮らし』（河出書房新社［視点で変わるオモシロさ！］、2016 年）、京樂真帆子『牛車で行こう！平安貴族と乗り物文化』（吉川弘文館、2017 年）も興味深い 1 冊です。手頃な事典としては和田英松・所功『新訂官職要解』（講談社［講談社学術文庫］、1983 年）、石村貞吉『有職故実　上・下』（講談社［講談社学術文庫］、1987 年）があります。

⑦日本史・宗教史・文学史

　日本史学関連のものでは、吉川弘文館の『国史大辞典』が有名です。時代は限定されますが、人物や事績の詳細な情報を知るには『平安時代史事典』（角川書店、1994 年）がよく、これは CD-ROM 版もありますが、大学の環境によっては「古典ライブラリー」（http://www.kotenlibrary.com）をウェブ上で使用することもできるでしょう。新書で手に取りやすいものでは岩波新書に「シリーズ日本古代史 1 〜 6」「シリーズ日本中世史 1 〜 4」「シリーズ日本近世史 1 〜 5」があります。

　また、国語の教科書では見ることはありませんが、藤原道長の『御堂関白記』や藤原行成の『権記』等の古記録も講談社学術文庫で刊行されています。倉本一宏（編）『現代語訳小右記』（吉川弘文館、2015 年〜）が刊行中です。また、遠藤慶太『六国史──日本書紀に始まる古代の「正史」』（中央公論新社［中公新書］、

1 章　授業の前に

2 章　授業中のこと

3 章　授業の後に

4 章　ヒント集

5 章　根本問題

6 章　事例編

7 章　文献ガイド

2016 年）のような公的な歴史書について知ったり、**松本直樹『神話で読みとく古代日本―古事記・日本書紀・風土記』**（筑摩書房［ちくま新書］、2016 年）のように神話と歴史とをつなげて考えていったりすることも有益でしょう。歴史学一般の問題としては、**小田中直樹『歴史学ってなんだ？』**（PHP 研究所［PHP新書］、2004 年）、**野家啓一『歴史を哲学する―七日間の集中講義』**（岩波書店［岩波現代文庫］、2016 年）がよいでしょう。

　宗教という視点から、**末木文美士『日本仏教史―思想史としてのアプローチ』**（新潮社［新潮文庫］、1996 年）、**佐藤弘夫『神国日本』**（筑摩書房［ちくま新書］、2006 年）、**末木文美士『日本宗教史』**（岩波書店［岩波新書］、2006 年）、**伊藤聡『神道とは何か―神と仏の日本史』**（中央公論新社［中公新書］、2012 年）等があります。

　芸能という視点から、**兵藤裕己『琵琶法師―〈異界〉を語る人びと』**（岩波書店［岩波新書］2009 年）、**網本尚子（編）『謡曲・狂言（ビギナーズ・クラシックス日本の古典）』**（角川書店［角川ソフィア文庫］、2010 年）、**表章『能楽研究講義録―六十年の足跡を顧みつつ』**（笠間書院、2010 年）、**松岡心平『中世芸能講義―「勧進」「天皇」「連歌」「禅」』**（講談社［講談社学術文庫］、2015 年）、**沖本幸子『乱舞の中世―白拍子・乱拍子・猿楽』**（吉川弘文館［歴史文化ライブラリー］、2016 年）等があります。

　日本文学史については難しい。そもそも、文学史は自明のものではありません。それでも挙げるとすれば、**安藤宏『日本近代小説史』**（中央公論新社［中公選書］、2015 年）があります。また、やや難解ですが**小峯和明（編）『日本文学史―古代・中世編』**（ミネルヴァ書房、2013 年）もよいでしょう。

⑧古典文法・文字

　古典文法については、**小田勝『実例詳解古典文法総覧』**（和泉書院、2015 年）が圧巻です。なお、補筆が和泉書院のウェブサイトで公開されています。また、**小田勝『読解のための古典文法教室』**（和泉書院、2018 年）も文法の知識

に根ざした読解力育成のために大いに参考になるでしょう。古文を読解する基礎的な力の育成として、**小西甚一『古文の読解』**（筑摩書房［ちくま学芸文庫］、2010年）と**小西甚一『古文研究法』**（筑摩書房［ちくま学芸文庫］、2015年）が本格的ですが、教科書によく載る文章を丁寧に説明している**長尾高明・石井秀夫『古文の核心』**（学研プラス、2004年）や**秋山虔（編）『理解しやすい古文』**（文英堂、2013年）等もよいでしょう。古文教材でしばしば問題となる文法事項をまとめている**中村幸弘『先生のための古典文法Q&A100』**（右文書院、1993年）、**中村幸弘『続・先生のための古典文法Q&A101』**（右文書院、2016年）もあります。**大野晋『古典文法質問箱』**（角川書店［角川ソフィア文庫］、1998年）、**渡辺実『平安朝文章史』**（筑摩書房［ちくま学芸文庫］、2000年）、**山口仲美『日本語の歴史』**（岩波書店［岩波新書］、2006年）、**鈴木健一『知ってる古文の知らない魅力』**（講談社［講談社現代新書］、2006年）、**高山善行・青木博史（編）『ガイドブック日本語文法史』**（ひつじ書房、2010年）、**中村幸弘・碁石雅利『日本古典　文・和歌・文章の構造』**（新典社、2012年）、**飯田晴巳・中山緑朗（監修）『品詞別学校文法講座　第八巻古典解釈のための文法』**（明治書院、2016年）等もよいでしょうし、**小松英雄『徒然草抜書』**（講談社［講談社学術文庫］、1990年）や**藤井貞和『古典の読み方』**（講談社［講談社学術文庫］、1998年）、**小松英雄『伊勢物語の表現を掘り起こす──《あづまくだり》の起承転結』**（笠間書院、2010年）、**山口佳紀『伊勢物語を読み解く　表現分析に基づく新解釈の試み』**（三省堂、2018年）も特定の作品に対する読み進め方の参考になるでしょう。また、**足立巻一『やちまた　上・下』**（中央公論新社［中公文庫］、2015年）は本居宣長の長男、本居春庭の評伝文学として面白く、春庭の著した『詞八衢』は動詞の活用を整理したものであり、タイトルはこれに由来しています。

　古語については古語辞典を参照するのがよいですが、**鈴木日出男『高校生のための古文キーワード100』**（筑摩書房［ちくま新書］、2006年）や新日本古典文学大系の**渡辺実『枕草子』**（岩波書店、1991年）の附録に「**枕草子心状語要覧**」があります。また、古辞書についても**今野真二『辞書からみた日本語の歴史』**（筑摩書房［ちくまプリマー新書］、2014年）、**今野真二『辞書をよむ』**（平凡社［平

1章　授業の前に
2章　授業中のこと
3章　授業の後に
4章　ヒント集
5章　根本問題
6章　事例編
7章　文献ガイド

凡社新書]、2014 年）が参考になります。正書法について知るには**今野真二『正書法のない日本語 』**（岩波書店［そうだったんだ！日本語］、2013 年）、**今野真二『かなづかいの歴史―日本語を書くということ』**（中央公論新社［中公新書］、2014 年）、また**屋名池誠『横書き登場―日本語表記の近代』**（岩波書店［岩波新書］、2003 年）も興味深い 1 冊です。

　くずし字や変体仮名に関する知識もあるとよいでしょう。**吉田豊『古文書をはじめる前の準備講座』**（柏書房、2008 年）や**高尾善希『やさしい古文書の読み方』**（日本実業出版社、2011 年）、**小林正博『これなら読める！くずし字・古文書入門』**（潮出版社［潮新書］、2018 年）もよいのですが、無料アプリの「くずし字学習支援アプリ KuLA」が一番近づきやすいものだと思います。これについては**飯倉洋一（編）『アプリで学ぶくずし字―くずし字学習支援アプリ KuLA の使い方』**（笠間書院、2017 年）もあります。

⑨漢文・漢字

　漢文教材については、**明治書院**の「新釈漢文大系」、「研究資料漢文学」や**角川書店**の「鑑賞中国の古典」、**大修館書店**の「漢文名作選」、**渓水社**の「漢文の教材研究」等が参考になりますが、**昌平社**の「漢詩・漢文解釈講座」には代表的な教材の分析がなされています。**塚田勝郎『新人教師のための漢文指導入門講座』**（大修館書店、2014 年）は題名の通り、どのように漢文を教えればよいのかが丁寧に説明されています。

　漢文が苦手という方は、**奥平卓『漢文の読みかた』**（岩波書店［岩波ジュニア新書］、1988 年）、**一海知義『漢詩入門』**（岩波書店［岩波ジュニア新書］、1998 年）、**加藤徹『漢文力』**（中央公論新社［中公文庫］、2007 年）、**川合康三『漢詩のレッスン』**（岩波書店［岩波ジュニア新書］、2014 年）、**前野直彬『漢文入門』**（筑摩書房［ちくま学芸文庫］、2015 年）等を読むのもよいでしょう。難解ですが、**坂出祥伸『初学者のための中国古典文献入門』**（筑摩書房［ちくま学芸文庫］、2018 年。『中国古典

を読むはじめの一歩―これだけは知っておきたい』集広舎［あじあ楽学選書］、2008 年の改題）や**余嘉錫、古勝隆一・嘉瀬達男・内山直樹**（共訳）**『古書通例―中国文献学入門』**（平凡社［東洋文庫］、2008 年）もあります。

　漢文に関しては訓読の問題や漢文が日本にどのような影響を与えてきたのかを知ることも大切です。**大島正二『漢字伝来』**（岩波書店［岩波新書］、2006 年）、**金文京『漢文と東アジア―訓読の文化圏』**（岩波書店［岩波新書］、2010 年）、**齋藤希史『漢文脈と近代日本』**（角川書店［角川ソフィア文庫］、2014 年）、**笹原宏之『訓読みのはなし―漢字文化と日本語』**（角川書店［角川ソフィア文庫］、2014 年）、**中村春作『思想史のなかの日本語―訓読・翻訳・国語』**（勉誠出版、2017 年）等が参考になります。

　漢文の語法や文法については、**戸川芳郎**（監修）／**佐藤進・濱口富士雄**（編）**『漢辞海　第四版』**（三省堂、2017 年）の中の「**漢文読解の基礎**」や**古田島洋介・湯城吉信『漢文訓読入門』**（明治書院、2011 年）が参考になるでしょう。唐詩に限られますが、**小川環樹『唐詩概説』**（岩波書店［岩波文庫］、2005 年）の「**唐詩の語法**」、「**唐詩の助字**」もよいでしょう。

　また、比較的教えることの多い『論語』に関しては、どのような解釈・注釈がなされてきたのかを簡潔にまとめている**石本道明・青木洋司『論語―朱熹の本文訳と別解』**（明徳出版社、2017 年）や、**影山輝國『『論語』と孔子の生涯』**（中央公論新社［中公叢書］、2016 年）のような入門書もあります。文学史では、**松原朗・児島弘一郎・佐藤浩一『教養のための中国古典文学史』**（研文出版、2009 年）、**浅見洋二・高橋文治・谷口高志『皇帝のいる文学史―中国文学概説』**（大阪大学出版会、2015 年）が興味深い。教科書に載る漢詩や漢文の成立した歴史に関しては**冨谷至・森田憲司**（編）**『概説中国史　上（古代―中世）』**（昭和堂、2016 年）がよいでしょう。

　漢字については**落合淳思『漢字の成り立ち―『説文解字』から最先端の研究まで』**（筑摩書房［筑摩選書］、2014 年）が近年の字源研究の観点から過去の研究を批判的に検討しています。**佐藤信弥『中国古代史研究の最前線』**（星海社［星海社新書］、2018 年）もお薦めです。日本での漢字については、**笹原宏之『日**

1章　授業の前に

2章　授業中のこと

3章　授業の後に

4章　ヒント集

5章　根本問題

6章　事例編

7章　文献ガイド

本の漢字』（岩波書店［岩波新書］、2006 年）や**湯沢質幸**『漢字は日本でどう生きてきたか』（開拓社［開拓社言語・文化選書］、2017 年）があります。

　また、**大修館書店**の『**漢文教室**』も興味深い論考が多く、近年のものはウェブ上で読むことができます。雑誌としては**全国漢文教育学会**の『**新しい漢字漢文教育**』（1997 年までは『新しい漢文教育』）があります。

⑩教材分析・国語科教育学

　具体的な教材解説や分析に関しては、**教育出版**の『**文学の力×教材の力**』には小学校教材（全 6 巻）と中学校教材（全 3 巻）があり、**右文書院**の『**〈新しい作品論〉へ**、**〈新しい教材論〉へ**』には高校教材（評論編全 4 巻、小説編全 4 冊、古典編全 4 巻）があります。また、**渓水社の浜本純逸**（監修）／**田中宏幸・坂口京子**（編）『**文学の授業づくりハンドブック　第 4 巻―授業実践史をふまえて　中・高等学校編**』（2010 年）には主に現代文の教材の実践史があり、**浜本純逸**（監修）／**冨安慎吾**（編）『**ことばの授業づくりハンドブック　中学校・高等学校　漢文の学習指導―実践史をふまえて**』（2016 年）には漢文教材の実践史があります。また、**クレス出版**の『**近代文学作品論集成**』には「羅生門」「山月記」「こころ」「舞姫」等の作品論が載っています。

　国語科教育学については、これまでの成果をまとめたものが**全国大学国語教育学会**（編）『**国語科教育学研究の成果と展望**』（明治図書出版、2002 年）、**全国大学国語教育学会**（編）『**国語科教育学研究の成果と展望 II**』（学芸図書、2013 年）です。手軽なものでは、**全国大学国語教育学会**（編）『**国語科教育実践・研究必携**』（学芸図書、2009 年）、**全国大学国語教育学会**（編）『**新たな時代を拓く中学校高等学校国語科教育研究**』（学芸図書、2011 年）、**田近洵一・鳴島甫**（編）『**中学校・高等学校国語科教育法研究**』（東洋館出版社、2013 年）、**山元隆春**（編）『**教師教育講座　第 12 巻　中等国語教育**』（協同出版、2014 年）があります。

　国語教育史では**田近洵一**『**増補版戦後国語教育問題史**』（大修館書店、1999 年）

が代表的ですが、田近洵一『現代国語教育史研究』（冨山房インターーナショナル、2013年）もあります。日外アソシエーツの『教科書掲載作品　小・中学校編―読んでおきたい名著案内』（2008年）、阿武泉（監修）『教科書掲載作品13000―読んでおきたい名著案内』（2008年）は1974年から2005年までの教材や作者の教科書掲載の歴史をまとめています。

国語科教育学以外の立場から国語科教育について、『國語と國文學（2015年11月特集号）』（明治書院、2015年）や日本文学協会の『日本文学』で言及されることが近年増えているのですが、他にも天野紀代子・鈴木日出男（監修）／幸田国広（編）『益田勝実の仕事5』（筑摩書房［ちくま学芸文庫］、2006年）、竹村信治『言述論（discours）―for 説話集論』（笠間書院、2003年）、武久康高『枕草子の言説研究』（笠間書院、2004年）、山田敏弘『国語教師が知っておきたい日本語文法』（くろしお出版、2004年）や鈴木泰恵・高木信・助川幸逸郎・黒木朋興（編）『〈国語教育〉とテクスト論』（ひつじ書房、2009年）、有馬義貴『源氏物語続編の人間関係 付 物語文学教材試論』（新典社［新典社研究叢書］、2014年）、菅井三実『人はことばをどう学ぶか―国語教師のための言語科学入門』（くろしお出版、2015年）等があります。

⑪メディア・リテラシー

メディア・リテラシーの重要性や理解については、やや古いですが菅谷明子『メディア・リテラシー―世界の現場から』（岩波書店［岩波新書］、2000年）や森達也『世界を信じるためのメソッド―ぼくらの時代のメディア・リテラシー』（イースト・プレス、2011年）がありますが、教育に関わるものとして浜本純逸（監修）／奥泉香（編）『ことばの授業づくりハンドブック　メディア・リテラシーの教育―理論と実践の歩み』（渓水社、2015年）やアンドリュー・バーン、奥泉香（編）『参加型文化の時代におけるメディア・リテラシー―言葉・映像・文化の学習』（くろしお出版、2017年）が参考になるでしょう。

1章　授業の前に

2章　授業中のこと

3章　授業の後に

4章　ヒント集

5章　根本問題

6章　事例編

7章　文献ガイド

⑫授業実践・海外の取り組み・生徒の多様化

　「語り」や「関係性」を意識した国語の授業実践として**松本修『文学の読みと交流のナラトロジー』**（東洋館出版社、2006 年）、**齋藤知也『教室でひらかれる〈語り〉─文学教育の根拠を求めて』**（教育出版、2009 年）、**川田英之『自己の「物語り」をつむぐ国語授業─主体的・共同的な言葉の学びをつくる』**（東洋館出版社、2016 年）があります。また、**諏訪園純『文学テクストをめぐる心の表象─源氏物語から国語教育まで』**（武蔵野書院、2017 年）の第 5 部「国語教育というコンテクストにおける心の位相」では定番教材について言及しています。

　また、海外の教育理論・実践として興味深いものとしては、**エリン・オリヴァー・キーン、山元隆春・吉田新一郎（訳）『理解するってどういうこと？─「わかる」ための方法と「わかる」ことで得られる宝物』**（新曜社、2014 年）、**ダン・ロスステイン、ルース・サンタナ／吉田新一郎（訳）『たった一つを変えるだけ─クラスも教師も自立する「質問づくり」』**（新評論、2015 年）、**R. リチャート、M. チャーチ、K. モリソン／黒上晴夫・小島亜華里（訳）『子どもの思考が見える 21 のルーチン─アクティブな学びを作る』**（北大路書房、2015年）、**キャロル・アン・トムリンソン、山崎敬人・山元隆春・吉田新一郎（訳）『ようこそ、一人ひとりをいかす教室へ─「違い」を力に変える学び方・教え方』**（北大路書房、2017 年）、**リンダ・トープ、サラ・セージ／伊藤通子・定村誠・吉田新一郎（訳）『PBL 学びの可能性をひらく授業づくり─日常生活の問題から確かな学力を育成する』**（北大路書房、2017 年）、**ピーター・H・ジョンストン、長田友紀・迎勝彦・吉田新一郎（訳）『言葉を選ぶ、授業が変わる！』**（ミネルヴァ書房、2018 年）があります。また、教育の効果について考えるものとして、使い方は慎重にならないといけませんが、**ジョン・ハッティ、山森光陽（訳）『教育の効果─メタ分析による学力に影響を与える要因の効果の可視化』**（図書文化社、2018 年）が参考になるでしょう。

　近年では（昔からだったと思いますが）生徒も多様化しています。本書でも取

りあげた**バトラー後藤裕子『学習言語とは何か―教科学習に必要な言語能力』**（三省堂、2011 年）は様々な事情により母語が定まっていない生徒の学習実態を分析したものですが、これは日本語教育の世界でも問題になっています。他にも、障害を抱えた児童・生徒に対する支援を考えるものとして**脇中起余子『「9 歳の壁」を越えるために―生活言語から学習言語への移行を考える』**（北大路書房、2013 年）や場そのものを新しく組み替えていく**ジュリア・カセム、平井康之、塩瀬隆之、森下静香（編）『インクルーシブデザイン―社会の課題を解決する参加型デザイン』**（学芸出版社、2014 年）、**中川聰（監修）／日経デザイン（編）『ユニバーサルデザインの教科書第 3 版』**（日経 BP 社、2015 年）等がこれからますます求められていくでしょう。

⑬文学理論

　文学理論については、**石原千秋・木股知史・小森陽一・島村輝・高橋修・高橋世織『読むための理論―文学・思想・批評』**（世織書房、1991 年）、**土田知則・神郡悦子・伊藤直哉『現代文学理論―テクスト・読み・世界』**（新曜社［ワードマップ］、1996 年）、**土田知則・青柳悦子『文学理論のプラクティス―物語・アイデンティティ・越境』**（新曜社［ワードマップ］、2001 年）、**真銅正宏『小説の方法―ポストモダン文学講義』**（萌書房、2007 年）、**石原千秋『読者はどこにいるのか―書物の中の私たち』**（河出書房新社［河出ブックス］、2009 年）、**西田谷洋『学びのエクササイズ　文学理論』**（ひつじ書房、2014 年）、**橋本陽介『ナラトロジー入門―プロップからジュネットまでの物語論』**（水声社［水声文庫］、2014 年）、**ピーター・バリー、高橋和久（訳）『文学理論講義―新しいスタンダード』**（ミネルヴァ書房、2014 年）、**亀井秀雄（監修）／蓼沼正美『超入門！現代文学理論講座』**（筑摩書房［ちくまプリマー新書］、2015 年）、**松本和也（編）『テクスト分析入門―小説を分析的に読むための実践ガイド』**（ひつじ書房、2016 年）、**千野帽子『人はなぜ物語を求めるのか』**（筑摩書房［ちくまプリマー新書］、2017 年）、**橋本陽介**

1 章　授業の前に

2 章　授業中のこと

3 章　授業の後に

4 章　ヒント集

5 章　根本問題

6 章　事例編

7 章　文献ガイド

『物語論　基礎と応用』（講談社［講談社選書メチエ］、2017 年）、**武田悠一『読む
ことの可能性—文学理論への招待』**（彩流社、2017 年）等があります。一口に「文
学理論」といっても、実際には様々な領域にまたがっていることが多く、単
純に文学だけの問題ではありません。「批評理論」という点でいえば、**大橋
洋一（編）『現代批評理論のすべて』**（新書館、2006 年）がありますが、**廣野由
美子『批評理論入門—『フランケンシュタイン』解剖講義』**（中央公論新社［中
公新書］、2005 年）には詳細な分析もあります。

⑭読みの技術

　何をどのように読むかについては、古典的なものとしては **J・モーティ
マー・アドラー、V・チャールズ・ドーレン／外山滋比古・槇未知子（訳）『本
を読む本』**（講談社［講談社学術文庫］、1997 年）や**加藤周一『読書術』**（岩波書店［岩
波現代文庫］、2000 年）がありますが、**平野啓一郎『本の読み方—スロー・リー
ディングの実践』**（PHP 研究所［PHP 新書］、2006 年）、**石黒圭『「読む」技術—速読・
精読・味読の力をつける』**（光文社［光文社新書］、2010 年）、**五味渕典嗣・塚原政和・
吉田光（編）『高校生のための現代文ガイダンス　ちくま評論文の読み方』**（筑
摩書房、2016 年）等も参考になるでしょう。

⑮日本と日本語を外からの視点で捉える

　日本語や日本文学を外からの視点で書かれた**張競『海を越える日本文
学』**（筑摩書房［ちくまプリマー新書］、2010 年）や**リービ英雄『我的日本語　The
World in Japanese』**（筑摩書房［筑摩選書］、2010 年）、**多和田葉子『エクソフォ
ニー—母語の外へ出る旅』**（岩波書店［岩波現代文庫］、2012 年）等も私たちが当
たり前と感じている、あるいは考えたこともなかったことを発見することに

なるでしょう。

　日本語以外の言語についても知っておくとよいことがあるかもしれません。たとえば、英語教材が豊富にはない時代に優れた英語力を発揮していた岡倉天心や野口英世らがどのように英語を学習していたのかを述べた**斎藤兆史『英語達人列伝―あっぱれ、日本人の英語』**（中央公論新社［中公新書］、2000 年）、**寺澤盾『英語の歴史―過去から未来への物語』**（中央公論新社［中公新書］、2008 年）や**堀田隆一『英語の「なぜ？」に答える　はじめての英語史』**（研究社、2016 年）等の英語史については、日本語以外の言語一般に注目していくことにもつながるでしょう。

　また、翻訳という行為・現象については、**柳父章『翻訳語成立事情』**（岩波書店［岩波新書］、1982 年）、**鳥飼玖美子『歴史をかえた誤訳―原爆投下を招いた誤訳とは！』**（新潮社［新潮 OH！文庫］、2001 年）、**岩波書店編集部（編）『翻訳家の仕事』**（岩波書店［岩波新書］、2006 年）、**鴻巣友季子『翻訳教室―はじめの一歩』**（筑摩書房［ちくまプリマー新書］、2012 年）が参考になるでしょう。近年ではコミック原作のドラマや映画も増えてきましたが、このように他のメディアや文脈を移し替えていく「アダプテーション」についても注目してもよいでしょう。**岩田和男・武田美保子・武田悠一（編）『アダプテーションとは何か―文学／映画批評の理論と実践』**（世織書房、2017 年）、**小川公代・村田真一・吉村和明（編）『文学とアダプテーション―ヨーロッパの文化的変容』**（春風社、2017 年）が参考になるでしょう。

⑯発想の転換

　発想の転換として、**多湖輝『頭の体操 BEST』**（光文社、2009 年）や水平思考（多様な視点から発想していく思考法）のゲームを紹介している**ポール・スローン、デス・マクヘール／クリストファー・ルイス（訳）『ポール・スローンのウミガメのスープ―水平思考推理ゲーム』**（エクスナレッジ、2004 年）等があ

1章　授業の前に
2章　授業中のこと
3章　授業の後に
4章　ヒント集
5章　根本問題
6章　事例編
7章　文献ガイド

ります。他にも**苅谷剛彦『知的複眼思考法─誰でも持っている創造力のスイッチ』**（講談社［講談社＋α文庫］、2002 年）、**伊勢田哲治『哲学思考トレーニング』**（筑摩書房［ちくま新書］、2005 年）も定評がありますし、**森村泰昌『美術の解剖学講義』**（筑摩書房［ちくま学芸文庫］、2001 年）や**河本英夫『哲学の練習問題』**（講談社［講談社学術文庫］、2018 年）も素晴らしい本です。また、私たちが普段見ている世界を違った角度から述べている**伊藤亜紗『目の見えない人は世界をどう見ているのか』**（光文社［光文社新書］、2015 年）や**松原隆彦『目に見える世界は幻想か？─物理学の思考法』**（光文社［光文社新書］、2017 年）、また人間以外の動物の認知の問題を扱っている**フランス・ドゥ・ヴァール／松沢哲郎（監修）／柴田裕之（訳）『動物の賢さがわかるほど人間は賢いのか』**（紀伊國屋書店、2017 年）も非常に興味深い内容です。

⑰副教材・入試問題

　副教材を探す時には**明治書院の「現代文問題データベース」、「古文・漢文問題データベース」**の CD-ROM 版が利用できます。これは大学入試の問題をまとめているもので、特定のキーワードで検索するとテーマに関わる文章を見つけることもできます。ただし、これは大学や大学図書館にはほとんどないと思います。現場に出た時に学校（特に高校）にはあるかもしれません。副読本として、**紅野謙介・清水良典（編）『高校生のための近現代文学ベーシック　ちくま小説入門』**（筑摩書房、2012 年）、**岩間輝生・坂口浩一・関口隆一・太田瑞穂（編）『高校生のための現代思想ベーシック　ちくま評論入門　改訂版』**（筑摩書房、2015 年）があります。

　私はこれとは別に、**旺文社の『全国大学入試問題正解』、『全国高校入試問題正解国語』**をだいたい 10 年分ほど PDF に変換して、その際に OCR で文字認識ができる状態にして、複数のファイルを横断して検索ができるようにしています。読み取り精度の問題があって全ての文字列を認識しているわけ

ではないのですが、検索する分にはあまり問題にはならないように思います。

⑱情報検索

国立国会図書館が全国の図書館と協同して調べ物のデータベースを構築している「**レファレンス協同データベース**」（http://crd.ndl.go.jp/reference/）には、個々の利用者のレファレンスの事例があり、調べるためにはどのような方法や資料があるかを知ることができます。調べる、あるいは図書室（図書館）との関連からいうと、**木下通子**『**読みたい心に火をつけろ！─学校図書館大活用術**』（岩波書店［岩波ジュニア新書］、2017 年）、**成田康子**『**高校図書館デイズ─生徒と司書の本をめぐる語らい**』（筑摩書房［ちくまプリマー新書］、2017 年）、**沼崎一郎**『**はじめての研究レポート作成術**』（岩波書店［岩波ジュニア新書］、2018 年）等もあります。本書でも取りあげましたが、**猪原敬介**『**読書と言語能力─言葉の「用法」がもたらす学習効果**』（京都大学学術出版会［プリミエ・コレクション］、2016 年）は読書の効果について考える時に参考になる本です。

情報を検索する際のウェブサイトとしては「**CiNii**」（サイニー：https://ci.nii.ac.jp/）が論文検索ができて、また論文の中から気になる言葉を全文検索するのもよいでしょう。扱い方がわからないテキストについては、最新の研究論文の参考文献や注釈を読むとヒントを得られるでしょう。また、「**日本文学Internet Guide**」（http://soamano.wixsite.com/nihonbungaku）が日本文学研究以外にも様々な領域のリンクが張ってあり、便利です。

1章　授業の前に

2章　授業中のこと

3章　授業の後に

4章　ヒント集

5章　根本問題

6章　事例編

7章　文献ガイド

おわりに

　今回、私が本書で述べてきたことは一人の授業者の「暗黙知」を言語化するという営みです。

　いろいろな実践を収めた書籍や論文には優れたものも多いのですが、それらの多くは「なぜ」その学習過程にしたのか、その理論的な枠組みはどのような目標や目的において援用されたのかを説明するものはあっても、そして具体的な問い方やアプローチやその授業の成果や課題は述べられたとしても、そこからさらに実際の授業を詰めていく詳細な振る舞い方や言葉遣い、それらを支える考え方や思想、その意味を1つの流れの中で説明しているものは少ないように思います。「はじめに」でも述べたように、教育実習生をめぐる環境だけではなく、教育現場、研究現場それぞれにも環境のめまぐるしい変化があり、また社会の動向も同時に踏まえていくことを考えていくと、「体験しないとわからない」ような知の説明は少しでも言語化されて開かれていく必要があると思いました。この目的がどこまで達成できたのかは心許ないのですが、本書の内容が少しでも役に立ち、そして本書を読んだ読者から声（賛同する声、批判する声も含めて）が上がっていくことがあれば、筆者としてはこれにまさるものはありません。

　当然、本書には限界もありますし、いくつか重要な問題も触れていません。その中で個人的に高い関心の問題を5点挙げておきます。

・教育現場におけるICTの活用をどのようにしていけばよいか
・生徒に意味のある教育評価をどのように設定していけばよいか
・古典文法の前段階という消極的な位置づけ以外に口語文法をどう扱えばよいか

・自立した読者を育てるためにはどうすればよいか（また図書室の活用）

・永続的に問うことのできる主体をどのように育成していけばよいか

　さて、本書を振り返ってみると、一斉授業が前提となっています。私は一斉授業のすべてに問題があるとは思いません。しばしば槍玉に挙げられる一斉授業のイメージ（授業者が一方的に教授していく）は、かなり誤解のあるものだと感じています。しかし、限界があるとも強く感じます。たとえば、良い授業ができて多くの生徒が満足のいく授業（充実した学び）になったとしても、必ず何人かの生徒にとってはあまり意味のない時間であったことは数知れずあります。生徒の個々の能力をそれぞれのペースで学習していくことが求められています。

　C.M. ライゲルース／ J.R. カノップ、稲垣忠ほか（訳）『情報時代の学校をデザインする―学習者中心の教育に変える 6 つのアイデア』（北大路書房、2018 年）にはこれからの教育に向けたパラダイム転換、今すぐにでも取り組んでこれまでの教育システムを変えていく必然性が述べられており、その一つひとつに共感せざるをえませんでした（6 つのアイデア「①到達ベースのシステム、②学習者中心の指導、③ 21 世紀型スキルを含む広がりのあるカリキュラム、④教師、学習者、保護者およびテクノロジの新たな役割、⑤調和ある人格を育む学校文化、⑥組織構造、選択、インセンティブ、意志決定のシステム」（30 頁）を挙げています）。

　思うに、授業者にとっての授業の楽しみは生徒とのやりとりにあります。時にこちらが問われ、考えさせられる体験が授業にはあります。しかし、その授業者の楽しみを学習者の学びへの喜びに移行していくことが求められますし、これがもしかすると学習者中心の教育にスライドしづらい原因にもなっているのではないかと思います。

　その意味で本書の存在は、従来の国語科の授業をより強固にしていっているのではないかという不安もありますが、願わくばこの類の本がなくなり、より学習者の学びに関与するものが出てくればと思います。

　本書の狙いにはもう 1 つ、学校現場と文学や言語の研究の場とをつないで

いくことがありました。中等教育においては依然として研究者が発言して改善できる余地は残されています。本書を読んで「だから教育っていうのは」というのではなく、「こういうのが参考になるかもしれない」と積極的に発言をし、教材発掘や教材分析の視点を提供してくれることになれば、これもまた本書の狙いは達成されたことになります。国語科の教員といっても、学ぶ領域は広い。博覧強記の人もいますが、私も含めそんな人ばかりではありません。専門的な立場から情報を発信してくれることを願ってやみません。

　ところで、教育における言論はあまりよいものとはいえません。自分の関心のあるものには賛意を示し、理解のできないものを蔑視して排除する状況はよくありません。これは私のように日々授業を行っている者にもいえます。誹謗中傷に近い言葉よりも、問題点を顕在化して共有していくことの方が建設的です。また、日々試行錯誤しながら授業を行っている教員に対して、「今の教育をわかっていない」と上から目線で断罪していくことも好ましくありません。学校が変われば事情も異なります。やりたいことがすぐにはできないのはみな共通でしょう。それぞれの場で困難はあります。私たちはそこへの想像力を持つ必要があるだろうというのが最近感じていることです。それでも、想像力にも忍耐力にも限界はあります。だからといって、相手を否定して暴論を述べてしまうことは「対話」の価値を著しく貶めてしまいます（今の日本の社会に果たして対話があるのか、対話に価値があると信じることは難しいにせよ、です）。これについては自戒の意味を込めて述べました。

　さて、いろいろと課題や書き足りないことは多く、まだまだ書くべきこともありますし、細分化できるところもあります。「暗黙知」は個人的には3割程度しか言語化できなかったように思います。また、具体的に取りあげた教材にもジャンルの偏りがあります（説明文や評論文、詩歌等）。これらについては別の機会に述べたいと思います

▶**注1**　「公共的な問題」といいましたが、ここでの「公共性」の意味は齋藤純一を踏まえています。そして、これは教室空間、学校空間等、様々な場に共通する問題でもあります。

　　本論に移る前に「公共性」という言葉の若干の「用語解説」を試みておきたい。やや図式的な説明になるが、この言葉が与えるであろう曖昧模糊とした印象を少しでも拭いとっておこう。一般に「公共性」という言葉が用いられる際の主要な意味合いは、つぎの三つに大別できるのではないかと思う。

　　第一に、国家に関係する公的な（official）ものという意味。この意味での「公共性」は、国家が法や政策などを通じて国民に対しておこなう活動を指す。たとえば、公共事業、公共投資、公的資金、公教育、公安などの言葉はこのカテゴリーに含まれる。対比されるのは民間における私人の活動である。この意味での「公共性」は、強制、権力、義務といった響きをもつはずである。

　　第二に、特定の誰かにではなく、すべての人びとに関係する共通のもの（common）という意味。この意味での「公共性」は、共通の利益・財産、共通に妥当すべき規範、共通の関心事などを指す。公共の福祉、公益、公共の秩序、公共心などの言葉はこのカテゴリーに含まれる。この場合に対比されるのは、私権、私利・私欲、私心などである。この意味での「公共性」は、特定の利害に偏していないというポジティヴな含意をもつ反面、権利の制限や「受忍」を求める集合的な力、個性の伸張を押さえつける不特定多数の圧力といった意味合いも含む。

　　第三に、誰に対しても開かれている（open）という意味。この意味での「公共性」は、誰でもアクセスすることを拒まれない空間や情報などを指す。公然、情報公開、公園などの言葉はこのカテゴリーに含まれるだろう。この場合には、秘密、プライヴァシーなどと対比される。この意味での「公共性」にはとくにネガティヴな含みはないが、問題は、開かれてあるべきものが閉ざされているということだろう。一例を挙げれば、水道と木陰とベンチと公衆トイレがある空間は、人間にとっていわば最後のセイフティ・ネットを意味するが、それをしも奪い、公園を閉ざされた空間にしようとする動きがあるのは周知のとおりである。

　　　　　　（齋藤純一『思考のフロンティア　公共性』岩波書店、2000 年、ⅷ- x 頁）
　　なお「公共性」の議論については権安理『公共的なるもの―アーレントと戦後日本』（作品社、2018 年）が参考になるでしょう。

▶**注2**　国立教育政策研究所「評価規準の作成、評価方法等の工夫改善のための参考

資料」（http://www.nier.go.jp/kaihatsu/shidousiryou.html）

▶**注3**　難波博孝「未来の国語教育の方向性」（『国語教育思想研究』12 号、国語教育思想研究会、2016 年、12-13 頁）。この利点を難波は次のように説明しています。

　このように分けることは、次のような利点があります。それは、今後提案される「資質・能力」を、まずは価値目標として受け止めていく、ということです。そして、無理に「教科の目標・内容」とつなぐのではなく、読むことの教育なら読むことの単元の中で、「教科の目標・内容」を担う技能目標と「資質・能力」を担う価値目標との両方を狙っていくということです。

　一例を挙げましょう。例えば、小学校四年生の教材「ごんぎつね」では、小学校中学年の指導事項である「文学教材における登場人物の性格や心情の変化をとらえる」を技能目標とすることができるでしょう。

　一方で、この物語は、人と人との関わり、分かり合いがいかに難しいかをあらわしていますから、価値目標として「人と人との関わり合いについて自分の考え方を深める」という項目を設定することが可能です。この価値目標は、「資質・能力」で提案された「対人関係能力」や「教科の目標・内容」の汎用的スキルで、提案された「コミュニケーション」と大きく関わってきます。

　「ごんぎつね」の教材の学習を通して、「ごんや兵十の性格や心情の変化をとらえる」技能目標を達成しつつその成果を踏まえて、ごんと兵十はなぜわかりあえなかったのか、どうすればよかったのかを考えるのです。ここが価値目標達成に向かうところです。

　価値目標も態度目標同様、短期的な目標（本時あるいは単元での達成）から超長期的な目標（一生涯にわたって達成）まであります。「ごんぎつね」の学習では、まずはごんと兵十の関わりについて自分なりの考えを持つという短期的な目標を達成し、それをさまざまな教材や他教科でも積み重ねて行うことで、人と人との関わり合いについての考えを深めること、つまり「対人関係能力」の形成を図るのです。

　つまり、「教科の目標・内容」は技能目標として受けとめ、「資質・能力」は価値目標として受けとめ、それぞれを、具体的な教材、単元、授業の中で結び付けて、しかも短期的〜超長期的視点から達成していくのです。「ごんぎつね」を例にあげて、また、態度目標も合わせて、まとめておきます。

小学校 4 年生国語科教材「ごんぎつね」の単元の場合

○技能目標＝「文学教材における登場人物の性格や心情の変化をとらえる」←「教科の目標・内容」

○価値目標＝「人と人との関わり合いについて自分の考え方を深める」←「資質・能力」（「対人関係能力」）

○態度目標＝「物語を積極的に読もうとする態度を形成する」

▶**注4**　他にも、西岡加名恵・石井英真・田中耕治（編）『新しい教育評価入門─人を育てる評価のために』（有斐閣、2015 年）や西岡加名恵『アクティブ・ラーニングをどう充実させるか　資質・能力を育てるパフォーマンス評価』（明治図書出版、2016 年）等も参考になります。

　また、YouTube には前述の西岡加名恵の「京都大学教育学部「教育課程論Ⅰ」」（https://www.youtube.com/watch?v=LTI0wmlxuDw）や「京都大学教育学部「教育課程論Ⅱ」」（https://www.youtube.com/watch?v=zrBEujhAOdA&t=2395s）、松下佳代の「アクティブで深い学びのための仕組み」（https://www.youtube.com/watch?v=1Wnm2ulqGyI&t=142s）の講義や研究会が公開されているので、こちらも視聴するとよいでしょう。

　NITS 独立行政法人教職員支援機構の「校内研修シリーズ」にも教育に関わる 20 分程度の動画があります。

　なお、溝上慎一のウェブサイト（http://smizok.net/）にある「溝上慎一の教育論」は近年の教育動向を踏まえた理論面、実践面の情報が豊富にあり、なおかつ更新頻度も高いので参考になります。

▶**注5**　学習指導案の例としては、たとえば以下のウェブサイトが参考になります。

・広島県立教育センター　学習指導案例集（http://www.hiroshima-c.ed.jp/web/an/）

・先生のための教育事典 EDUPEDIA（https://edupedia.jp/）

・関西大学教職支援センター　学習指導案

（http://www.kansai-u.ac.jp/kyoshoku/student/guideline/index.html）

▶**注6**　ここでは基本的に三浦和尚の述べていることを踏まえて説明をしています。なお、三浦は発問について次のように述べています。

　発問は、その意図等によっていくつかに分類されるが、留意点として、次のような点が指摘される。

○記憶発問（既知のことや確かめられた事実を求める。「質問」に近い）と思考発問（発問によって新たな認識に深めようとする）を区別すること。事実を確認する質問を繰り返すと、授業は深まらない。

○答えがおおよそ確定していく収束的発問と、どのような応えも許容される拡散的な発問を区別して子どもに対応する。拡散する場合は、何を言ってもいいというスタンスを明確にする。

○答え方（例えばどのようなことをどのように応えたらよいか）がわかりやすい。

○読解指導の場合、発問は文章理解の急所を反映したものである必要がある。

○発問したとき、子どもが「そういわれれば確かにそれはなぜだろう」と教師と疑問が共有できるような発問でありたい。

○中心になる発問と補助的な発問が区別され、組み立てられるよう、発問計画が

作られている。

（「29 発問・指示・助言」『国語科重要用語事典』明治図書、2015 年、40 頁）

▶**注7**　他にも、たとえば『史記』の項羽と劉邦の話で最後に項羽が自害する場面があります（項羽本紀）。「面」の意味を「顔をそむける」か「正視する」か、どちらを採用するかで馬童の人物像が変わります。そしてまた、項羽の最期の状況も言葉も異なります。解釈が分かれる場合は、むしろ積極的にその違いを考えさせることも有効でしょう。

【原文】

顧見漢騎司馬呂馬童。曰、「若非吾故人乎。」馬童面之、指王翳曰、「此項王也。」項王乃曰、「吾聞漢購我頭千金・邑万戸。吾為若徳。」乃自刎而死。

【書き下し・訳】

顧みるに漢の騎司馬呂馬童を見たり。曰はく、「若は吾が故人に非ずや。」と。馬童之に面し、王翳に指して曰はく、「此れ項王なり。」と。項王乃ち曰はく、「吾聞く、漢我が頭を千金・邑万戸に購ふ、と。吾若の為に徳せしめん。」と。乃ち自刎して死す（ふと振り返ると漢の騎司馬の呂馬童が目に入った。項王は、「おまえは私の昔なじみではないか。」と言った。馬童は顔を背けて、王翳にさし示して、「これが項王だ。」と言った。項王はそこで、「私は、漢では私の首をとった者には千金と一万戸の町が与えられると聞いている。私はおまえのために恩恵を施してやろう。」と言った。かくして自分で首を切って死んだ。）。

　教科書の脚注には「面」に「顔をそむける」をあげ、脚問には「「面」したときの呂馬童の気持ちは、どのようなものか」とあります。参考までに『漢詩・漢文解釈講座　第 8 巻　歴史I史記・上』「面之」注（昌平社、1995 年、226 頁）をあげておきます。

　　項羽の方に顔を向ける。項羽を正視する。一説に項羽から顔をそむける。項羽から旧知ではないかと詰問され、思わず顔をそむけた、とするのである。この部分は、従来の注釈でも解釈が割れている。『集解』の「如淳曰、面、不正視也。」というのは後者の意味であり、『考証』の「洪頤曰、面、向也、謂向視之、」は前者の意味である。なお、中国には古来、反訓といって、本義と反対の意味に文字を用いることがある。例えば「乱」を「おさむ（治）」、「廃」を「おく（置）」、「逆」を「むかえる（迎）」とする類。

▶**注8**　この発問は山元隆春の次の言葉に着想を得て考えたものです。

　　太宰治の『走れメロス』は現行の中学校二年生の多くの国語教科書で採用されている。このテクストを〈友情〉の物語であると記憶している人も少なくはないだろう。確かに、メロスはセリヌンティウスとの約束を守りとおすことができた。

その意味では最後の場面でディオニス王が言っているように〈人を信じること〉についての物語だと捉えることもできる。

　しかし、これは本当にメロス中心の物語なのだろうか。結末の民衆のことばが「メロス万歳！」ではなくて、「王様万歳！」であるというところに注意を向けると、必ずしもこの物語をメロスの物語とだけ読む必要はないということに思いいたる。また、途中で刑場に行くのを諦めかけるシーンでのメロスの独白は、やけにまだるっこしいものだ。メロスは本当に〈勇者〉だったのだろうか。彼は思いのほか〈俗物〉なのかもしれない、と解釈することも可能であろう

（山元隆春「5章　臨床国語教育における実践者と研究者　5節教材研究」、難波博孝（編）『臨床国語教育を学ぶ人のために』世界思想社、2007年、299頁）

▶**注9**　また、この種の問いでは、問いが出されて教材本文に向かっていくものも多い。細部を問う発問も大切ですが、問いの後にもう一度教材本文に向かわざるをえないような問いがあるとよいでしょう。

▶**注10**　R. リチャート、M. チャーチ、K. モリソン著／黒上晴夫・小島亜華里（訳）『子どもの思考が見える21のルーチン―アクティブな学びを作る』（北大路書房、2015年、26頁）。

　また、続けて次のように述べています。

　「本質的な問い」は、生成的な質問の1つである。ワシントン州のクローバー・パーク高校で9年生を担当するキャシー・ハナウォルト先生は、本質的な問いによって歴史と文学に共通する真実、見通し、普遍性という基本的な問題に注意を向ける。白板に貼った短冊には、「どんな話か」「裏話はあるか」「どうやってそれを調べるか」「なぜ裏話を知る必要があり、またそれを話題にしなければならないのか」「裏話はどんな役に立つか」という5つの問いが書かれている。授業で扱うどのような扱いについても、それを深めていこうとするときこれらの問いが端緒となる。キャシー先生が初めてこのように問いかけたとき、子どもたちは資料に載っていることだけでなく身近な出来事の裏を読み取ることに夢中になった。そして、誰かが発表すると、「うん、だけどどんな裏話があるの？」という質問をするようになった。これはまさに生成的な本質的問いである。歴史や今起きている出来事、政治についての記事を読むときに、そこには裏があること、書かれている人や出来事について本当に理解するためには知識が必要なのだという思いが学習を引っ張り、子どもたちは積極的に学習に取り組んだのである。このような問いは、歴史を学ぶというのはその裏を読み取ることでもあるというメッセージを伝えることになり、子どもたちは学習のしかたを学ぶのである。

　オーセンティックな質問は教師だけのものではない。子どもがすることもある。そういうとき、彼らは嫌々課題をやらされているのではなく、真剣に学んでいる

のだと知ることができる。子どものオーセンティックな質問は、いかに知的にのめり込んでいるかを知るものさしなのである。ワイオミング州の中学理科のポール・クリップス先生は、子どもの持つ疑問によってその子の到達度が最もよくわかると言う。「私は、出した課題の答えだけで子どもを判断しないで、質問によって評価する」と彼は言う。ジョン先生が「よい質問だ！」と返すことがよくある。どのような質問がよい質問かと尋ねると、彼はすぐに「ああ、よい質問というのは、私も含めてクラス全体が考えざるを得なくなるような質問です」と答えた。子どもの質問から、どんな問題に取り組んでいるのか、どこでつまずいているのか、どこがどんなふうにつながっているのか、何を明らかにしたいのか、などの子どもの考えをとらえられる。だれかが、考えたことやわからないことを発表すると、クラスにさざなみが立つ。それは、学習に必要な興奮やエネルギーを生み出すのである。（27-28 頁）

▶**注 11**　ダン・ロスステイン、ルース・サンタナ／吉田新一郎（訳）『たった一つを変えるだけ―クラスも教師も自立する「質問づくり」』（新評論、2015 年）は、生徒は「質問づくり」をしていき、そして質問する力が民主主義との関係において重要なものであることをあらためて感じさせられる実践です。市民としての要件である「問う力」を継続的に授業で育成していく取り組みは参考になるでしょう。授業者の「問う力」は確かに生徒に働きかけ、授業展開や教材に切り込んでいけますが、そのことと生徒の「問う力」の育成とはまた別の問題です。今の日本の学校において「問う」ことを日常的に行っていく生徒をどのように育てていけばいいのか、これは私の課題です。

▶**注 12**　なお、『枕草子』の他段でのこのようなやりとりを教材化、読み合わせをしたい場合には、李暁梅『枕草子と漢籍』（渓水社、2008 年、164-165 頁）の「表・清少納言と殿上人の応答」も参考になるでしょう。

▶**注 13**　三浦和尚は次のように述べています。

　　　ある先生は例えば、「板書を見ればその教師の力量がわかる」とおっしゃる。それは先生が「発問と板書の構造化による授業」を標榜されていたことの裏返しの表現である。先生の発問によって作られていった板書は、1 時間の授業終了時にはみごとに学習材の内容が「構造的」に映し出されているのであった。また先生は板書について、「右から左に書き出したときに、もうその授業はだめだとわかる」ともおっしゃる。

　　　私自身は、そう言われる先生の授業の完成度に一目も二目も置きながら、その言葉に違和感を覚える。そして私自身の授業の板書をそのように批判されたとき、その違和感はなんなのかを明らかにするよう、自身に突きつけられるのである。

　　　「黒板の右に書き、間を空けて左に書いたとき、確かに内容的な対応関係・対

立関係は明らかになるけれども、間に何が書かれるのか、見当がつかない。それは子どもの意識に添うことにはならないのではないか。」

「黒板の右に書き、間を左に書いたとき、その間に先生が考える何かが入るという前提になり、先生に導かれるという学習観から脱却できないのではないか。」

「子どもの読みから出発するという学習を組織しにくいのではないか。」

「子どもの読みの多様性や、教師とは違う解釈を生かしにくいのではないか。」

私はそのように自問自答しつつ、自身の「板書」についての考え方を整理していくのである。それはまた、板書にとどまらず、子どもと教師の関係をどのように捉え、位置づけながら授業に向かうのかといった、教師としてのありようの根本の問題（思想）を内蔵している。

私はやはり、教師が準備したものをいかにうまく子どもに受け止めさせるかというのではなく、子どもから浮かび上がるものをどう受け止め伸ばしていくかという考えに、無自覚的に立っていたのだと思われる。

（三浦和尚『高校国語科授業の実践的提案』三省堂、2017 年、12-13 頁）

▶**注 14**　なお、教育実習のあり方は問題になっています。1 つには教育実習生が日を越えて、あるいは明け方まで不眠不休で指導案を作ったり授業準備をすることです。指導教員による駄目出しが多く、何度も何度も修正を加えるというものです。教育実習といえども生徒にとっては学生は「教師」であり、力を抜くことは許されないというわけです。確かにこの気持ちは理解はできますし、いい加減な（明らかに準備不足）こともありうるのですが、それも含めて教育実習生を指導していく必要があるのではないかと思います。もちろん「この程度しかできなかったのか」という限度はありますが、限られた時間の中である程度の選択をし、教育実習中に少しでも成長ができるために支援をしていく視点も必要だと感じています。「自分の時はこうだった」と昔自慢をしても、それは時代や学生の実態に即していませんし、問題なのは真面目な学生ほどその言葉を真に受けてしまい、心身を壊してしまうことです。実際のところ、このバランスは難しいところなのですが、「全身全霊で教育実習に臨まなければならない」という発想は、個々の実習生の実態に合わせて指導する側もその意識を変えていくことが求められるように思います。

▶**注 15**　たとえば、古田島洋介は次のように原文不在の問題点を述べています。

しかし、管到の問題が生じると、大いに始末が悪い。管到とは、ある語がその下方の語句のどこまでを支配するか、ということだ。要するに、上の言葉が下に掛かってゆく範囲である。たとえば、次のような言い回しが現れたとたん、漢文訓読体の読解は雲行きが怪しくならざるを得ない。

あるいは我ためには新にして奇ならずといふも可なり。（『概略』010-7）

279

これが書き下し文であれば、速やかに原文に遡り、「不新而奇」なのか「新而不奇」なのかを確認すればよい。前者ならば、「不」の管到は「新而奇」の三字すべて、つまり「〈新〉でも〈奇〉でもない」＝「目新しくも奇妙でもない」意。後者だとすれば、「不」の管到は「奇」一字にとどまり、「〈新〉ではあるが〈奇〉ではない」＝「目新しいとはいえ、奇妙ではない」意になる。ところが、原文不在の漢文訓読体では、「不」の位置を確認する̇す̇べ̇がないため、もっぱら文脈に頼って判断するしかなく、どちらが正しいのか決めかねる場面も十分に生じ得る。

（古田島洋介『日本近代史を学ぶための文語文入門―漢文訓読体の地平』吉川弘文館、2013 年、18 頁）

▶**注 16**　ただし、漢文の文法については体系的に学ぶことは一部の学生を除いてほとんどないように思います。そもそも体系的に学べるのかという問題もあります。気になる方は、『全訳漢辞海第四版』の付録「漢文読解の基礎」等を通読されるとよいでしょう。

▶**注 17**　前田愛は近代になって「音読」から「黙読」に読者が徐々に移り変わっていったことを論じているのですが、その議論の中で「音読」の機能を次のように述べています。

　　ここで叙述を整理するために「音読」そのものを二つの型―ひとつは伝達手段として、また理解の補助手段としての「朗読」と、もうひとつは文章をリズムを実感するために音吐朗々と誦する「朗誦」―に分けて考えたい。第一の型「朗読」は主として民衆の側に見出され、家族ぐるみの共同的な読書形式に適応性を示す。戯作小説・小新聞の「つづき物」・明治式合巻・講談の速記等の文学スタイルにこれは適応している。第二の型「朗誦」は漢籍の素読を受けた青年達―いわゆる書生の側に特徴的であり、学校・寄宿舎・寮・政治結社等の精神的共同体の内部に叙事詩的な享受の場をつくり出す。これに対応するのは漢詩文・読本・大新聞の論説・政治小説等の文学のスタイルである。

（『近代読者の成立』岩波現代文庫、2001 年、178 頁［初出 1973 年］）

▶**注 18**　言葉の癖やイントネーションは厳密には個人の言語環境やどの地域で生活してきたかによって異なります。たとえば、いわゆる「関西弁」をずっと使って生きてきた人が音読をすると、当然朗読 CD とは異なります。これに関しては大学生時代の友人が教育実習に臨む際に「標準語で読めへん」と嘆いていたのが思い出されます。

　私が生まれ育った山口県には「たう／たわん」（手が届く／届かない）という方言があります。これを「手が届く／届かない」と言い換えることは容易ですし、このような言葉と縁のない生徒が多数を占める場合には理解できないことも考えられるので、言い換えた方が無難です。

　しかし、アクセントやイントネーションの場合は困難です。以前に「鮫（サメ）」と発音をした時に笑われたことがあります。共通語では低高アクセント（「梅」「米」と同じ）ですが、私は高低アクセントで「サメ」と発音していたからです（「写メ」「亀」と同じ）。驚きとともに、幾分悲しい気持ちになりました。

　私は教員の発話は基本的に意味が通じるか通じないかで考えるのがよいと思っています。つまり、そこに誤解の生じる可能性がないのであれば（生徒が触れることの少ない言葉に出会うという点で）積極的に使うことはあっても、自分が持っている言葉を自らが否定する必要はないということです。逆に生徒の多くが意味を理解できない言葉であれば多少言い換えていく必要があるでしょう。仮に生徒が知らない言葉があったとしても、「私の生まれた場所には○○って言葉があって、みんなが使う□□って意味なんだよ」と紹介して、授業中に使っていくことも大切なことではないかと思っています。

　教員の発話もそうですが、生徒の中にも周囲の生徒と言葉が異なる場合があって、孤立していく生徒もいます。その生徒が使用する言葉を取りあげていき、周囲の生徒がその生徒の言葉を理解していく、またはその生徒が周囲の生徒の言葉を理解していく手助けをしていくことも重要なことだと思いますし、それは学校内では授業者にしかできないことです。生徒同士の関係性の問題があるので簡単なことではありませんが、多くの生徒が知らない言葉をある生徒が使っている場合は、「こういう言葉があるんだね。面白いね」と、自分が使う言葉について誇らしい気持ちを抱かせるような支援を考えていってもよいと思います。

▶**注 19**　成瀬尚志はこの点について次のように述べています。成瀬の述べているように、その添削が生徒の学習にどれだけの効果があるかどうかが重要だと思います。この視点がなければ（その努力は無駄とは言わないにせよ）苦労だけが多く成果は少ないことになるでしょう。場合によっては、赤線だけを引くことも必要でしょう。

　　誰しも自分が書いたものが赤でびっしり修正されているのは気分のよいものではありません。これは学生のご機嫌を取っているのではなく、「頭を使ったレポートを書く」という目的に照らして考えての話です。赤でびっしりと修正されたレポートをもとに改善するには、よっぽど強いモチベーションがないと難しいでしょう。（…中略…）教員の添削が必ずしも効果的とは言えないのは、学生自身がその修正の必要性について理解できているかどうかがわからないからです。その修正部分について「あ、なるほど確かにそう書くべきだったな」という反省が伴うのであればその添削は効果があったと言えます。しかし、修正された部分についてまったく何も考えずに、書き直されたとおりに修正するということも十分考えられます。その場合、その修正は学習プロセスとしては全く機能していないことになります。

281

（成瀬尚志編『学生を思考にいざなうレポート課題』ひつじ書房、2016 年、87-89 頁）

▶**注 20**　近年では、段落のはじめを 1 マス空けずにそのまま書いていることが多くあります。原稿用紙を一度も使ったことのない生徒はいないとは思うのですが、意識が向かないのか、1 マス空けずに書いています。これは高校 3 年生の小論文指導の時に発見されることが多いのですが、こうした書き方を定着させるためには、線だけが引いてあるものだけではなく、マス目のあるワークシートを定期的に用いていく必要もあるのだと思います。

▶**注 21**

「構造的な権力」というメタファーは、現代に生きている私たちにとって、それほど適切ではないように思わされます。王や独裁者や将軍がいた時代ならともかく、現代の私たちの生活—民主主義システム、整備された制度、さまざまな国籍の人々からなる組織、もはやコントロールできないほどの広がりを見せているインターネット上のコミュニケーションなど—の中に、権力的なヒエラルキーを見出すことはほとんどないのではないでしょうか。

ポスト構造主義の立場から権力について理論化した人物の一人が、フーコーです。（…中略…）フーコーが指摘しているように、ヒエラルキー的権力構造からの脱却は、十七、十八世紀の啓蒙思想に端を発しています。個人がもつ合理的推論の力や、すべての人間の平等などが強調されたことにより、人々はしだいに上からの身体的な支配から抜け出していきました。また、それぞれの人間は本来、合理的な思考を行うことができる—つまり、知識を得ることによって成長する—はずであり、したがって、社会にとっての課題はいかに「よい市民」を形成するかであるという考え方が広がりました。こうして、これまでの構造的な権力は、教育プログラムや矯正施設に取って代わられることになりました。近代の監獄制度の発達は、その一例です。つまり、社会にとって望ましくない人間をただ地下牢に閉じこめておくだけでなく、彼らをよりよい人間に変えようとしたのです。

このことを象徴的に表しているのは、十八世紀にベンサム（Jeremy Bentham）が考案した「パノプティコン」です。パノプティコンは、高いところに設置された一つの監視塔から、すべての囚人の行動を監視できるような監獄です。この監視塔を囲むようにして、背後から照明で照らされた独房が一列に並んでおり、監視者は独房にいる囚人のあらゆる行動を見ることができます。そして、ここが最も大事なポイントなのですが、監視者は、自分の姿を見られることなく監視することができるのです。逆に、囚人はいつ自分が見られているかがわからないため、監視されずに何かを行うことが不可能になります。フーコーによれば、この装置は、権力について考える上で非常に重要ないくつかの示唆を含んでいます。（…中略…）

　構造的な見方とは異なり、フーコーの考えでは、権力を宿している人間や物などはありません。フーコーは次のように述べています。「権力は、一人の人間の手にあるというよりむしろ、複数の身体の配置、表情やしぐさの配置、光と影の配置、行き交う視線の配置といった調和の中にある。人々は、その調和の内的なメカニズムが作り出す関係の中に、絡めとられているのである」。つまり、権力は構造や一人の人間の内に存在するのではなく、関係性の中に存在するのです。さらに、「権力関係」は、さまざまな事物を含むだけでなく、より広い文化的な状況の中に広がっています。例えば、先に取り上げたパノプティコンは、それに合理性や根拠を与え、それを支持するシステムを生み出す、社会。政治的コンテクストの中でしか機能しえないのです。

（ケネス・J・ガーゲン／東村知子（訳）『あなたへの社会構成主義』ナカニシヤ出版、2004 年、304-305 頁）

▶**注 22**　このような語彙の学習において、石黒圭は「ネットワーク」で捉えることの大切さを述べています。

　孤立して存在している語はほとんどありません。語は通常、上位語・下位語という語彙のネットワークのなかに存在しています。

　たとえば、「携帯（携帯電話）」を考えてみましょう。「携帯」の上位語は「電話」であり、「携帯」の下位語は「ガラケー」と「スマホ」です。

　こうして見ると、ふだん使っている「携帯」という言葉が立体的に見えてきます。たとえば、iPhone を指して「この iPhone は」とも「このスマホ」とも「この携帯は」とも「この電話は」とも呼べるわけです。

　類義語だけでなく、上位語・下位語を考え、語彙のネットワークを想定することも、語彙を増やす有力な方法です。

　全体と部分の関係に依拠した表現技法に、提喩があります。提喩は全体と部分という関係に基づくもので、上位語で下位概念を、下位語で上位概念を表すものも提喩に含まれます。

　最近、五十歳に近くなった私は、「髪に白いものが交じる」ようになりました。「白いもの」というと、「雪」「灰」「ふけ」なども想像できますが、ここでは「白髪」をぼかして言っています。

　また、私の財布には「免許証」が入っています。「免許証」といっても、船舶の免許証や医師免許証ではありません。自動車の運転免許証、それも普通自動車第一種運転免許証です。しかし、わざわざ下位語で言うのは面倒ですので、誤解を招かないかぎり、「免許証」という楽な上位語を使うわけです。

　反対に下位語を使って上位語を表すケースもあります。ボリュームがあることで知られるラーメン屋、ラーメン二郎では、「ニンニク入れますか」で、ニンニ

クだけでなく、野菜、油、からめ（味の濃さ）といったトッピング全般の追加を聞かれていることになります。

　また、『聖書』の「マタイによる福音書」四章四節の「人はパンだけで生きるものではない」も「パン」は食事の代表です。ですから、そのあと聖句は「ご飯や麺類もパンに劣らず大切である」とは続かず、「神の口から出る一つ一つの言葉で生きる」と続くのです。

　上位語と下位語は、厳密に考えると、なかなかやっかいです。

　たとえば、比較的小さい荷物を各戸に配達するサービスを「宅急便」と呼ぶことがありますが、これは厳密には「宅配便」です。「宅急便」はヤマト運輸の登録商標で、「宅配便」の下位語です。佐川急便の「飛脚宅配便」もそうですし、意外かもしれませんが、日本郵便の「ゆうパック」も「宅配便」の下位語になります。

　「バンドエイド」や「ポスト・イット」なども登録商標で、厳密には「ばんそうこう」や「付箋」の下位語になります。

　また、実際には下位語ではないのに、名前に惑わされて下位語のように見えてしまうこともあります。

　たとえば、「ノンアルコールビール」は、アルコールが入っていない「ビールもどき」であって、「ビール」の下位語ではありません。そのため、正確には「ビールテイスト飲料」と言います。「みりん風調味料」も「みりん」の下位語とは言いがたいでしょう。高いアルコール度数であり、お酒の一種ともいえる「みりん」とは異なり、「みりん風調味料」はアルコール度数も低く、糖類や化学調味料を添加したものだからです。

　冒頭の「携帯」の例でも「ガラホ」は、正確には「ガラケー」の下位語ですが、「スマホ」の機能を備えた「ガラケー」ですので、両者の中間のように感じている方もいるでしょう。さらに、「スマホ」自体がもはや「電話」の下位語ではなく、「パソコン」の下位語である「タブレット」の下位語のように感じている方もいるかもしれません。企業社会と科学技術の進展が、上位語・下位語を複雑にしている気がします。

　以上のように、上位語・下位語を考えることは、頭のなかに語彙のネットワークを作ることにつながります。語彙を一つひとつ独立したものとして憶えるのでなく、ネットワークとして捉えることが、使える語彙力を考えるうえで重要です。（石黒圭『語彙力を鍛える―量と質を高めるトレーニング』光文社［光文社新書]、2016 年、52-56 頁）

▶**注23**　もしここで生徒に先に聞いてみて「矛盾」という言葉が出てきたら、授業者が差し出す「葛藤」という語との差異がどこにあるのかに変えてみて、語彙同士の関係がどう異なるのか、実際の用例ではどのような使われ方をするのかを確認して

いくこともよいでしょう。

▶**注24**　ハンナ・アーレントは次のように述べています。

　　行為する者はつねに、同様に行為する他の人びとのあいだを動いている。それ
ゆえ、行為する者が、もっぱら行為者でしかないことは決してなく、つねに同時
に受苦者でもある。行為と受苦は相互に帰属し合っており、受苦とは、行為の裏
面なのである。ある行為によって動き始めた物語は、つねに、当の物語によって
触発される人びとが為し、被ることの物語である。そのように触発される人びと
の数は、原理的には、限界をもたない。なぜなら、行為そのものは、人間の関係
システムの外部に起源を有することもあるが、その行為の結果は、人間事象の無
限の網の目という媒質に入り込んでゆくからであり、その媒質においては、いか
なる反応も、いわば自動的に連鎖反応となり、いかなる過程も、ただちに誘因と
なって他の過程を引き起こすからである。行為はつねに、行為する能力を具えた
存在者に向けられるから、行為は、たんなる反–作用を呼び起こすのでは決して
なく、むしろ自主独立の行為を産み出す。その産み出された行為がこれまた、他
の行為者を触発するのである。特定の仲間内に限界づけられた活動や反–動など
存在しないし、どんなに制限をかけられた仲間内でさえ、為されたことの影響を、
直接的な当該関係者のみに、たとえば私と君だけに、本当に安心して制限するこ
となど不可能である。ところで、行為に際限がなくなるのは、多数者という媒質を、
それゆえ狭い意味での政治的領域を、行為が動くことによってはじめてだ、とい
うわけではない。まるで、無数の人間関係の可能性が成り立つのは、予測のつか
ないほど多数の人間が、彼らの関係の網の目によってバラバラにならずにまとま
り、お互い影響を及ぼし合っていることによってのみだ、とでもいわんばかりに。
行為に限界がないのはもっぱら、現にいる人間の数が純然と多いからだとしたら、
行為が度を超えるのを矯正するには、人間の共生を小集団や最小集団のみに政治
的に限定し、見渡しのきく間柄を作り上げたと希望を抱けばよい、ということに
なろう。疑いなく、この希望は、古代ギリシアの都市国家が住民や市民を一定数
に抑え、それ以上超えてはならないとしたときに、何らかの役割を果たした。だが、
数のうえでそのような制限を加えられた共生形態の歴史からも分かるとおり、関
係の網の目は、そうした小国家において、むしろいっそう混乱に満ちた形態をとっ
た。度を超えることは行為に固有なのであり、その度の越し方たるや、あたかも、
その遊動空間を狭小にしようとすればするほど、それだけ強烈に作用するかのよ
うである。ともあれ、どんなに制限を設けようと、どんな行為の結果も、あくま
で予測がつかない。なぜなら、関係の網の目と、それに固有なめぐり合わせの布
置は、まだしも予測がつくはずなのに、それすら、たった一語で、あるいは、わ
ずかな身振りで、根本的に変わってしまうことがしばしばありうるからである。

（ハンナ・アーレント／森一郎（訳）『活動的生』みすず書房、2015年、242-243頁）

▶**注25** ケネス・J・ガーゲンは社会構成主義の立場から「隠れたカリキュラム」の問題点を次のように述べています。

伝統的な栄養士モデルでは、知は、生物学、経済学、歴史など、それぞれの学問領域の中で「料理され」、飢えた生徒たちに与えられています。社会構成主義から見ると、このような「知」は、特定の専門家集団が用いる語彙（および活動）にすぎません。生徒は、カリキュラムによって、自分にとって異質な領域の中へと、いざなわれ（無理やり放りこまれ）ます。生徒は、その領域でのやり方を習得することを強制され、見知らぬ人々によって評価されます。このように決まりきったプロセスがある限り、生徒に、その領域に対して別の視点から質問してみようという気持ちが起こることはほとんどないでしょう。歴史の時間に、生徒が「これはいったい誰にとっての歴史なのですか」「どうして王や戦争や富などは取り上げられるのに、音楽や芸術や愛に関する話はほとんどないのですか」「このことが、どうして今、私にとって重要なのですか」などと質問することは決して歓迎されません。また、生徒が「違う見方をする」こと、つまり、新たな歴史を創造したり、「本当に起こったこと」についてまったく別の考え方をしたりすることも、ほとんど重視されません。しかし、社会構成主義は、じっくりと考え、反省することこそ、実は最も価値のあることだと考えます。権威的な言説に対して、そこにはどのような利点があるのか、その言説が誰のものなのかを生徒自らが議論し、新たな解釈を創り出していくには、どうすればよいのでしょうか。もしそうなれば、生徒はこの目的に向かって、カリキュラムを計画したり、自らの経験を教材と結びつけたり、自分なりの結論を出すために教材を集めようと考えたりするかもしれません。

こうした「反省的な教育実践」への最初のステップになったのは、「隠れたカリキュラム」批判でした。隠れたカリキュラムとは、生徒に教えられることがらに暗黙の内に含まれている信念や価値観を指します。こうした隠れた信念や価値観には、特定の階級や民族—カリキュラムを作っている人々—の利害や関心がしばしば反映されています。批判家たちは、カリキュラムが、特定のグループが他の人々の学問的な成功を巧妙に妨害したり、自分たちの価値を正当化して人々に押しつけられたりするのに用いられている、と主張します。たとえば、労働者階級の生徒は、従順で、受動的で、個性をもたないことがよいとされています。

（ケネス・J・ガーゲン／東村知子（訳）『あなたへの社会構成主義』ナカニシヤ出版、2004年、267頁）

▶**注26** 文部科学省の「国立の教員養成大学・学部（教員養成課程）の平成29年3月卒業者の就職状況等について」（平成30年2月7日　http://www.mext.go.jp/b_

menu/houdou/30/02/1401088.htm）によれば、卒業者数 10,816 人の内、「教員・保育士以外への就職率」は 22.5%、「大学院等進学率」は 10.8%、「その他未就職率」は 6.0% となっています。（資料3「平成29年3月卒業者の大学別就職状況（教員養成課程）」）

▶**注 27**　他にも、考えてみれば当たり前のことですが、普通、物語は出来事が終わってから語られます。有名な「ごんぎつね」も冒頭と終末は次のように語られています。

　　これは、私が小さいときに、村の茂兵というおじいさんからきいたお話です。

　　むかしは、私たちの村のちかくの、中山というところに小さなお城があって、中山さまというおとのさまがおられたそうです。

　　その中山から、少しはなれた山の中に、「ごん狐」と言う狐がいました。

　　（…中略…）

　　兵十は、立ちあがって、納屋にかけてある火縄銃をとって、火薬をつめました。

　　そして足音をしのばせてちかよって、今、戸口を出ようとするごんを、ドンと、うちました。ごんは、ばたりとたおれました。兵十はかけよって来ました。家の中を見ると、土間に栗がかためておいてあるのが目につきました。

　　「おや。」と兵十は、びっくりしてごんに目を落としました。

　　「ごん、お前だったのか。いつも栗をくれたのは。」

　　ごんは、ぐったりと目をつぶったまま、うなずきました。

　　兵十は、火縄銃をばたりと、とり落としました。青い煙が、まだ筒口から細く出ていました。

（学研教育出版（編）『もう一度読みたい教科書の泣ける名作』学研、2013年、6頁、18-19頁）

物語の構造を考えると、なぜ兵十とごんとのやりとりを「茂兵」というおじいさんが知っていたのか、そしてそれを聞いた「わたし」はなぜ語ろうとしたのか、そんな疑問も出てきます。語られた出来事は「青い煙が、まだ筒口から細く出ていました」で終わっていますが、ごんが亡くなってから冒頭に至るまではある程度の時間が経っています。この間におそらく兵十がこの話をしたのでしょう。そしてそれを聞いた人たちは何らかの感情を抱いたことでしょう。どのような兵十の想いがあったのかに迫る授業は小学校でもなされているのかもしれません。

「こころ」の「私」も、「先生」が亡くなった後に、ある程度の時間が経ってから語り始めています。

▶**注 28**　言葉は時に記憶すらも変えていきます。「語法効果」と呼ばれますが、藤田政博によれば「目撃者を想起させる時に、質問中でどのような語を選択するかで回答が異なってくること」です（藤田雅博「第 11 章ことばが記憶を変える─目撃者の記憶の変容」、橋内武・堀田秀吾編『法と言語─法言語学へのいざない』くろしお出版、2012年、167頁）。たとえば、車同士がぶつかる映像を見た大学生らに速さを尋ね

た時に、hit（あたった）、smashed（激突した）、collided（衝突した）、contacted（接触した）などの動詞により回答の平均値に差があることを紹介しています（160頁）。また、これは言葉と記憶の関係だけではなく、実際に生徒に問う時にも微妙な意味を与えます。越智啓太『つくられる偽りの記憶—あなたの思い出は本物か？』（化学同人、2014年）も参照。

▶**注29**　レーモン・クノー／朝比奈弘治（訳）『文体練習』（朝日出版社、1996年）は、1つの出来事を99通りの文体に変えていくものであり、非常に示唆的です。

また、内田樹は「エクリチュール」とその効果について次のように述べています。

「スティル」は個人の生物学的与件に規定されており、自分の意思で好きに選んだり変えたりすることができない。これに対して「エクリチュール」は、ある社会的集団が「正しいことばの使い方」として集団的に承認したものである。わたしたちは眼前に広げられたいくつかのオプションのうちから、自分の好みで「エクリチュール」を選び取ることが可能である。

たとえば、十四歳の少年が、ある日思い立って、一人称を「ぼく」から「おれ」に変更し、母親を「ママ」と呼ぶのを止めて「おふくろ」と呼ぶように決意したとする。この選択は（たとえ同級生やテレビドラマに影響されたとしても）「主体的に」なされたものと言ってよい。ただし、主体的になされたものではあるけれども、少年が新たに選んだ語法は、彼が発明したものではなく、ある社会集団がすでに集合的に採用しているものである。

さて、この人称の変化は単に語調レベルのみで生じるのではなく、彼の社会的なふるまいの全域に影響を及ぼすようになる。語彙、統辞、リズム、イントネーション、発声、身ぶり、字体などは一気に変化する。昨日ならば「はい、わかったよ、ママ」と言っていた場面で、彼は「うっせんだよ、ばばあ」と言うようになる。このような語法の全面的な切り替えはきわめて短時間のうちに、格段の努力も要さず実行される。そして、その語法の変換は社会的態度や価値観の変換に直結している。

「反抗的な中学生のエクリチュール」があるように、「営業マンのエクリチュール」や「官僚のエクリチュール」や「やくざのエクリチュール」や「おばさんのエクリチュール」がある。わたしたちは自分が帰属しようと望んでいる社会集団に固有の語法を選び出すことができる。

しかし、わたしたちが自由でいられるのは、どのエクリチュールを選ぶかの決断においてだけであり、ひとたびあるエクリチュールを選んだ後、わたしたちはもうそれほど自由ではない。ママを「おふくろ」と書き換えた中学生は、ただちに「パパ」を「おやじ」、「先生」を「センコー」、「おまわりさん」を「マッポ」と呼ぶというふうに一種の語調のシステマティックな変換を強いられる。発声、

表情、服装、髪型、生活習慣、身体運用にいたるまで、彼の社会的な態度の全般について、彼の選んだエクリチュールそのものが、ある固有の社会的なふるまい方に従うことを彼に要求する。

（『現代思想のパフォーマンス』光文社［光文社新書］、2004年、91-92頁）

▶**注30**　信木伸一は「ことばの力」を他者との関係性の問題、私とは何かという問題と関わらせています。

　　生徒たちがよりよく生きていくためのことばの力を身につけさせること、多くの国語の授業者はその実現をめざしていると言ってよいだろう。稿者もその一人である。授業は、その「ことばの力」を、どのようにとらえるかによって基本的なデザインが決定される。ここでは、「ことばの力」を、学習者自身がじぶんをとりまく世界とどう関わるのかという問題の中でとらえたい。世界とどう関わるのかということは、〈他者〉とどう関わるのかという問題であり、それはとりもなおさず主体〈わたし〉のありようの問題でもある。そして、それは、まさに生徒たちにとっての今生きているこの時の切実な問題であると考えられる。

（信木伸一「〈他者〉と向き合う関係を成立させる学習をめざして―古文学習における可能性」広島大学教育学部光葉会『国語教育研究』44号、2001年、11頁）

▶**注31**　読み手が「ベルリンフィル」とか「コンマス」という名前を知らない時に、菅井は次のような言い換えを行っています。

　　世界トップクラスのオーケストラとして、ベルリン・フィルハーモニー管弦楽団（ドイツ）とウイーンフィルハーモニー管弦楽団（オーストリア）がある。ウイーンフィルは、純血主義を続けており、オーストリア人国籍で、しかも男性しか入団できないのに対し、ベルリン・フィルは、外国人でも女性でも入団できるが、そのベルリン・フィルのコンサートマスターというポストに樫本大進という日本人バイオリン奏者が就任することになった。コンサートマスターというのは、第1バイオリンの首席奏者のことであるが、そもそも、オーケストラで使う楽器には、バイオリン、ビオラ、チェロ、フルート、クラリネット、打楽器などのパートがあって、バイオリンは最も人数が多く、第1バイオリンと第2バイオリンに分かれている。第1バイオリンは主旋律を演奏し、第2バイオリンは、旋律の下を担い、リズムを刻むことが多いが、その第1バイオリンの首席奏者をコンサートマスターといい、俗に「コンマス」と略したりする。どのパートにも、そのパートで一番演奏技術の高い人を首席演奏者とし、特別な地位を与えているが、第1バイオリンの首席奏者（＝コンサートマスター）は、第1バイオリンのトップであると同時に、オーケストラ全体のトップ奏者でもあり、単に音楽の技術だけでなく、オーケストラを統率する指導力や人望も求められるポストと言われる。今回、ベルリン・フィルのコンサートマスターに30歳の日本人バイオリニスト樫

本大進が就任したことは、日本の音楽会にとって誇らしいことと言える。ちなみに、1983年から2009年まで安永徹という日本人バイオリン奏者が日本人として初めてコンサートマスターを務めており、その安永徹が、日本での活動を増やしたいという理由で2009年6月に対談したのと入れ替わるように、樫本大進が就任したことになる（139-140頁）。

なお、ウィーンフィルは1990年代後半から女性の入団を受け入れており、今では約1割が女性です。また、2011年からアルベナ・ダナイローヴァがウィーンフィルで女性初の首席奏者（コンマス、またはコンミス（コンサートミストレス）とも）になりました。

▶**注32**　『枕草子』の冒頭「春はあけぼの」でも「月のころはさらなり」「日入り果てて、風の音、虫の音など、はた言ふべきにあらず」「雪の降りたるは言ふべきにもあらず」とあって、「さらなり」「言ふべきにあらず」「言ふべきにもあらず」となっており、その理由への言及は明示されません。一般に勅撰集の影響があってその中で表現がなされますが、美意識を勅撰集が担っていますから、言うまでもないのです。もちろん、冒頭はそれを踏まえた上で勅撰集から距離を置こうとしているところに表現の魅力があります。なお、『枕草子』と勅撰集との関わりについては渡邉裕美子「和歌史の中の『枕草子』」（『平安文学をいかに読み直すか』笠間書院、2012年）を参照。

▶**注33**　また、ウェブ上には「意味がわかると面白い話」というものがいくつかあります。一度このような話を集めて、グループで「何が面白いのか」を考える授業を行ったことがあります。海外の映画にも「パーティーは楽しんでいるかい？」と尋ねる男性に対して「ええ、楽しんでいるわ。あなたと会うまではね」と返す女性とのやりとりなどもあります。

▶**注34**　同じようなジョークはジョージ・ワシントンの桜の木の話を踏まえたものがあります。

　　　　先生「ジョージ・ワシントンが桜の木を切ったのはぼくですと、お父さんに白状したとき、ワシントンのお父さんが少年を叱らずに許してやったのはどうしてでしょう」

　　　　生徒「ワシントン少年がまだ手に斧を持っていたからです」（80頁）

▶**注35**　古文の世界ではいわゆる下品な話は数多くあります。以前に大学で『源氏物語』を講義していたら女子学生から訴えられたという記事を読んだことがありましたが、『源氏物語』が下品かどうかはさておき、確かに危うい話は多いように思います。

　古文の授業でこうした話を聞かされたことによって古文に目覚めたという話も聞きます。特に説話集には現代から見ると卑猥としか言えないものもあるのは確かです。こうした話をすることで古文への興味・関心を引き出すことはあると正直思う

わけですが、少しためらってしまうこともありますし、この気持ちを保てるのは健全なのでしょう。

しかし、こうした話は全く無意味ではありません。私たちの古典のイメージは平安時代のイメージであることが多く、そこでは「雅」や「風流」だとされることが多いのですが、下品な話も含めての古典世界であるはずです。ある特定の時代や特定のテキストから生じるイメージを植えつけることもまた問題があるのです。でも、話す時にはくれぐれも訴えられないように注意をしたいものです。

なお、こうした古典の雅性を相対化させていく狙いのものとしては、田中貴子『検定絶対不合格教科書古文』（朝日新聞社［朝日選書］、2007 年）や大塚ひかり『カラダで感じる源氏物語』（筑摩書房［ちくま文庫］、2002 年）等が参考となるでしょう。

▶**注36** また、言い間違いの仕組みや原理については寺尾康『言い間違いはどうして起こる？』（岩波書店［もっと知りたい！ 日本語］、2002 年）も参考になります。

▶**注37** 「中央教育審議会答申において、「読書は、国語科で育成を目指す資質・能力をより高める重要な活動の一つである。」とされたことを踏まえ、各学年において、国語科の学習が読書活動に結び付くよう〔知識及び技能〕に「読書」に関する指導事項を位置付けるとともに、「読むこと」の領域では、学校図書館などを利用して様々な本などから情報を得て活用する言語活動例を示した。」（『中学校学習指導要領（平成 29 年告示）解説　国語編』東洋館出版社、2018 年、10 頁）

▶**注38**　小森陽一は次のように述べています。

私が北海道大学の大学院生のとき、札幌の公立と私立の高校で教えていたのは、一九七六年から八一年までですが、私も教える立場に立つまでは、教科書に教師用指導書という別冊付録がついているとは知りませんでした。しかも指導書は教科書を数倍上回る厚さなのです。それは当然のことで、重要語句にはすべて説明がついていて、生徒への発問の仕方や板書の例までがすべて解説されていて、中間テストや期末テストもそのままコピーをとって印刷すればよいようになっているのです。実際に教師用指導書についているテスト用プリントをそのまま使っている高校もありました。こうなると指導書の解釈どおりに教えないと、自分の担当しているクラスのテストの点数が悪くなるわけですから、現場の教師にとっては決定的な抑圧になるわけです。私自身が採った方法は、「二枚舌」でした。実際の授業では、生徒たちの多様な解釈を尊重するように議論を開放しましたが、最後のまとめでは、自分たちの教室ではこういう議論をしたけれど、それではテストの点は取れないぞと明言して、生徒と議論した授業とは別枠でテスト対策をやっていました。（…中略…）

前田さんは、教科書の指導書に沿って授業を行ってきたことに対して強い違和感を抱くようになりました。そのような教師としての日常の中で、『こころ』の教

科書における指導と解釈の仕方を批判した私の論文に、当の指導書の中で出会ったそうです。確かに私の論文の一節は指導書に引用されていましたが、だからといって、私の論文の方向で教科書の指導の方向が転換されたわけではないのです。ここから前田さんは、初めて自分が文学作品、とりわけ小説をどのように解釈してきたのかかという、「解釈枠組を支えている論理はいったいどのようなものなのか」について考え始めたのです。けれども、いくら考えても、それを本当に考え詰めてしまえば、自分が日々行っている授業の前提が崩れてしまうのですから、この問題を突き詰めて考えることにはならなかったのです。

（小森陽一『大人のための国語教科書—あの名作の"アブない"読み方！』角川書店［角川 one テーマ 21］、2009 年、11-13 頁）

▶**注 39**　「語彙力」については、受容語彙（receptive vocabulary）と表出語彙（expressive vocabulary）の区別があり、それぞれを別のテストで測定することが多い。受容語彙とは、他者から自分に使用されたときに理解できる単語の多さ、理解の深さを指す。「聞く」「読む」における語彙だと考えて良い。表出語彙とは、自分から他者に向けて適切に使用できる単語の多さ、用法の適切さを指す。「話す」「書く」における語彙だと考えて良い。なぜ語彙についてだけこの区別が明確になされているかというと、受容語彙と表出語彙は語彙数が著しく異なっているためである。我々の体験でも分かるように、受容語彙（理解できる単語）のほうが表出語彙（自分で使える単語）よりも多い。（27 頁）

▶**注 40**　「本人の言語力にアンバランスなところがない」というのは、ディスレクシア（読み書きについての学習障害で、本人の一般的理解力に比べて、文字の読み取りなどに大きな困難を抱えやすい）や、家庭教育の剥奪などによって、健常な言語力を獲得されていないということがない、という意味である。こうしたケースの場合には、読書以前にサポートすべき段階があるし、一人読みよりも読み聞かせのほうが有効かもしれない。「最低限の水準まで高まっていることを確認した上で」というのは、少なくとも児童書を読める水準に言語力が達していなければ、読める本のバリエーションが著しく制限されてしまうためにつけている条件である。「本人の言語力の水準に合わせた本を読ませる」というのは、第 1 部（1-3 節第 2 項）で紹介した Swanborn and De Glopper（2002）などの実験結果が示すように、ある文章に対して十分な言語力を持つことが、語彙力などの言語力を伸ばすための条件となることが研究知見として示されているためにつけた条件である。（238-239 頁）

▶**注 41**　河野政樹『発達障害コミュニケーション初級指導者テキスト』（一般社団法人日本医療福祉教育コミュニケーション協会、初版 2015 年、第二版 2017 年、23-25 頁）。それぞれに対する河野の助言は次の通りです。

　　ADHD への基本的配慮〜集中力の維持のために

①周囲の環境整備

　集中力を維持していくために、環境整備が重要であることは言うまでもない。一般的に教室内や職場環境の中でも前方の席がよい。前の人の動きや話し声などが、気にならないからである。教室前方や作業台、職場の前などの掲示物を極力減らす方が良い。できれば、全くないほうがいいと思う。

　→ワンポイント：黒板やホワイトボードを活用し、指示を聞き逃してもそれが残っていて、気が付けば、指示を拾うことができるように配慮する。

②指示を出す時、位置を決めること

　教室でも職場などでも全体に指示を出すときは、同じ位置で出すようにするとよい。楽しいお知らせや本人が楽しめる話も同じ位置で出せば、そこに立てば、何か大切なことや面白いことが言われると条件反射的に反応できるようになる。

③大声・早口・違うこと→小声、ゆっくり、同じこと

　指示が入りにくいと感じるとついつい、大きな声を出したり、気持ちの高ぶりから早口になったり、指示が入らないと思い、言い方を変えたりすることがあるが、かえって逆効果である。小声で、ゆっくり、同じ言い方でというのを冷静に行う方が効果的である。

④注意（悪いお手本）→賞賛（良いお手本）

　ついつい、行動や言動が目立つ子どもや人に対して注意をしがちであるが、それは、ADHDの子どもや人には、悪いお手本を示し、そうすれば、自分に注目が集まると誤解してしまう。それよりも、集団の中で良いお手本と思われる子どもや人を具体的に良いと思われることを示して短く褒めるのが有効である。

⑤時間を測る「1分でしましょう」・課題を区切る

　時間を測って、目安を与えると集中力が増すのは、一般にそうであるし、ADHDの子どもや人にとっても同様に集中力を増す。課題の量が多いとそれだけでうんざりしてしなくなるので、課題を小さく区切って、1つ1つの量を小さくするとやる気や集中を増すことに繋がる。

⑥崩れる前に誉める（声よりもサイン）

　ADHDは、多動、衝動性の高さから、少し時間が経つと崩れやすいので、集中力を維持していくためには、比較的褒められると嬉しいADHDの子どもや人に対して、崩れる前に先行して褒めるという習慣を関わる人たちが持つことが大切である。また、声は刺激になり、言った言葉に反応して、興奮させ、へ理屈やさらなる質問を引き出してしまう結果になりかねず、声で注意するよりも手振りなどのサインや指示を書いたボードやカードなどを示すことも一つの工夫である。

⑦合法的に動かせる（言いつけ、役割）

　時間が経つとついつい、手悪さが始まり、お尻ももぞもぞして、足が動いてし

293

まう。ついには、席を離れてしまうことがある。落ち着かなくなってきたら、勝手に動かれるよりも、こちらから、「カーテンを閉めてくれる？」などの「お願い指示」を出して、ルールに従って動かすのも1つの手である。

⑧薬の助けも有効（コンサータ™、ストラテラ™）

薬物療法の助けを借りるのも有効である。現在、ADHDの治療薬として処方されているコンサータ™、ストラテラ™は、ADHDの主要症状に対する効果は、7割程度はあり、薬を飲むことによって、集中力がかなり増す例も少なくない。

ADHDへの基本的配慮～衝動性のコントロールの為に

①ブロックサインで指示（言葉でなくてサイン）

集中力の項でも述べてきたが、ADHDの子どもや人は、相手の話した言葉に反応してしまう。思ったことがすぐに言葉に出るという衝動性の課題を持っている。それゆえに、言葉の指示は、さらなる言葉の連鎖を作りかねず、言葉での指示はなるべく、避けた方がよいと思われる。むしろ、サインやカード、黒板（ホワイトボード）に書くなどの工夫が必要である。

②全体で同じことをさせる（深呼吸、机と椅子の位置・良い姿勢を作る）

個人を注意すると、必ず、「自分だけではない、なぜ、同じことをしている○○を注意しないのか？」という反応を招いてしまう。それゆえに、全体に指示を出し、全体で同じことをさせるのがよい。例えば、「みんなで深呼吸をさせる」、「机と椅子の位置に印をつけてそろえさせる」、「全員で良い姿勢をつくる」などの工夫が必要である。

③正座によって、足が止まって落ち着く例もある

正座をすると足の動きが止まり、落ち着く例もある。集中するためには、足の動きを止める必要があり、多動性を残しながら、代償されてきている子どもは、椅子の脚に自分の足をからめたり、足を前に投げ出したりして、集中している場合もある。

④衝動的発言に対して、無視するのではなく、「ふーん」と言う程度にして、いちいち取り上げない

手を上げて、当てられたら発言というルールが入らず、衝動的に発言してしまう場合がある。その場合、無視してしまうと逆に、「無視した！」と言って興奮する場合もある。無視するよりも「ふ～ん」という程度に受けて、取り上げてやりとりしないことが大切で、他の人を当てたり、全体指示を出したりするなどして切り替えさせる。

⑤ルールを守っている人を具体的に褒める

基本は、ルールを守っている人を、具体的に褒めることが大切である。それ自

体がソーシャルスキルトレーニングになると思う。良い例がたくさん頭に入ることが、適切な行動につながる。

⑥注意するときは、小声で近づいて行う

遠くから大きな声で指示を伝えるのは、興奮させたり、指示の一部しか聞いていなかったりすることがあり、勧められない。それよりも近づいて耳元で小声を使い指示することの方が、より相手に伝わることが多い。

⑦薬の助けも有効（コンサータ™、ストラテラ™）

前述した2種類の薬の効果は、7割程度と高く、薬の服用によって、衝動性がコントロールできることも少なくない。

▶**注42**　河野政樹『発達障害コミュニケーション初級指導者テキスト』（一般社団法人日本医療福祉教育コミュニケーション協会、初版2015年、第二版2017年、34-35頁）。また、国語科教育に関わる議論として、原田大介『インクルーシブな国語科授業づくり―発達障害のある子どもたちとつくるアクティブ・ラーニング』（明治図書出版、2017年）も示唆的な本です。

▶**注43**　『理系の子』は国際学生科学技術フェア（ISEF）と呼ばれる高校生の科学オリンピックに出場した人々に密着したものであり、たとえば10歳で爆薬を作り、後に核融合炉を作ったテイラー・ウィルソン、ラジエーター等の廃品を使って効率の良い太陽光発電装置を作ったギャレット・ヤジー等、多くの十代の子どもの可能性と成果が紹介されています。

▶**注44**　「母語」であって「母国語」ではありません。田中克彦はこのことについて次のように述べています。

「母語」ということばに私がとりわけこだわるのは、じつは、日本語にはいつの頃からか「母国語」ということばが作られて、それが専門の言語学者によってさえ不用意にくり返し用い続けられているからである。

母国語とは、母国のことば、すなわち国語に母のイメージを乗せた煽情的でいかがわしい造語である。母語は、いかなる政治的環境からも切りはなし、ただひたすらに、ことばの伝え手である母と受け手である子供との関係でとらえたところに、この語の存在意義がある。母語にとって、それがある国家に属しているか否かは関係がないのに、母国語すなわち母国のことばは、政治以前の関係である母にではなく国家にむすびついている。そのために、これを区別せずにいつでも「母国語」を用いていると、次のような奇妙なことが生じる。

あるとき新聞が、「単一民族国家」と思い込まれている我が国において、その例外をなすアイヌ人やオロッコ人が存在することをあらためて思い起させてくれる、次のような記事をのせた。

（沖縄でおこなわれた教研全国集会でのこと）「平和と民族」分科会では、民族衣装に身を固めた北海道の少数民族ウイルタ（オロッコ）の北川源太郎ことターヒンニェニ・ゲンダーヌさんの母国語による訴えが静かな波紋をひろげた。それは長年、民族差別の中で苦難の生活を過ごしてきたウイルタの人たちが自らの手で、民族の誇りと文化を守ろうとする自立の宣言であり、それは同時に日本を単一民族国家としてきた日本人の意識の変革を迫るものでもあった。

（朝日新聞　一九七八年二月四日）

　私はここに報じられたゲンダーヌさんの行動はもちろんのこと、また、それを支持して、ひろく世に知らせるために記事にした、この文章の書き手にも共感する。そもそもこういう記事は、言語的少数者が置かれている状況にたいする深い理解なくしては書けないものである。それだけに、「ゲンダーヌさんの母国語」にはめまいを感じるほどの当惑をおぼえたのである。
　ゲンダーヌさんは北川源太郎という日本名の持ち主であるから、たぶん日本国籍の人であろう。だとすれば、ゲンダーヌさんの母国は日本で、その母国のことばは日本語であるから、オロッコ語のことを母国語と言ってしまってはまずいのである。ゲンダーヌさんのことばは、この「母国語」とはするどく対立するところの非母国語、非国語であるからこそ、ここにその訴えを報じる意義があったのではなかった。ゲンダーヌさんが用いたことばは、国家とは対極にあって、その国家によって滅ぼされ、滅ぼされつづけてきた、かれ自身の生れながらの固有のことばなのである。それを母国語と呼ぶ矛盾が、これほどゲンダーヌさんに共感を寄せる記者には気づかれず、またその記事を読んだはずの編集統括者にも気づかれず、さらに数百万の読者からもとりたてて疑問があらわれなかったことに、ことばと話し手との関係に関する、日本人の平均的な理解度があらわれてはいないだろうか。すなわち、ことばはすべて国語であると考える日本人の考えかたに根深く宿っているこの盲点こそは、この記事がまさに指摘してきた、「日本を単一民族国家としてきた日本人の意識」をありのままに示しているのである。

　　　　（田中克彦『ことばと国家』（岩波書店［岩波新書］、1981年、41-43頁）
　このことはたとえば、「国名と言語名とが一致する国と一致しない国と、どちらが多いか」と生徒に問うてみるのもよいでしょう。

▶**注 45**　これらについては速やかな対策を講じる必要があります。話されている言葉が分からず、そのために友達ができずに孤立化していく児童・生徒がいることはたいへん忍びない（逆に子どもは日本で生まれて日本語を母語としているけれど、保護者はそうではないこともあり、保護者への支援もあった方が望ましいと思います）。クラウドファンディングなどの形の支援がありますが、これは各地域、国レ

ベルで支援をしていくことが求められています。

▶**注46**　学校で使用されることが期待される言語、あるいは「学習言語」（バトラー後藤裕子『学習言語とは何か―教科学習に必要な言語能力』三省堂、2011年）の問題は深刻です。また、言葉を学ぶことは様々な「レジスター」の実践とも関わっています。これは単に語彙や文法を学ぶことを意味しません。「レジスター」とはある特定のコンテクストでの言語使用域のことです。メアリー・シュレッペグレルは次のように述べています。

　　学術的用語についての知識によって、さまざまな科目の中で新しい知識が共有される社会的な状況に生徒たちは参加できる。もしも生徒たちが学校教育の中で求められるような機能的な意味を作るようにならなければならないのなら、学習のレジスター（言語使用域）を使えるように学習することが必要である。レジスター（言語使用域）を制御する力を得て、初めて生徒たちはレジスター（言語使用域）を使いこなして、自分たちの文化的なコンテクストと到達点を反映した多様な意味を構築することができる。学習のレジスター（言語使用域）を制御できるようになると、取り残されていた生徒たちが新しい意味を構築することに参加できる。機能言語学的な分析は生徒たちに枠組みやツールを与え、それによって生徒たちは支配的な関心事が示されて、他のことは表現しないという学校での言語の使われ方を分析する方略を身につけたり、あるいは制度や社会的な組織が言語の使用によってどのように維持され、再生されるかを検証することができる。生徒たちが学習のレジスター（言語使用域）を自分たちのものにする時に、新しい意味が出現する。全ての言語は、社会的な目的に応じて話者によってさまざまな方法で使われるので、絶えず変異の過程にある。学習のレジスター（言語使用域）をいろいろな方法で使うことは、必然的に物事がそのようにあることを維持するのに役立ったり、あるいは反対に物事がそのようにあることに異議を唱えるということに役立つ。文法の知識は、この観点から見てみると、一種の社会的知識の形態であり、それによって生徒たちは我々の社会で価値づけられたジャンルについてそれを制御する力を得ることができるし、また、そのようなジャンルに参加することによって、社会変化に貢献できるようになる。その社会変化こそ、学校やそれ以降で、本当の機会均等に必要なものである。学校教育でのテクストとコンテクストに参加する能力を身につけることによって、生徒たちは現状の制度や社会形態を支持したり、あるいは異議を唱えたりする選択ができるようになる。同時に、生徒たちは言語がいかに機能して、社会制度を確立したり、維持したり、あるいは、さまざまに異なったイデオロギー的な立場をつないでいるかということを理解するようになるのである。

（メアリー・シュレッペグレル／石川彰ほか（訳）『学校教育の言語』ひつじ書房、

2017 年、231-232 頁）

▶**注 47**　次のロラン・バルトの言葉は度々引用されています。

　　一編のテクストは、いくつもの文化からやって来る多元的なエクリチュールによって構成され、これらのエクリチュールは、互いに対話をおこない、他をパロディー化し、異議をとなえあう。しかし、この多元性が収斂する場がある。その場とは、これまで述べてきたように、作者ではなく、読者である。読者とは、あるエクリチュールを構成するあらゆる引用が、一つも失われることなく記入される空間にほかならない。あるテクストの統一性は、テクストの起源ではなく、テクストの宛て先にある。しかし、この宛て先は、もはや個人的なものではありえない。読者とは、歴史も、伝記も、心理ももたない人間である。彼はただ、書かれたものを構成している痕跡のすべて、同じ一つの場に集めておく、あの誰かにすぎない。

（ロラン・バルト「作者の死」、花輪光（訳）『物語の構造分析』みすず書房、1979 年、88-89 頁）

▶**注 48**　テクスト論に至るまでの作者と読者、そして作品あるいはテキストとの関係についての歴史は、伊藤直哉「読者の誕生」（土田知則・青柳悦子・伊藤直哉『現代文学理論—テクスト・読み・世界』新曜社［ワードマップ］、1996 年）に次のようにまとめられています。

　　かつて、文学作品は、それを書いた作者のものであった。しかしながら、読者論の視点から、少し挑発的に、このような言い方をしてみよう。文学作品を作り上げるのは作者ではなく、読者であると。

　　今や、死語になりつつあるが、かつての文学研究を代表する方法論に、「作家論」、「作品論」というものがあった。これら二つの方法論が堂々と機能する背後には、ある前提が隠されている。それは、作品を書いたのは作者であるという前提である。作者が書き上げた作品には、作者の意図と文学作品の意味が隠されており、それを解き明かすのが文学研究の役割である。一見、このごく当たり前の見方を、読者論は根本的に揺るがし、転覆させるのである。

　　この素朴な前提がまだ機能していた時代、文学研究の主流は、「実証主義的文学研究」といわれるものであった。研究の中心は、何よりも作者の伝記的事実に関心を集め、実生活の細部を探り出すことであった。伝記的情報を蓄積すれば作家の本質をつかむことができると考え、作品の意味は、作家の伝記的事実のなかで説き明かされたのである。したがって、「作家論」、「作品論」を支配していた視点とは、一言でいえば「作家の伝記的事実還元主義」とも呼びうるものであった。

　　作家の時代の次に到来したのは、作品そのものへの注目の時代であった。一九五〇年代にアメリカを中心に確立する「新批評」である。作者から切り放

された作品は、独立性を勝ち得ることにより、その自律性が声高に宣言される。作者の伝記的事実をはじめ、あらゆる作品外の情報は切り捨てられ、一つの閉じた世界としてテクストが精読された。作者の意図の追求は「解釈」と呼ばれ、作者の時代背景の考察と同時に文学研究から排除される。研究対象は、テクストが自立的に有している意味作用であり、「解釈」と明確に区別された「批評」という言葉で表わされた。さらに、一九五〇年代後半に入ると、フランスを中心に構造主義が隆盛を極め、テクストの構造に焦点を当てた科学的研究が中心となる。作家から自律的作品へ。この時代を支配する知のダイナミズムは、最後に残された牙城、「読者」へと向かい、着実にシフトしていたのである。読者論の宣言は、機をほぼ同じくして、ドイツとアメリカにおいて行われた。まず、ドイツでの展開を追ってみよう。

　一九六七年。ハンス＝ローベルト・ヤウスは、コンスタンツ大学教授就任講演において、時代の方向を決定する画期的な講演を行った。後にいう、コンスタンツ学派、または受容理論の成立である。その内容は、後に『挑発としての文学史』にまとめられている。ヤウスの過激な挑発によれば、文学研究は、今や第三の段階を迎えている。第一の段階は作者の時代。第二の段階は作品の時代。そして第三の段階は、読者の時代である。ここに至り、読者に焦点を合わせた文学研究が高らかに宣言されるのである。（124-126頁）

▶**注49**　歌人の井上法子の経験と決意には、まさしく「作者」としての戸惑い、揺れがわかります。

　詩も短歌も、最初のころはわたしのなかでは未分化だった。しかし、あるとき、塚本邦雄の作品と出逢ってから、短歌という詩型を強く意識するようになる。

　柿の花それ以後の空うるみつつ人よ遊星は炎えてゐるか　（塚本邦雄『森曜集』）

　このうたを目にした瞬間、とつぜん、涙がでたのだ。「柿の花」を、ぼんやりと思い浮かべる。白い花だったろうか。「それ」とは、「それ以後」とは、いったいいつのことなのか。このうたの語り手は教えてくれない。「空」が「うるむ」というのは、作中主体の目にもそのようにうつっているのだろう。「人よ」と呼びかけている語り手の姿も、このうたの中では不透明で、神様のような、にんげんではないもののような存在として想像するしかない。当時から、作品と作者の実人生とを照応させてうたを読むということにとても懐疑的だったこともあったが、作者である塚本邦雄の姿をそこに投影させたところで、このうたの明快な読みに繋がるとはとうてい思えなかった。なにより、この語り手の呼びかける「人」というのはわたしのことかもしれない、いや、きっとわたしのことだ、と錯覚し、

その〈空間〉に酔いしれた。そうして、わたしのうたう〈とき〉や〈ひと〉は、このうたのように、ある決められた場所や時間や相手に対してではなく、あらゆるすべての〈とき〉や〈ひと〉に語りかけるようなものでありたいと思うようになった。たとえば、「どこの誰とも知らない他人」が読んでも、わたしが塚本邦雄のうたを読んだときの衝撃のように、「これは私だ」と感じてもらえたら、そのうたは、なんて素敵な〈空間〉を与えることができるだろう、と。そのためには、わたしは、〈私〉をうたうのではなく、にんげんでない何かとしての視点をもって、世界を眺めなければならないのではないか。

　塚本邦雄のうたう〈私〉が、必ずしも塚本邦雄自身のことではないということを、わたしたちはすでにもう知っている。これを飛躍させると、うたにおける〈私〉がにんげんではないもの、さらにはいつか非人称的な存在へとたどり着くということも、ひとつの方法ではないか、とおもう。

　わたしにとって、うたにおける〈私〉はこのわたしではない、そういう存在でありたい、と願う。このとても個人的な希求を抱きながら、わたしが「わたし」と書くとき、そこには世界のどこにも存在しない「わたし」という存在が産まれる。どこにも居場所のない「わたし」の声は、現実のわたしの不在によってはじめて言葉を発するようになる。そうやって「わたし」は語り始めることができるのである。そして現実のわたしが不在であることによって、読み手にいくばくかの〈空間〉を与え、読み手自身の存在も、その〈空間〉において解き放たれるようなうたがつくれたら。けれど、それは決して現実から目をそむけているわけではない。もちろんわたしは、あの大震災を経験し、祈ることしかできない言葉の無力さを痛いほど知っている。それはひとつの切ない真実である。けれどわたしは、そしてわたしたちは、言葉の力を何よりも信じている。信じざるを得ない、そういう瞬間がやってきて、その瞬間の蓄積が、光の束になって襲いかかってくるようなときがあるではないか。わたしは塚本のうたう「それ以後」が、今まさにこのときであると錯覚しながら、そして戦いながら、このほの昏くて曖昧な世界を透かして視つめ、愛してみせよう。書くことによってしか救われない魂も、きっとあるはずなのだから。「一九九〇年生まれのわたし」にとって言葉の問題は、こんなふうに実感している。こうしてわたしが「わたし」を語らねばならないということに、とてもにがいジレンマを噛みしめながら。

（井上法子「〈それ以後〉の空」、『ユリイカ　詩と批評』平成 28 年 8 月号、青土社、2016 年、154-155 頁）

▶**注50**　R. スコールズは次のように述べています。

　このような本を書くということは、あきらかに、信念を表明することだ。それは、教育を改善し、新しい事態に適応させることが可能であるという信念、批評的な

議論によって思考がより明晰になるという信念、とりわけ、文学理論と現実の教室とには深いかかわりがあるという信念である。理論的な諸問題はむずかしくて手がとどかないとか、日頃行きあたる困難とは無関係だと感じている教師が多いことは、私も知っている。彼らの見るところ、理論は勝手にどこか上の階に跳ねてあがってしまい、毒にも薬にもならない位置を占めているのである。理論家の中にはたしかにこうした見かたがふさわしい者もいるが、私が言いたいのは、実践的な教育がけっして自然でも中立的でもありえず、つねになんらかの理論を前提として隠しもっているということだ。だから、批評を教える者はだれでも、まず最初に、この隠された前提を明るみに出して、それを批判的に検討しなければならない。ポスト構造主義の理論が提供してくれるのは、まさしくこのしごとを達成するための、きわめて洗練された有力な手続きなのである。だからポスト構造主義には意味があるのだ。

(R. スコールズ／折島正司（訳）『テクストの読み方と教え方—ヘミングウェイ・SF・現代思想』岩波書店［岩波モダンクラシックス］、1999 年、3-4 頁)

▶**注 51**　「教材」と「教育内容」について、難波博孝は次のように説明しています。

　国語の教科書は、算数のおはじきと同じです（教授学の枠組みでは。あるいは、授業という構造における価値の点では。このへん、構造主義の初歩です）。算数がおはじきという「教材」を使って、例えば「10 のまとまり」という「教育内容」を教えるのと同じように、国語科では、教科書中の文章（ふつう国語科では、ちゃんと「教材」といいます。えらいでしょう！）を使って、なんらかの「教育内容」を教えるのです。

　算数で大事なのは、何でしょうか。おはじきでしょうか。もちろん違います。大事なのは「教育内容」である「10 のまとまり」です。もちろん、おはじき業者にとっては、おはじきというのは、大きな関心事であるでしょう。しかし、通常、算数の授業には、おはじき業者は関係しません。

　理科で大事なのは、何でしょうか。試験管でしょうか。もちろん違います。大事なのは、「教育内容」です。もちろん試験管業界（これがあるんですね。理科教材を専門的に扱う業者があります）にとっては、試験管というのは、大きな関心事であるでしょう。しかし、通常、理科の授業には、試験管業界はからんできません。

　国語科で大事なのは、何でしょうか。教科書の文章でしょうか。もちろん違います。大事なのは、「教育内容」です。もちろん教科書の文章関係者にとっては、教科書の文章というのは、大きな関心事であるでしょう。しかし、通常、国語科の授業には、文章関係者はからんで……くるんですねえ、これが。

　まあそれはそれとして、国語科の授業にとって大事なのは「教育内容」です。

それを教えるための道具として「教科書の文章」つまり「教材」があるのです。

　反対にいえば、「教科書の文章」があるからといって、「教育内容」が確定するわけではありません。試験管という教材が理科の授業の教育内容を確定するわけでもなく、おはじきという教材が、算数の授業の教育内容を確定するわけもないのです。

　ただ、同じ教材といっても、算数のおはじきや理科の試験管と違い、国語科の教科書の文章は、社会科の資料に近い性質をもっています。おはじきや試験管とどこが違うかというと、教材の性質が教育内容に影響を及ぼす力がより大きいということです。おはじきは教材としては、いろいろな教育内容の授業に使えます。試験管も同じです。しかし、ある時代の資料という教材は、それが使われる授業の教育内容をある程度限定するでしょう。平安時代の資料を使って、室町時代についての授業をすることはむずかしいでしょう。同じように、国語科の文章も、それを使う授業の教育内容をある程度制約するのです。

　かといって、国語科の授業の教育内容を確定するわけではありません。『羅生門』という芥川龍之介の作品が教科書に載っていますが、この教材『羅生門』の教育内容は、教材の内容に制約を受けながらも、さまざまに立てることが可能です。極端にいえば、『羅生門』という教材を使って、漢字と語彙の教育内容の授業をすることも可能なのです。それが授業上、カリキュラム上、学習者の学習の進行上に必要なら、教師はそのような授業を行うでしょう。そのことについて、『羅生門』という文章に関係する者は、とやかくいえないのです。「当事者」はいないのですから。試験管業者が理科の授業の当事者ではないように。(…中略…)

　国語の教科書は、教材です。教材をいくら分析しても、教科内容は確定できません。教育内容は、教科書の外部からやってくる、他者、なのです。

（難波博孝『母語教育という思想—国語科解体／再構築に向けて』世界思想社、2008 年、299-301 頁）

▶**注 52**　一九八〇年代にはテクスト論の時代がやってきた。ただし、テクスト論は「方法」ではない。テクスト論は「立場」なのである。別の言い方をすれば、イデオロギーなのだ。それは、さまざまな方法は使ってもかまわないが、作者に言及することだけはしないという立場だ。（石原千秋『読者はどこにいるのか—書物の中の私たち』河出書房新社［河出ブックス］、2009 年、30 頁）

▶**注 53**　伊藤直哉「コラム　どんな種類の読者が存在するのか？　読者の類型論入門」（土田知則・青柳悦子・伊藤直哉『現代文学理論—テクスト・読み・世界』新曜社［ワードマップ］、1996 年、132-133 頁）

▶**注 54**

　くりかえして言えば、作中の「私」は作者その人ではなく、あくまでも「作者」

であることを演技している「私」である。仮に作者の実生活を描いた小説があった場合、「私」がいわばリングネームとしての「芥川龍之介」や「太宰治」を演じて見せているのだ、と考えてみてはどうだろう。「私」の演技によって読者の間に「芥川龍之介」や「太宰治」のイメージが次第に醸成されていき、その共通理解を元に、真の作者はさらにあらたな小説を書いていくことが可能になる。たとえば太宰治に関して言えば、自殺未遂をくりかえし、薬物中毒に苦しみながらも自身の弱さから目をそむけず、既成のあらゆる権威に戦いを挑み続けた無頼派作家、というイメージは、実は小説を書くために、あるいは小説を受け取るために、作り手と受け手とが共につくり上げた伝承世界でもあったのではないだろうか。作者はこうしたシグナルを巧みに小説に埋め込むことによって「太宰神話」を創生し、それを背景にさらにあらたな作品を書き継いでいくことが可能になるわけである。

　不特定多数の読み手がそれぞれ密室で書物を享受する近代の活字文化にあっては、ある内容が「小説」となるいきさつを書き手と読み手が共有するための「場」が、作品それ自体の中に括り入れられなければならない。その際、一人称の「私」は叙述の中を自由に行き交い、物語と読者との間をつなぐトリックスター（道化役）の役割を果たすことになるだろう。時に三人称をよそおい、時に特定の登場人物をよそおい、また時に小説の作者に成り代わることによって、小説がまさに「小説」であり、単なる自伝やノンフィクションではないことをみずから主張してきたのである。

（安藤宏『「私」をつくる―近代小説の試み』岩波書店［岩波新書］、2015 年、23-24 頁）

▶**注55**

　本書でいう演技は、言い換えれば、本当の気持ちを探し求める営みのことである。そして本当の気持ちを、間違いなく自分のものだと引き受けようとする努力のことでもある。その上で、和歌は言葉による演技である、と考えたい。そういう見方をする最大の利点は、歌の内容だけに閉じこめられる息苦しさから解放されることである。桜が散るのが悲しい、秋の夕暮が侘しい、恋人の心変わりが恨めしい、そういう和歌が、いったいこれまで何十万首詠まれてきたことか。目新しさなど、とっくになくなっている。しかし、それぞれの演じ方が違うはずだ、と見直してみると、私たちは意外と新鮮に、その演技を味わうことができる。演じることは、今ここで行われる出来事だからである。演じ方に注目することで、読みどころの幅もずっと広がることであろう。技巧的だ、ということで歌を貶めることもない。役者の演じる悲しみに同調して涙を流しつつ、同時に、ああこの役者も腕をあげたものだと、その技量に感心することだって、私たちはできるではないか。演技などという視点を持ち出したのは、ほかでもない、和歌の言葉を、

生き生きと躍動するものとして理解したいからなのである。歌の言葉が出来あがってくる現場に即して、少しでも魅力的に味わいたいからにほかならない。

（渡部泰明『和歌とは何か』岩波書店［岩波新書］、2009 年、16-17 頁）

▶**注 56** 小谷瑛輔「第一章 不可能としての主題—「羅生門」「鼻」「酒虫」」（『小説とは何か？ 芥川龍之介を読む』ひつじ書房［ひつじ研究叢書］、2017 年）。

▶**注 57** 難波健悟「山田詠美「ひよこの眼」の授業実践—学習者の内発的動機付けを喚起する発問の条件」（広島大学大学院教育学研究科国語文化教育学講座『論叢国語教育学』9 号、2013 年）。

▶**注 58** こうした態度や見方は、古典文学研究者にも見られます。竹村信治『言述論—for 説話集』（笠間書院、2003 年）、武久康高『枕草子の言説研究』（笠間書院、2004 年）、高木信『「死の美学化」に抗する—『平家物語』の語り方』（青弓社、2009 年）等。竹村は小嶋の発言の「差別構造」「差別表現」「物語」「言説内容」「言説」をそれぞれ「言説」「言表」「テキスト」「物語内容」「言述」に置き換え、「それを包みこむ大きな言説があり、言表があることを認定したうえで、その言説をテキストがどこまで否定していったり、覆したりしえたかを問うていかねばならない。物語内容と言述のあり方のほうからモラルを問いただしていくべきではないでしょうか」（561頁）とし、また、竹村が「言述」という語を用いたのは、次の理由によります。「「言述」の用語は、厳密を期して「物語行為」もしくは「言行為」、あるいは「語り」といいかえた方が誤解がないのだろうが、ただ、一方では、それらがすでに物語論、言語学、伝承論の場で一定の意味をになっており、あるいは、「語り」の語が物語言説や叙述の意味で使用されているといった現実的な事情もある。流通している術語の安易な借用は、また別の誤解をまねきかねない。そこで「言述」、という次第だが、そうした事情にくわえて、積極的な思惑としていえば、物語行為＝発話行為＝言表行為＝言語行為の意味内容の表示に discours の訳語たる「言述」の語をあえて用い、それとの接点を設けることで、この語に discours の語がまとうニュアンス（「ソシュールが、記号を使用して、ある一定の記号の連鎖をつくり、まとまったことがらを伝達する、というようなニュアンスで使った用語」）、さらにはこれに依拠したバンヴェニスト "ディスクールの言語学" が相手どる "ことばの審級"（注 1、「この審級は、ディスクールが発声するたびごとに、ただ一回限りで成立するものであり、話し手を世界の現実へとつねに新たに結びつけ直すものである。」）を響かせようとの狙いもあった。すなわち、「まとまったことがらを伝達する」過程における、「話し手を世界の現実へとつねに新たに結びつけ直す」物語行為＝発話行為＝言表行為＝言語行為の「一回限り」の行為性、出来事性をめぐる彼らの着眼の、本書における継承を標示したいとの意図もあって、「言述」の語をあえて用いることとしたのである」（6 頁）。教室空間というのも、授業というのも一回限りの場です。そこで発せられ

る言葉を注意深く聞きとっていくことが大切です。

▶**注59**　たとえば、「翻訳」行為はそれ自体が他者を所有していく危険性もありえます。ウサイン・ボルトやドナルド・トランプの言葉に日本語の翻訳ではどのような言葉が当てられることが多いでしょうか。多くの場合は「俺」だとか「奴ら」だとか、そのようにある程度の価値を含んだ表現がなされていき、それが彼らの個性を意味づけていっています。「翻訳」とはそのような暴力性も潜んでいる行為なのです。

▶**注60**

　　二十世紀フランスの思想家エマニュエル・レヴィナス（一九〇六〜一九九五）は、理解しえない他人こそ、まさに、わたしがそれまで築いてきた秩序を破壊するものであるという。レヴィナスのあげる例は、戦場である。敵を殲滅しようとしている歩兵にとっては、敵兵を一人でも多く殺傷することが正義だ。ところが、なにかのはずみで無力な敵兵と目があってしまったとする。相手の「顔」を見た瞬間、わたしは相手を殺せなくなる。こうして、「敵兵を殺傷する」という戦場の正義は崩れてしまうのだ。外国人など、文化的な他者はもとより、おなじ家庭内にでもそのような他者は存在しうる。もしかすれば、自分こそが最大の他者かもしれない。そのような存在は、わたしがこれまでなじんできた秩序のすべてを否定し、混乱に陥れる可能性をもつ。このように恐ろしい存在であるもの、それが「他者」である。

　　それを避けるために、ひとはえてして、他人や他者をすべて自分なりの秩序にとりこもうとする「同化の戦略」をとる。それは、他人や他者の独自のあり方を圧殺する暴力だ。他人の心の中が手に取るようにわからなければ安心できない、と考えるひとは、同化の戦略という強迫観念に綴かれているのかもしれない。

（貫成人『哲学ワンダーランド〈わかる〉ための道具箱』PHP研究社、2007年、32-33頁）

▶**注61**　敬語の問題に関しては、2017年に角田光代が「池澤夏樹＝個人編集 日本文学全集」で『源氏物語』を現代語訳しましたが、特徴の1つに地の文の敬語を大幅に減らしたことがあり、これが読者の理解を助けています。ここには問題はありますが、生徒の実態に即して、たとえば古文本文の「敬語を抜く」という編集をして、内容をつかんでいき、その後に敬語を入れた教材を読み直して敬語の意味を理解していくという学習の可能性も考えてみてもよいでしょう。

▶**注62**　福島直恭は古文の文体を比較し、和文の特徴とその困難さを次のように述べています。

　　本章ではまず、ひとつの文の中にいくつくらいの従属節が埋め込まれているのかという観点から和文と訓読文を比較し、平均すると、和文の方が訓読文より多くの従属節が埋め込まれていることを明らかにした。また、復文に使用されてい

る接続助詞の種類を調査した結果では、和文と訓読文との間に目立った違いがなく、両方とも節と節との関係を積極的に表示するタイプの接続助詞をあまり多くは使用していないことがわかった。これらの調査結果により、和文の方が訓読文よりもひとつの文がなかなか切れずに続いていて、その分解釈に当たっての負担が大きいことを示しているともいえる。これも、和文とは、そういう点での負担が大きくても理解可能な条件において使用される言語変種であったという点で、口頭言語との共通点のひとつということができるものである。(…中略…)

　例えば和文には、
　・格成分となる名詞自体の顕現率が低い
　・格表示マーカー(格助詞)の顕現率が低い

などというたいへん有名な特徴がある。一般向け、あるいは国語教育における説明としては、「平安時代の仮名文学作品では、現代語に比べて、主語や目的語が省略されることが多い」、「現代語と違って、助詞のガやヲなどは省略されるのが普通である」などと説明されている事象のことである。これらの和文の特徴は、(…中略…) もっと直接的に言語内情報完結度の低さを反映するものといえるであろう (筆者注、「言語内情報完結度」が「低い」とは、たとえば読み手や聞き手の既有知識に依存できる場合には表現における説明の言葉が相対的に少ないということです)。和文では、主語や目的語が現れないことが多いが、それは現代の日常会話でそれらが現れないことが多いのと同じ理由である。和文では、主語や目的語に格助詞がつかないことが多いが、それは現代の日常会話で無助詞が多いのと同じ理由である。(…中略…) このような特徴を持つ言語変種は、古代から現代まで絶えることなく存在しているのである。なぜかというと、そのような特徴を持っていても十分事足りるような使用状況が、古代から現代まで絶えることなく存在しているからである。

(福島直恭『書記言語としての「日本語」の誕生―その存在を問い直す』笠間書院、2008年、94-95頁)

▶**注63**　たとえば、「和歌はラブレターだ」と説明して終わりのものがあります。しかし、その「ラブレター」は現代ではそれを受け取った側が誰かと共に読んだり、批評したりするでしょうか。説明にもどこまでの説明が可能か、そしてそれをどこまで授業者が提示して、どこまで生徒が自力で読んでいくか、実際の授業にはこうした知識の提供も授業の1つの流れになります。

▶**注64**　先に述べた「古典」観の議論に関していえば、たとえば、「それは他国に例を見ないわれわれ日本人の民族的な特質だとされている」や「この段で目につくのは描写の繊細さだろう。「女性特有の」と言ってもいいだろうか」(傍点=筆者) などの傍点部分を教育で扱う時には注意を払いたいところです。もちろん、配慮して

「だとされている」や括弧書きをしているのだと考えられるのですが、問題になるのはこのような言い方だけではなく、このような言い方に慣れてしまっている私たちの方なのだと思います。

▶**注 65**

さて、以上のような、共有化された美意識とは異なる自然のありように「いみじうをかし」と興趣のまなざしを向けたことに対する評が、本テクスト末尾（③）の二重傍線部である（筆者注、「と言ひたることどもの、人の心には、つゆをかしからじと思ふこそ、またをかしけれ」）。ここは、その「いみじうをかし」と評したことが「人の心」には「つゆをかしからじ」であろうこと、また、その「人の心」との懸隔そのものが「をかし」と感じられたことが語られている。この部分をあくまで作者に還元する方向で読めば、「他の人たちは気づかないような美を発見し、他者の感覚に対する優越感を感じる清少納言」など、優越感（心情）や高慢（性格）といった読みが生じてくる部分であるが、これをテクストにそくして読めば、〈自己〉が自然に対して感じる興趣が〈他者〉（「人の心」）にとっては興趣ではないこと、つまりある物事に対する感覚の共有を〈他者〉とははかれないといった、〈他者〉の存在の自覚化とそれに伴う〈自己〉の確認がなされ、こうした〈他者〉と〈自己〉との関係性を「またをかし」と評したものと捉えられる。

さて、このように「九月ばかり」章段を分析するとき、そこに開かれている「問題領域」はどのようなものであろうか。

「九月ばかり」章段からは、共有化された美意識（和歌言説）に同化しつつ興を感じる一方で、和歌言説に媒介されない自然のありようにも興を感じる〈自己〉の存在を、〈他者〉とのディスコミュニケーションの自覚を通じて確認する主体のありようが確認されるが、<u>注目すべきは、こうした両者の関係性を「またをかし」とメタ的に眺める視点の存在である。つまりこれは〈他者〉との異なりにおいて〈自己像〉を確認する主体が、こうした〈他者〉が他者性を有し、その中で〈自己〉が発見されていくといった〈自他〉関係を相対化して眺めているまなざしだといえよう。ここに〈自己像〉および〈自他〉関係をめぐる「問題領域」が開かれていると捉えたい。</u>むろんこうした「問題領域」は、〈他者〉との関わりの中で〈自己像〉を確立していく学習者の「問題領域」とも響き合うものであろう。以上のような「問題領域」をめぐる学習者とテクストとの〈対話〉をこそ、教室の「九月ばかり」章段において構築していく必要があるだろう。

（武久康高『枕草子の言説研究』笠間書院、2004 年、245-246 頁、傍線筆者）

▶**注 66** 『徒然草』の中の有名な「花は盛りに」ですが、たとえば「この文章には文はいくつあるでしょうか」と問うことも可能でしょう。そして、その後「その中で終止形で終わっている文はいくつあるでしょうか」と問うていき、係り結びの法則

に注目させることもできるでしょうし（というより、終止形で文が終わることは一体どれだけあるのか、という問題にもつながるでしょう）、「かは」などの反語に注目させることもできるでしょう。

①花は盛りに、月はくまなきをのみ見るものかは。②雨に向かひて月を恋ひ、たれこめて春のゆくへ知らぬも、なほあはれに情け深し。③咲きぬべきほどの梢、散りしをれたる庭などこそ、見どころ多けれ。④歌の詞書にも、「花見にまかれりけるに、早く散り過ぎにければ。」とも、「障ることありてまからで。」なども書けるは、「花を見て。」と言へるに劣れることかは。⑤花の散り、月の傾くを慕ふならひは、さることなれど、ことにかたくななる人ぞ、「この枝、かの枝散りにけり。今は見どころなし。」などは言ふめる。

⑥よろづのことも、始め終はりこそをかしけれ。⑦男女の情けも、ひとへに逢ひ見るをばいふものかは。⑧逢はでやみにし憂さを思ひ、あだなる契りをかこち、長き夜を独り明かし、遠き雲居を思ひやり、浅茅が宿に昔をしのぶこそ、色好むとは言はめ。

⑨望月のくまなきを千里の外まで眺めたるよりも、暁近くなりて待ち出でたるが、いと心深う、青みたるやうにて、深き山の杉の梢に見えたる、木の間の影、うちしぐれたるむら雲隠れのほど、またなくあはれなり。⑩椎柴・白樫などのぬれたるやうなる葉の上にきらめきたるこそ、身にしみて、心あらむ友もがなと、都恋しうおぼゆれ。

⑪すべて、月・花をば、さのみ目にて見るものかは。⑫春は家を立ち去らでも、月の夜は閨のうちながらも思へるこそ、いと頼もしう、をかしけれ。⑬よき人は、ひとへに好けるさまにも見えず、興ずるさまもなほざりなり。⑭片田舎の人こそ、色こく、よろづはもて興ずれ。⑮花の本には、ねぢ寄り立ち寄り、あからめもせずまもりて、酒飲み、連歌して、はては、大きなる枝、心なく折り取りぬ。⑯泉には手・足さしひたして、雪には降り立ちて跡つけなど、よろづのもの、よそながら見ることなし。

「花は盛りに」の場合は直接内容に関わるものではありませんが、同じ『徒然草』の中の「名を聞くより」という教材では、たとえば「この文章の中で「心」に関わる言葉はどれだけあるでしょうか」と問うことは内容に関わってくる問いです。

▶**注 67**

　　ただ、この話には、よく考えるとおかしなところがある。蛙が焦げていたのは殿上の間に置かれた「火櫃」の中である。『禁秘抄』によると殿上の間の調度に「火櫃二」があり、これは「十月ヨリ三月ニ至ル。四月ニ至リ撤ス」とある。宮中の

しきたりはよく守られるから、村上天皇の話の起こった季節は、「火櫃」の撤去
されていない寒い時期である。一方、「蛙」は、この季節には冬眠中である。冬
眠中の蛙が、何かの拍子に目をさまし、御殿の階を這い上って、殿上の間の火櫃
の火中にダイビングして、みごとに焼身自殺に成功する確率は、ゼロに近い。と
すれば、この蛙は、自分の意志で火中へ跳躍したのではなく、誰かが人為的に投
げこんだことになる。賢王のほまれ高い村上天皇が、そんなことをなさるはずが
ない。とすると、村上天皇は、先の話の、雪の庭に出て梅の花をお折りになった時、
梅の枝に百舌か何かが突きさしていた蛙のミイラに目をおとめになって、これも
何かに役立つだろうとお持ち帰りになったのではあるまいか。そして、これを火
中に投じて、煙のあがるころを見はからって、兵衛の蔵人にその偵察をお命じに
なった―こう私は空想する。

　村上天皇は、先の話でも、今度の蛙の話でも、兵衛の蔵人にその才能を発揮す
るための場を提供していらっしゃることになる。この話は、だから、中宮定子に、
人の上に立つものの心掛けを教えるための教材として与えられた話題だった可能
性もあるわけである。

（稲賀敬二／妹尾好信（編）『日記文学と『枕草子』の探究』笠間書院［稲賀敬二
コレクション6］、2008年、134頁、傍線筆者）

▶**注68**　ただし、このためには教科書の文章は多少難解なものがあったとしても、自
力である程度読めるような配慮がなされている必要があります。しかし、教科書の
文章は予習をしたとしても意味のわからないところは多くあります。これは教科書
の注や図解の少なさにも起因しています。このことは授業者が知識や答えを持ち、
それを生徒たちは容易には越えていけないようにしている権力的な構造があると
思っています。ある程度それは認めなければならない部分は現実的にあると思いま
すが、もう少し教科書は改善される必要があると考えています。

▶**注69**　「この一文を訳してください」を、「この意味は何ですか」と問うと「この意
味」が現代語訳のことなのか、どうしてこのようなことになったのかという経緯等、
微妙に問いの意図をつかみそこなうことがあります。「訳」と「意味」は異なります。
また、訳出の場合もなんとなくの訳でいい場合もあるでしょうが、「直訳をしてく
ださい」とか「○○の言葉に注意して訳してください」のように厳密に訳していく
ことが必要な時もあります。直訳と意訳の問題はかなり難しい問題でもあるのです
が、状況によって使い分けていくことが必要です。

▶**注70**　小田勝『実例詳解古典文法総覧』（和泉書院、2015年、193頁）。

　たとえば、萩原昌好（監修）『解釈のための必携古典文法　三訂版』（中央図書［版
権は啓隆社に移譲］、2011年、48頁）の「「む」「むず」の意味の見分け方」の説明に「原
則として、主語の人称によって、次のように見分けられる」とあり、「一人称＋む・

むず→意志」「二人称＋む・むず→適当・勧誘」「三人称＋む・むず→推量」となっています。水野左千夫（編）『これからの古典文法　改訂版』（尚文出版、2015年［改訂版五版］、2008年［初版］、69頁）は「主語の人称により、意味はおよそ判別できる」とし、例外も挙げています。

▶**注71**　ここで「最後の段落で一番多く使われている助動詞は何か」と問うことも可能ですが、「あらまほしから<u>ん</u>」「来たら<u>ん</u>」「益のまさら<u>ん</u>」の「ん」もあるので、「べし」が出てくるとは限りません。この場合は、「ん」が出てきたら、「他にはないですか」と聞いて「べし」を出させて、その後「教訓や主張に関わる言葉は何ですか」という流れにしていくこともできるでしょう。

▶**注72**

①「仁和寺にある法師」―**好奇心・疑問を打ち消す信仰心**（＝神へ参るこそ本意なれ）

　仁和寺にある法師、年寄るまで石清水を拝まざりければ、心憂く覚えて、あるとき思ひ立ちて、ただ一人、徒歩より詣でけり。極楽寺・高良などを拝みて、かばかりと心得て帰りにけり。

　さて、かたへの人にあひて、「年ごろ思ひつること、果たしはべりぬ。聞きしにも過ぎて尊くこそおはしけれ。そも、参りたる人ごとに山へ登りしは、<u>何事かありけん、ゆかしかりしかど、神へ参るこそ本意なれ</u>と思ひて、山までは見ず。」とぞ言ひける。少しのことにも、先達はあらまほしきことなり。

②「名を聞くより」―**心の作用の不思議さ**

　名を聞くより、やがて面影はおしはからるる心地するを、見る時は、また、かねて思ひつるままの顔したる人こそなけれ。昔物語を聞きても、このごろの人の家の、そこほどにてぞありけむとおぼえ、人も、今見る人のなかに思ひよそへらるるは、<u>誰もかくおぼゆるにや</u>。

　また、いかなるをりぞ、ただいま人の言ふことも、目に見ゆるものも、わが心のうちも、かかることのいつぞやありしかとおぼえて、いつとは思ひ出でねども、まさしくありし心地のするは、<u>わればかりかく思ふにや</u>。

③「猫また」―**「心すべきこと」という決意を裏切る連歌熱**（欲＝心）、勘違い

　「奥山に、猫またといふものありて、人を食らふなる。」と、人の言ひけるに、「山ならねども、これらにも、猫の経上がりて、猫またに成りて、人とることはあなるものを。」と言ふ者ありけるを、何阿弥陀仏とかや、連歌しける法師の、行願寺のほとりにありけるが聞きて、「独り歩かん身は、<u>心すべきことにこそ</u>。」と思ひけるころしも、ある所にて<u>夜ふくるまで連歌し</u>て、ただ独り帰りけるに、小川の端にて、音に聞きし猫また、過たず足下へふと寄りきて、やがてかきつくままに、首のほどを食はんとす。

　肝心も失せて、防がんとするに、力もなく足も立たず、小川へ転び入りて、「助

けよや、猫またよや、よや。」と叫べば、家々より松どもともして走り寄りて見れば、このわたりに見知れる僧なり。「こは、いかに。」とて、川の中より抱き起こしたれば、連歌の賭け物取りて、扇・小箱などふところに持ちたりけるも、水に入りぬ。希有にして助かりたるさまにて、はふはふ家に入りにけり。

　飼ひける犬の、暗けれど主を知りて、飛びつきたりけるとぞ。

④「高名の木登り」─心の隙を「心す」る人

　高名の木登りと言ひしをのこ、人をおきてて、高き木に登せてこずゑを切らせしに、いと危ふく見えしほどは言ふこともなくて、降るる時に、軒丈ばかりになりて、「過ちすな。心して降りよ。」と言葉をかけはべりしを、「かばかりになりては、飛び降るとも降りなん。いかにかく言ふぞ。」と申しはべりしかば、「そのことに候ふ。目くるめき、枝危ふきほどは、己が恐れはべれば申さず。過ちは、やすきところになりて、必ずつかまつることに候ふ。」と言ふ。

　あやしき下﨟なれども、聖人の戒めにかなへり。鞠も難きところを蹴出して後、やすく思へば必ず落つ、とはべるやらん。

▶**注73**　学校図書の『中学校国語1』には『宇治拾遺物語』巻第八─六の「猟師、仏を射る事」（104話）という話の抜粋があります。これは普賢菩薩に化けた狸を射止める猟師の話です。一方の聖はそれに気づかずに信じていました。語り手は最後に「聖なれど、無智なれば、かやうに化かされけるなり。猟師なれども、慮りありければ、狸を射害し、その化をあらはしけるなり」と付け加えます。非常に分かりやすい教訓です。一方、同じ『宇治拾遺物語』巻第一一─十六「尼、地蔵を見奉る事」（16話）には、地蔵菩薩を見たい尼が騙されて「じぞう」という子を男が紹介して会わせる話があります。しかし、その子が「額をかけば、額より顔の上まで裂けぬ。裂けたる中よりえもいはずめでたき地蔵の御顔見え給ふ」という状況になりました。最後に語り手は「されば心にだにも深く念じつれば、仏も見え給ふなりけりと信ずべし」と評します。信じることの危うさを説き、一方には信じることを強調していくわけですが、これを矛盾と見るのか、そもそも真実や真理などに対して一定の距離を保とうとしている語り手なのか。このようにして2つの話を読み合わせることによってしか考えることのできない教材もあります。

▶**注74**　ここで、「みる」と読む字（見／視／看／観、等）の意味の違いを学ぶこともできるでしょう。

311

参考文献 （本書で言及したものをページ数とともに掲載しました）

第1章

- 石原千秋『教養としての大学受験国語』筑摩書房［ちくま新書］、2000 年☞ **20 頁**
- 難波博孝「未来の国語教育の方向性」（『国語教育思想研究』12 号、国語教育思想研究会、2016 年☞ **30-31 頁（注 3）**
- 『国語科重要用語事典』明治図書出版、2015 年☞ **33 頁（注 6）**
- 難波博孝（編）『臨床国語教育を学ぶ人のために』世界思想社、2007 年☞ **39 頁（注 8）**
- R. リチャート、M. チャーチ、K. モリソン著／黒上晴夫・小島亜華里（訳）『子どもの思考が見える 21 のルーチン─アクティブな学びを作る』北大路書房、2015 年☞ **40 頁（注 10）**
- 全国大学国語教育学会（編）『国語科教育実践・研究必携』学芸図書、2009 年☞ **40-41 頁**
- 小山清『国語科授業研究講座　第十巻　授業技術（発問・板書）の研究』2010 年☞ **41 頁**
- 日本国語教育学会（監修）『板書─子どもの思考を形成するツール』東洋館出版社［シリーズ国語授業づくり］、2015 年☞ **41 頁**
- 小森潔『枕草子　逸脱のまなざし』笠間書院、1998 年☞ **43 頁**
- 重松彌佐『蛇の森のいちご』日本児童文学者協会北海道支部［北海道児童文学シリーズ］、2011 年☞ **52 頁**
- 古田島洋介『これならわかる復文の要領─漢文学習の裏技』新典社［新典社選書］、2017 年☞ **56 頁**
- 鷲田清一『わかりやすいはわかりにくい？─臨床哲学講座』筑摩書房［ちくま新書］、2010 年）☞ **56 頁**

▶**注**

- 齋藤純一『公共性』岩波書店［思考のフロンティア］、2000 年☞ **273 頁**
- 権安理『公共的なるもの─アーレントと戦後日本』作品社、2018 年☞ **273 頁**
- 『漢詩・漢文解釈講座　第 8 巻　歴史Ⅰ史記・上』昌平社、1995 年☞ **276 頁**
- ダン・ロススタイン、ルース・サンタナ／吉田新一郎（訳）『たった一つを変えるだけ─クラスも教師も自立する「質問づくり」』新評論、2015 年☞ **278 頁**
- 李暁梅『枕草子と漢籍』渓水社、2008 年☞ **278 頁**
- 三浦和尚『高校国語科授業の実践的提案』三省堂、2017 年☞ **278-279 頁**
- 古田島洋介『日本近代史を学ぶための文語文入門─漢文訓読体の地平』吉川弘文館、2013 年☞ **279-280 頁**
- 『全訳漢辞海　第四版』（三省堂、2016 年）☞ **280 頁**

第2章

- 石川一喜・小貫仁（編）『教育ファシリテーターになろう！─グローバルな学びをめざす参加型授業』弘文堂、2015 年☞ **86 頁**

▶**注**

- 前田愛『近代読者の成立』岩波書店［岩波現代文庫］、2001 年［初出 1973 年］ ☞ **280** 頁
- 成瀬尚志（編）『学生を思考にいざなうレポート課題』ひつじ書房、2016 年 ☞ **281** 頁
- ケネス・J・ガーゲン／東村知子（訳）『あなたへの社会構成主義』ナカニシヤ出版、2004 年 ☞ **282-283** 頁
- 石黒圭『語彙力を鍛える―量と質を高めるトレーニング』光文社［光文社新書］、2016 年 ☞ **283-284** 頁
- ハンナ・アーレント／森一郎（訳）『活動的生』みすず書房、2015 年 ☞ **284-285** 頁

第3章
- 松本仁志『筆順のはなし』中央公論新社［中公新書ラクレ］、2012 年 ☞ **96** 頁
- 広田照幸『教育は何をなすべきか―能力・職業・市民』岩波書店、2015 年 ☞ **107** 頁

▶**注**
- ケネス・J・ガーゲン／東村知子（訳）『あなたへの社会構成主義』ナカニシヤ出版、2004 年 ☞ **285-286** 頁

第4章
- 伊藤剛『なぜ戦争は伝わりやすく平和は伝わりにくいのか―ピース・コミュニケーションという試み』光文社［光文社新書］、2015 年 ☞ **117-119** 頁
- 金水敏『ヴァーチャル日本語　役割語の謎』岩波書店［もっと知りたい！日本語］、2003 年 ☞ **120** 頁
- 鷲田清一『語りきれないこと―危機と傷みの哲学』角川書店［角川 one テーマ 21］、2012 年 ☞ **121-122** 頁
- 野矢茂樹『大人のための国語ゼミ』山川出版社、2017 年 ☞ **123-124** 頁
- 菅井三実『人はことばをどう学ぶか―国語教師のための言語科学入門』くろしお出版、2015 年 ☞ **124-125** 頁
- 松田道弘（編）『世界のジョーク事典』東京堂出版、2006 年 ☞ **128-130** 頁
- 糸井重里（監修）『言いまつがい』新潮社［新潮文庫］、2005 年 ☞ **131** 頁
- 猪原敬介『読書と言語能力―言葉の「用法」がもたらす学習効果』京都大学学術出版会、2016 年 ☞ **133-134** 頁
- フロイディス・リー・ヴェクレ／大野総一郎（訳）『ホルンがもっとうまくなる―ウォーニング・アップと練習を考える』音楽之友社、1998 年 ☞ **135-136** 頁
- 河野政樹『発達障害コミュニケーション初級指導者テキスト』一般社団法人日本医療福祉教育コミュニケーション協会、初版 2015 年、第二版 2017 年 ☞ **138-141** 頁（注41）

▶**注**
- 学研教育出版（編）『もう一度読みたい教科書の泣ける名作』学研、2013 年 ☞ **287** 頁
- 橋内武・堀田秀吾（編）『法と言語―法言語学へのいざない』くろしお出版、2012 年 ☞ **287** 頁
- 越智啓太『つくられる偽りの記憶―あなたの思い出は本物か？』化学同人［DOJIN 選書］、2014 年 ☞ **288** 頁

- レーモン・クノー／朝比奈弘治（訳）『文体練習』（朝日出版社、1996 年）☞ 288 頁
- 難波江和英・内田樹『現代思想のパフォーマンス』光文社［光文社新書］、2004 年☞ 288-289 頁
- 信木伸一「〈他者〉と向き合う関係を成立させる学習をめざして―古文学習における可能性」（広島大学教育学部光葉会『国語教育研究』44 号、2001 年☞ 289 頁
- 谷知子・田渕句美子（編）『平安文学をいかに読み直すか』笠間書院、2012 年☞ 290 頁
- 田中貴子『検定絶対不合格教科書古文』朝日新聞社［朝日選書］、2007 年）☞ 291 頁
- 大塚ひかり『カラダで感じる源氏物語』筑摩書房［ちくま文庫］、2002 年☞ 291 頁
- 小森陽一『大人のための国語教科書―あの名作の"アブない"読み方！』角川書店［角川 one テーマ 21］、2009 年☞ 291-292 頁

第 5 章

- 中村雄二郎『術語集―気になることば』岩波書店［岩波新書］、1984 年☞ 145-155 頁
- ジュディ・ダットン／横山啓明（訳）『理系の子―高校生科学オリンピックの青春』文藝春秋、2012 年☞ 146 頁（注 43）
- ガート・ビースタ／藤井啓之・玉木博章（訳）『よい教育とはなにか―倫理・政治・民主主義』白澤社、2016 年☞ 146-149 頁
- 『国語科重要用語事典』明治図書出版、2015 年☞ 149-150 頁
- 江田浩司「コラム 1　ロラン・バルトのテクスト論概説　「作者の死」とは何か」『短歌 12 月号 2016』KADOKAWA、2016 年☞ 153-154 頁
- ロラン・バルト／花輪光（訳）『物語の構造分析』みすず書房、1979 年☞ 154 頁（注 47）
- 橋本陽介『物語論　基礎と応用』講談社［講談社選書メチエ］、2017 年☞ 155-156 頁
- 松本和也（編）『テクスト分析入門―小説を分析的に読むための実践ガイド』ひつじ書房、2016 年☞ 158 頁
- 小川剛生『兼好法師―徒然草に記されなかった真実』中央公論新社［中公新書］、2017 年☞ 159 頁
- 日本近代文学会（編）『ハンドブック日本近代文学研究の方法』ひつじ書房、2016 年☞ 160 頁
- 安藤宏『「私」をつくる―近代小説の試み』岩波書店［岩波新書］、2015 年☞ 161 頁（注 54）
- 渡部泰明『和歌とは何か』岩波書店［岩波新書］、2009 年☞ 162 頁（注 55）
- 今村仁司（編）『現代思想を読む事典』講談社［講談社現代新書］、1988 年☞ 165-166 頁
- 山元隆春（編）『教師教育講座　第 12 巻　中等国語教育』協同出版、2014 年☞ 166-167 頁
- ハルオ・シラネ、鈴木登美（編）『創造された古典―カノン形成・国民国家・日本文学』新曜社、1999 年☞ 168-169 頁
- 松尾葦江（編）『ともに読む古典―中世文学編』笠間書院、2017 年☞ 169-170 頁

- 高橋亨・小嶋菜温子・土方洋一『物語の千年―『源氏物語』と日本文化』森話社、1999 年 ☞ **171-174 頁**
- 浜本純逸（監修）／冨安慎吾（編）『ことばの授業づくりハンドブック　中学校・高等学校漢文の学習指導―実践史を踏まえて』渓水社、2016 年 ☞ **176-177 頁**

▶**注**
- 田中克彦『ことばと国家』岩波書店［岩波新書］、1981 年 ☞ **295-296 頁**
- バトラー後藤裕子『学習言語とは何か―教科学習に必要な言語能力』三省堂、2011 年 ☞ **297 頁**
- メアリー・シュレッペグレル／石川彰ほか（訳）『学校教育の言語』ひつじ書房、2017 年 ☞ **297 頁**
- 土田知則・青柳悦子・伊藤直哉『現代文学理論―テクスト・読み・世界』新曜社［ワードマップ］、1996 年 ☞ **298-299 頁**
- 井上法子「〈それ以後〉の空」『ユリイカ　詩と批評』平成 28 年 8 月号、青土社、2016 年 ☞ **299-300 頁**
- R. スコールズ／折島正司（訳）『テクストの読み方と教え方―ヘミングウェイ・SF・現代思想』岩波書店［岩波モダンクラシックス］、1999 年 ☞ **300-301 頁**
- 難波博孝『母語教育という思想―国語科解体／再構築に向けて』世界思想社、2008 年 ☞ **301-302 頁**
- 石原千秋『読者はどこにいるのか―書物の中の私たち』河出書房新社［河出ブックス］、2009 年 ☞ **302 頁**
- 小谷瑛輔『小説とは何か？―芥川龍之介を読む』ひつじ書房［ひつじ研究叢書］、2017 年 ☞ **304 頁**
- 竹村信治『言述論―for 説話集論』笠間書院、2003 年 ☞ **304 頁**
- 難波健悟「山田詠美「ひよこの眼」の授業実践―学習者の内発的動機付けを喚起する発問の条件」（広島大学大学院教育学研究科国語文化教育学講座『論叢国語教育学』9 号、2013 年）☞ **304 頁**
- 武久康高『枕草子の言説研究』笠間書院、2004 年 ☞ **304 頁**
- 高木信『「死の美学化」に抗する―『平家物語』の語り方』青弓社、2009 年 ☞ **304 頁**

第 6 章
- 野呂俊秀『枕草子を読み直す』幻冬舎［幻冬舎ルネッサンス新書］、2015 年 ☞ **186-187 頁**
- 武久康高『枕草子の言説研究』笠間書院、2004 年 ☞ **188 頁**（注 65）
- 稲賀敬二／妹尾好信（編）『日記文学と『枕草子』の探究』笠間書院［稲賀敬二コレクション 6］、2008 年 ☞ **193 頁**（注 67）
- 山本淳子『枕草子のたくらみ―「春はあけぼの」に秘められた思い』朝日新聞出版［朝日選書］、2017 年 ☞ **195 頁**
- 野家啓一『物語の哲学』岩波書店［岩波現代文庫］、2005 年 ☞ **209 頁**
- 安田女子大学中国文学研究会『唐詩の学習―『中国学論集』特輯号』2002 年 ☞ **212 頁**
- 駒田信二『新編　対の思想―中国文学と日本文学』（岩波書店［岩波同時代ライブラ

リー］、1992 年☞ **214 頁**

・エトムント・フッサール、浜渦辰二・山口一郎（監訳）『間主観性の現象学　その方法』
（筑摩書房［ちくま学芸文庫］、2012 年☞ **215 頁**

▶**注**

・貫成人『哲学ワンダーランド―〈わかる〉ための道具箱』PHP 研究社、2007 年 ☞ **305
頁**

・福島直恭『書記言語としての「日本語」の誕生―その存在を問い直す』笠間書院、
2008 年☞ **305-306 頁**

・小田勝『実例詳解古典文法総覧』和泉書院、2015 年 ☞ **309-310 頁**

キーワード索引

私が関心のあるキーワードを3つ挙げるとすれば「自己」「他者」「対話」です。また、国語の授業をする時には「声」「問い」「権力」、教材を分析する時には「語り」「言説」等を意識しています。本書をこのようなことばに誘引されたテキストとして捉え直していただけると、また違った読み方ができるのではないかと思います。

国語の授業の作り方
はじめての授業マニュアル

2018（平成30）年 07 月 20 日　第 1 版第 1 刷発行

ISBN978-4-909658-01-2 C1037

著　者　古田尚行（こだ・なおゆき）

1984年、山口県生まれ。2003年、山口県立柳井高等学校普通科科学英語コース卒業。2007年、広島大学教育学部第三類国語文化系コース卒業。2009年、同大学院教育学研究科言語文化教育学専攻博士課程前期修了。広島県立広島高等学校非常勤講師、安田学園安田女子中学高等学校教諭、広島大学附属中・高等学校教諭を経て2018年より広島大学附属福山中・高等学校教諭。

これまで書いてきたものに、「メディア・リテラシー教育の諸問題」『国語教育研究』53号(広島大学教育学部国語教育会、2012年)、「「らしさ」考：「敦盛最期」、「木曾最期」の実践から」『論叢国語教育学』復刊4(広島大学大学院教育学研究科国語文化教育学講座、2013年)、「『古今集』と『伊勢物語』の想像力―「二条后物語」を軸にした授業―」『国語科教育研究紀要』46号(広島大学附属中・高等学校、2015年)、「文学雑誌の休刊―国語科教員が研究を考えるということ」『リポート笠間』60号(笠間書院、2016年)、「文学・語学研究者のための国語科教育学研究成果へのアクセス方法」『リポート笠間』61号(笠間書院、2016年)、「聞き手を意識する返歌創作の授業」『中等教育研究紀要』63号(広島大学附属中・高等学校、2017年)、「古文の授業の作り方」『国語教育研究』58号(広島大学教育学部国語教育会、2017年)がある。ブログ「国語科教員の部屋」を開設(更新少なめ)、Twitterのアカウントは @coda_1984。

発行所　株式会社 文学通信

〒 115-0045　東京都北区赤羽 1-19-7-508
電話 03-5939-9027 Fax 03-5939-9094 メール info@bungaku-report.com　ウェブ http://bungaku-report.com

発行人　岡田美佳
編　集　岡田圭介
装　丁　岡田圭介
組　版　岡田圭介
印刷・製本　モリモト印刷

■ご意見・ご感想は以下から送ることも出来ます（QR コードをスマホで読み取ってください）。

文学通信・最新刊

前田雅之

なぜ古典を勉強するのか
近代を古典で読み解くために

ISBN978-4-909658-00-5

C0095

四六判・上製・336 頁

定価：本体 3,200 円（税別）

なぜ古典を勉強するのか。私たちが生きるこの時代は、古典的教養とは不要なものなのであろうか。過去とつながっている、今この時代を読み解く、実践的古典入門。全体を「古典入門」、「古典で今を読み解く」、「古典と近代の歴史を知る」に分け、レクチャー。「近代を相対しうる最も強力な装置が古典である」という著者の思想のもと、今とつながっている古典文学の新しい見方を次々と繰り出し、読む者の視界を広げ、古典を勉強する意義を伝える、刺激的な書。

【大きく断絶しているとはいえ、我々の言葉は過去と繋がっているといった意味で、古典的世界＝前近代社会の延長にある現在に生きていることも否定できない事実としてある。古典と近代を相互批判しながら、古典的世界を破壊した近代を批判し評価していくことを通して、より新鮮な気持ちで古典的世界、と同時に近代的世界と対峙することが可能となるのではないか。その先にはまだ見たことのない世界像が立ち現れるのではないか、勉強をしていて何が快感か。世界像なるものが見えるような線がうっすらと浮かんで来る時である。】…はじめにより